U0144290

台北老街

莊永明◎著

ISBN 957-13-0254-6

《序》一起走向台北老街

莊永明

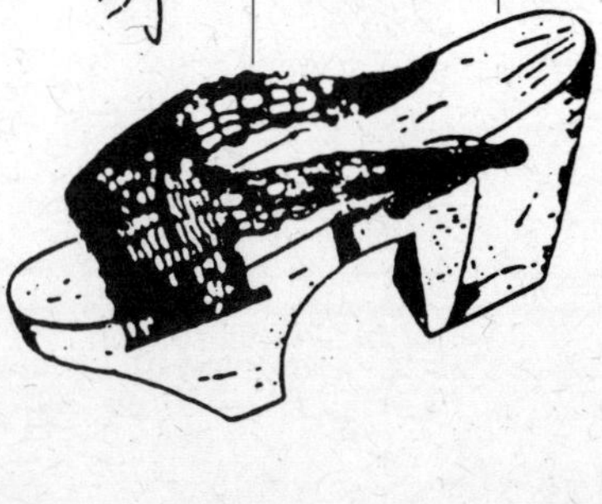

我是土生土長的台北市人，換一句較文雅的說詞是：「台北市是我生於斯、長於斯之地。」

「台北人寫台北事。」是我撰述這本書的動機。

台北市，今天是一個「世界性」的大都會，生活在這個全球矚目，但是幾被國際社會所「遺棄」的「首都」，我們應該從什麼角度、什麼立場、什麼眼光來探討它呢？

這是我平常會思考的大問題，台北市今日的地位、今日的處境，確是一團「謎霧」，思索如何「走向未來」，對於「走過從前」，不得不知。

歷史上的台北市，是台灣政治、經濟、文化的中心，應該研究的問題，自是多角度、多層面、多元性；然而，我覺得人人去親近它、關懷它是最迫切，也是最實際的問題，眞的，台北市不僅是「住」的地方，而是「想」的地方，不是「消費」的都市，而是共存共榮的都市。

於是，我建議我們以嚴肅的心情，一起走向「台北老街」！

做爲一位「台北老街」的「導遊」，我並不具資格，只因是我是大稻埕人，應該要有這種勇氣。

「大稻埕」，一個多麼親切的鄉土地名，可惜被歷史淹沒了，被人們遺忘了，現在青少年，已經少有人知道台北市曾經有這麼一個名爲「稻埕」的地名。

如今，有人問我是那裏人？我總是以「維桑與梓，必恭敬之」的語氣，答稱：「大稻埕人」。

我出生的大稻埕是建街清末的建昌街，當時已被日本人改稱爲：「港町」。童年歲月，我未得嗅及稻香，卻聞得茶香；曾在「亭仔脚」踩著鋪成如地毯薰茶用的茉莉上跑，也曾攀著疊成像一座城堡的茶箱爬，當然涉過淡水河的河水、玩過著河岸的沙堆，……對於一個都市兒童來說，這一切宛如鄉下孩子的捉泥鰍、焢蕃薯、灌肚猴（蟋蟀），一樣的富於樂趣。

鄉下孩子可以穿梭於田埂，奔跑於草叢，而我卻是在「老街」踱來踱去，貴德街我走過千萬遍，廸化街至少也來回走過六年；童年歲月，我並不知道這條歷史街道的歷史故事，但是，我熟悉每一棟建築的造形，山牆、女兒牆、匾額的多采多姿裝飾，也是我繪畫的素材，小時候，我的圖畫是很受到誇讚的。

我了解的雖然只是台北的一隅，卻帶領大家同覽大台北，應該說是有所備而來，不是「不識（音八）路，夯頭旗」。這本書的付梓，懇切的希望大家由了解台北——

目前台灣的首善之區開始，進而去認知台灣的一市一鄉、一鎮一村，能夠心懷鄉土，放眼世界，雲遊天下時，才不至於「迷失」，或是連「歸人」或「過客」的身分都不清楚。

跮踱老街，有心之士，盍興來乎？

一九九一年四月三日

《引言》河、街、印象

之一——河

河流是台灣的血脈，正如中央山脈是台灣挺直的脊梁。

河流孕育了一個地域的歷史、人文、文化、經濟；一條河流，正是一條血脈，不舍晝夜，源遠流長地流著、流著，載著人的感情、希望，流向不可預知的未來。

中南部搖曳在暖風中飽滿金黃的稻穗，是濁水溪、大甲溪賜予的養分。

南台灣矗立在驕陽下突飛躍進的工業，是高屏溪、林邊溪賜予的資源。

流動在台灣土地上的血脈，北部有淡水河；這一條台灣「腦部」的血脈，滙集了大嵙崁溪（大漢溪）、基隆河、新店溪，貫穿了台北盆地，它是台北市的生命之源。

迤邐婉延的淡水河，發源於以海拔三八八四公尺雪山爲主峯雪山山脈的品田山，正是「山之巔，雲之鄉」。

品田山在大霸尖之南，山勢壯偉嶙峋，淡水河的源流在此，汨汨而流的流水，自是靈秀清澈。

我記憶中的淡水河，正如國小四年級所收錄的一篇課文：「靜靜的淡水河」。

(一)

靜靜的淡水河，
從廣大的田野流過，
帶來深山裏叢林的氣息。
松針和苔蘚把你染綠了，
柔媚的綠色的淡水河！

(二)

靜靜的淡水河，
從都市的邊緣流過，
帶來人群的快樂和奮勉。
晴空的映照把你染藍了，
歡躍的藍色的淡水河！

(三)

靜靜的淡水河，
在茫茫暮色裏流過，

帶來夕陽下大地的祥和，
晚霞的閃耀把你染黃了，
美麗的金色的淡水河！

(四)

靜靜的淡水河，
在點點星光下流過，
帶來深夜裏人間的安泰。
明月的凝視把你染白了，
潔淨的銀色的淡水河！

而今，靜靜的淡水河不再是綠色了、不再是藍色了，更不是金色和銀色。這一條台北市的母河不再是柔媚的、不再是歡躍的，更不再是美麗的和潔淨的。衆所周知，淡水河變成了汚濁，而且更因爲惡臭和缺氧而被宣判死亡了。於是，我們對淡水河產生了疏離感，而且用防洪牆、高架道路來圍困它，「河的故事」因而沉澱了，人們再也不關心孕育我們的河流，來自何方？去往何處了。

沒有了淡水河的台北市，將是一個沒有歷史的城市，將是一個沒有文化的城市，不論它是如何的富足、如何的進步、如何的繁榮、如何的現代化，心靈上必是空虛和沉悶的，因爲後代子子孫孫將不知我們是如何走過那段好長、好長的悲歡歲月！

之二——街

艋舺、大稻埕、台北城——所謂的台北「三市街」，是台北市的「原型」，這三個「聚落」的發展，先後有序，而且各有其成長背景，也因此街道的布局、房屋的造形，也各有其獨特的個性。

艋舺和大稻埕都有過商船麕集、帆影林密的年代，是同屬於「商業社區」，只是艋舺是閉塞的，而大稻埕則是開放的。

艋舺在一八二〇年代，已儼然是台灣北部經濟、政治與軍事的中心，和台南、鹿港鼎足而立，這個由漢人移墾、建造的市街，經歷了漳泉械鬪、異姓爭鬪，產生了強烈排他性，形成了保守性格。

淡水河床的淤塞，使這個由「番漢交易」之地所形成郊商殷盛的市街、逐漸地走向了衰敗，將其貿易市場拱手讓給了「下游」的大稻埕。

分類械鬬，被三邑人追、趕、跑的同安人，退入大稻埕，和以後在新莊方面戰敗遁入大稻埕的漳州人，本著「同是天涯淪沒人」的心，携手合作，在奇武卒社故址，建立了新的家園。

艋舺人的偏狹民族思想，阻止了外國人「協助」它振衰起弊的機會，倒是大稻埕人接受了西方資本的投入，在歐風美雨下，加上自己的打拚、進取，逐漸地繁盛起來；大稻埕不僅在「台北」取代了艋舺的地位，更因爲保有了「台灣風格」，成了台灣的「明日之星」！

一八八〇年西方資本主義國家的東進，震撼了東方古老的王朝，風中殘燭的大清帝國，在法國人的挑釁之前，完成了台北城的建築，這一座偏處海隅的帝國最後城堡，連著台灣在馬關條約談判席上，做爲甲午戰爭打敗仗的籌碼，輸給了搭上世界「帝國俱樂部」列車的日本人。

爲了抗拒自己被賣身，台灣居民擁護著清國官吏，揭櫫著「民主」大幟，成立了「台灣民主國」，並且祈求獲得歐美的承認，只是日本人不肯輕易放棄他的戰利品，揮軍前來強制接收，台灣人的血肉終敵不過船堅砲利。

日本帝國對於擁有的海外第一個殖民地，不免自炫一番，在經濟上推行「工業日本，農業台灣」的建設之餘，不忘將台北修飾得更近代化，以展現帝國實力。這些對「本島人」（台灣人）自稱「內地人」的日本人，劃定了「城內」是他們的統治權力中心和居地，次第蓋了不少的宏偉建築，更修築了好幾條寬闊大道，而且都市計劃的藍圖，眼光也一點都不膚淺，全是循著「百年大計」去規劃，畢竟他們認爲「太陽旗」是永遠不會西墜的。

「本島人」雖然受盡屈辱、卑視，在政治上不能「伸脚出手」，但是憑著移民後裔的海洋性格，在商業上展現了身手，大稻埕能在日本大正年代，用「自己掙來的錢」建造了那麼多具有「台灣風格」的西洋建築，令後生的我們，也不得不爲之驕傲！

更重要的是，大稻埕本著其「開放性格」，采擷和接納當時風起雲湧的民主思潮和民本精神，促使了台灣新文化的萌生，無論文學、戲劇、音樂都有可觀成就，難能可貴的是「本土性」意識堅強，將日本統治者定位在「非我族類」上；這就是「大稻埕人」與「台灣人」曾是同義字原因所在！

歷史的軌跡，能留痕之處並不多，「台北老街」保住了一些當代的建築，雖然已經都是在風燭殘年中，畢竟幢幢都是歷史見證物，它能夠矗立便是我們的幸運，這種「歷史教材」是獨一無二，不能再求，誰忍心讓其消毀呢？

之三——印象

代表一個都市的「外觀」，莫若建築，建築的造形、風格、年代、色澤；都能訴說這個城市的歷史，今天的台北市保有的歷史建築不多，已經沒有了「面」的形觀，大多是「點」的散布，僅有的「線」，可能就是爭議著要不要擴寬拆建的廸化街老屋了。

我們能夠以什麼形象來代表台北市呢？

艾菲爾鐵塔令人想及巴黎，國會建築令人想及倫敦，白宮令人想及華盛頓，自由女神令人想及紐約，美人魚雕像令人想及哥本哈根，……而什麼令人想及台北呢？

今年民間舉辦了一次「市標」選舉，主辦單位選定了十一個「標的物」：

1. 故宮博物院
2. 圓山飯店
3. 龍山寺
4. 台北火車站新站
5. 省立博物館
6. 北門
7. 中正紀念堂
8. 國父紀念館
9. 世貿中心
10. 廸化街
11. 木柵動物園

票選的結果，「台北火車站新站」當選，然而，甫落成使用不久，而且還在整修門面的新站，果眞是最佳「市標」嗎？

世紀末的台北市，爲什麼只能「找出」一座新建築來代表台北市？況且其設計、功能尚待評估、還需考驗呢？

台北市的「精神指標」又如何去認知？如何去共識？

歷經四任市長，討論了許多年的台北市市花、市樹遴選，一九八六年十一月二十七日在台北市「推動全市綠化指導委員會」決議下塵埃落定，市花選中杜鵑，市樹挑上榕樹、樟樹，最後送請市議會議決，「以杜鵑花爲台北市市花；以榕樹爲台北市市樹」，這項挑選「台北市文化精神建設的表徵」的定奪，是否恰當，當然是見仁見智，況且還有多數的台北市民不知市花、市樹是啥？枉論其代表意義了。

台北老市民都認得一個用了六十幾年的台北市市徽，那是日據時代制定的，在一九二〇年台北市未施行市制之前，「台北廳」即著手徵募市徽，一共有五千三百二十件參加應徵，最後決選中這個最爲簡潔，且饒富意義的設計，脫穎而出，將小篆「北」字圓形化，又變成松葉形的設計，象徵著台北市的進取、堅毅、宏壯；其外形且酷似一個人兩脚直立，双手旁叉，有頂天立地之勢，不僅簡單易畫，而且令人印象深刻。

但是，台北市政府以「爲加強精神建設，革新現仍沿用之日據時代市徽，藉以振奮民心」，決定徵求新市徽，雖則，長時間總是挑選不出好作品來。

新市徽企圖象徵的意義，台北市政府公布如下：

(一)充分表達本市蓬勃發展，邁向安和樂利之都市建設目標。

(二)發揚本市純樸、敦厚、和諧之傳統美德，並具有本市獨特之風格。

(三)激發市民進取奮發及團隊合作精神。

(四)喚起市民「吾愛吾市」之感情。

一九八一年九月二十五日，台北市議會法規審查委員會初審通過了市政府所訂定提送的「台北市徽、市旗設置辦法」，於是新市徽呼之欲出了。

新市徽外作梅花造形，內由「北」、「市」兩字組成，其式樣的文字說明爲：「梅花之內以白色爲底，梅花五瓣及『北』字爲紅色；用陽文顯示『北』字，陰文顯示『市』字，陰陽互爲一體。」

新、舊市徽，在設計上的優劣，我不置評，如果只是行之已久的市徽產生在日據時代，非「革新」不可，那是不足取的想法，畢竟舊市徽的設計是由漢字去推敲，完完全全沒有日本精神或東洋意識；如果因爲是源之於日據時代而應該「革新」，這種做法值得商榷，我們還不是保存了總督府，改稱爲總統府在使用嗎？試想看看，如果我們能夠利用日本人規劃的公園綠地，不變更用途、不改變計劃、不任意佔用，一一去開發，一一去建設，今天的台北市會是灰頭土臉？在水泥叢林中，難得看見一片綠洲嗎？

「台北」的「北」字，成了「人人」自愛，「頂天立地」的日據時代設計的「台北市徽」。

舊市徽，對老市民來講，有着綿綿綿的舊情。

我們自己如何給台北市定位？給台北市一個清晰明朗的描繪呢？

今日，台北市給人的形象，有蓬勃朝氣、奮發昂揚的一面，也有衰頹耗敗、悲觀怠惰的一面；「百物皆貴，居大不易」則是公認的事實。

爲著「唱出新希望」，台北市教育局急著訂定「台北市市歌」，我在報上看到了市歌歌詞，不僅驚愕、而且失望，誠如一位老音樂家告訴我：這接近一百八十幾個字的歌詞，誰會去背唱它呢？唸著：「台北的街道，細繪著整片海棠葉脈。」的市歌歌詞，心想，如果台北市的街道，只爲背負著「海棠葉脈」的地名，而不去探索它綿亙不絕的歷史意義，和承先啓後的教育價值，那豈不是「悲情城市」？

「台北不是一天造成的！」從移民市集、殖民城市，一直到現代成爲國際性的大都市，不是一時「平地起高樓」的，所有的一磚一瓦、一石一樹，都是和著血、淚、汗去砌築、去灌溉。

「台北老街」，親切的呼喚著我們多去造訪、多去徘徊、多去思索。

新市徽，對多數的市民來講，還是未取得共識。

目錄

老街巡禮

《卷二》新境素描……223

《卷一》老街巡禮

艋舺到萬華的興衰

台北市的母河

河流是都市的生命動脈，也是孕育都市生命的臍帶。

泰晤士河之於倫敦，塞納河之於巴黎，還有萊茵河與多瑙河之於歐洲各名城，均有其相互倚賴之處。因此，我們知道，河流與大都會是一體兩面的關係。但是淡水河與台北，卻沒有能夠相輔相成。

從日據時代，河岸旁，即築起了一道宛若城牆的防洪堤防，劃開了依存的關係，更甚者，我們在今天摒棄了淡水河，淤淺不管、污染不理，使得台北市沒有辦法以一條河流來增加它的亮麗、美譽，這是十分可惜的事。

淡水河是台北市的母河，它孕育了艋舺、大龍峒、大稻埕；有艋舺才有大龍峒、大稻埕，也可以說才有台北市，台北市的發展史，是由艋舺奠基的，不幸它也衰退得最快，但歷史痕跡已刻於艋舺，任誰也不能磨平。

且讓我們來追述淡水河孕育的台北市第一個都會區。

台北市的發祥地

台北市的發祥地是大嵙崁溪（今改名大漢溪）和新店溪滙流成淡水河之處。

台北盆地原爲平埔番凱達格蘭族所居，西、荷據台，仍是「草萊瘴濃，居者多病」的時期，所以僅有少數漢人在淡水河畔，從事漁耕生活而已。明鄭入台，政經建設雖尚不及北部，但此時移民，似應較以往爲多，《淡水廳志》云：「淡水之開墾，以唭哩岸始」，可見唐山移民在台北地區的開闢，此期僅限於淡水河下游今日的北投、石牌、關渡一帶，而台北平野似乎還是蠻烟瘴雨、榛狉未啓之境。

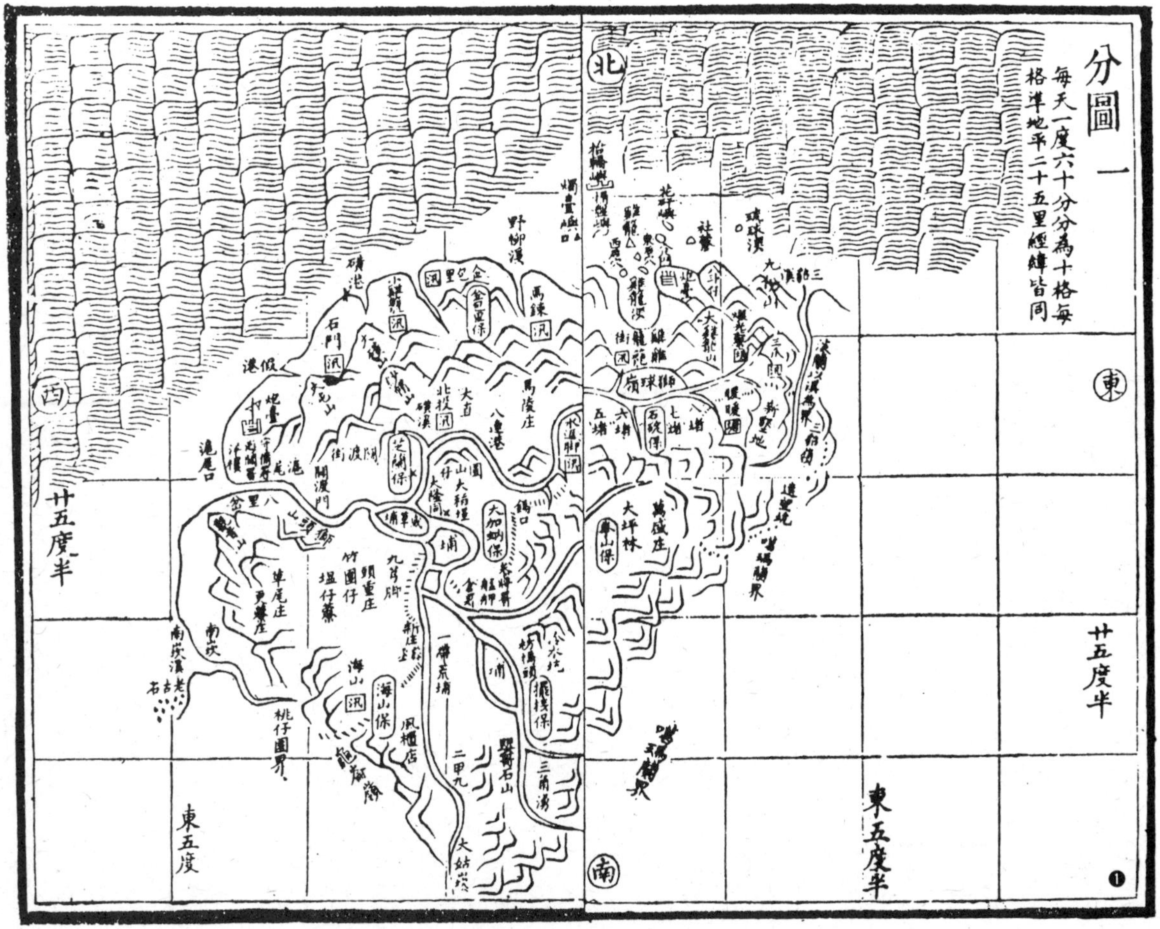

❶ 一八七一年（同治十年）《淡水廳誌》可見艋舺、大稻埕、大隆同。

入清後，因南部的土地，大多有人捷足先登，各有其主，閩、粵移民乃視北台為「新大陸」，據連雅堂著《台灣通史》卷三經營紀所記：「（康熙）四十七年（一七〇八年），泉州人陳賴章（註：應為墾號）與熟番約，往墾大佳臘之野，是為開闢台北之始。」大佳臘（清後通稱「大加蚋堡」）可說是當時台北平原的總稱，墾戶陳賴章招募漳、泉兩地移民，著手開荒，寫下了台北開拓史的第一章。

以泉州人為主的唐山移民進入沙麻厨社故址大溪口（今貴陽街二段尾及環河南路二段，淡水河舊第一號水門處）蓋了數間茅屋，建立了拓墾最初據點。

此後，移民一批一批加入開拓行列，愈聚愈多，從大溪口東方曠地，築成一個小小市街，這是台北街道的濫觴；原住民見有人烟，不時划獨木舟載運土產前來與移民貿易，交換布匹與日用品，因此岸邊群舟蝟集。原住民稱獨木舟為Man-kah，這種水中小舟，在文獻上的記錄有：

「視沙間一舟，獨木鏤成，可容兩人對坐，各操一楫以渡，名曰莽葛，蓋番舟也。」（郁永河：《渡海輿記》）

「蟒甲獨木挖空，兩邊翼以木板，無油灰可艌，水易流入，番以杓不時挹之。」（黃叔璥：《番俗六考》）

「番民往來，俱用蟒甲。」（余文儀：《續修台灣府志》）

「莽葛」、「蟒甲」都是獨木舟的譯名；「台北帝國大學總長」（即今台大校長之職）幣原坦博士解釋說：「番人稱番舟為Man-Kah，又番舟蝟集之處，亦稱為Man-Kan」。主編《民俗台灣》的池田敏雄於所著：《艋舺小記》中云：「……漢人便以莽葛或蟒甲，來表示番舟，以艋舺來表示番舟蝟集之處以別之。」他更進一步指出：「因為昔時的艋舺，是一處很好的渡頭，有許多的番舟蝟集在這裏，於是艋舺一語，原指淡水河一隅，後漸變為艋舺一帶的名稱了。」

台北市第一條市街

原住民和漢人交易的土產，以番藷（地瓜）為最大宗的交易物，因此這番舟蝟集河岸的買賣墟場，被名之為番藷市，街衢形成，順理成章被稱為番藷市街。

台北的第一條街道，成了以物易物的趕集市場；後人認為番藷市其名不雅，乃改諧音為歡慈市街，即今貴陽街二段一部分。日據時代，此街改稱：「入船町」，顧名

❷「台北府全圖」的特寫；西南方瀕淡水河的艋舺是台北市的發源地。

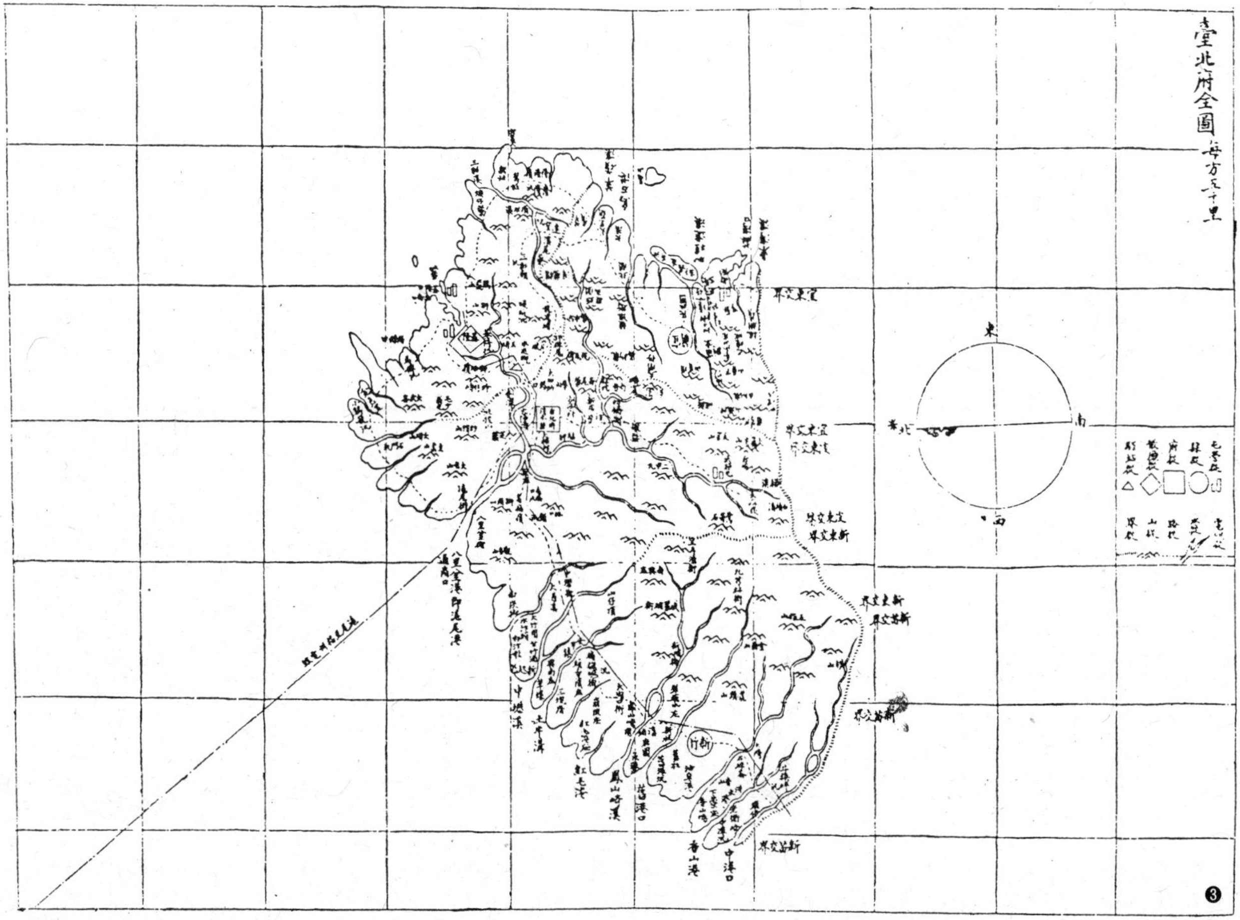

❸一八八八年（光緒十四年）的「台北府全圖」，我們在方塊的「台北府淡水縣」右下方可找到「艋舺」。

思義，是淡水河的帆船入岸之地。

艋舺建街，就北台來說，還是遲了一些，隔河對岸的新莊，當時已是很繁榮了。新莊因圖向外發展，於是艋舺成了發展潛力雄厚的新生地。果然，隨著移民的激增和墾務的發展，艋舺市街後來居上，成了北台最繁榮的地方。當然，大料崁溪河床淤塞，使得新莊沿岸，商船停泊不便，轉而出入艋舺渡頭，亦大有關係；不數年，墾殖的業戶、佃人以及商人共同的努力，促使了艋舺躍登台北平原各街莊的第一大都會；也爲台灣的第一大都會區，奠下基礎。

艋舺新社區，因之也成了官署駐移的地方。一七五九年（乾隆二十四年），淡水轄八里坌之營都司吳順首先移住艋舺，次年（一七六〇年），淡水堡坊里之中，已轄古亭、艋舺渡街內之十四庄，始見「艋舺庄」名。

一七九二年（乾隆五十七年）八里坌開港，泉、廈船來此貿易，溯河而上艋舺，使這小渡口成爲大商港。而後，一八〇八年（嘉慶十三年）台協右營游擊移來，改稱艋舺水師游擊；翌年（一八〇九年）新莊縣丞遷移艋舺，改稱艋舺縣丞，雖廨署仍在新莊，但這個位於淡水河西岸的商埠，儼然又成了北台—竹塹（新竹）以北的政治中心。

一八二一年（道光元年），噶瑪蘭通判姚瑩撰《台北道里記》，有謂：「艋舺民居鋪戶約四、五千家，商船齊集，闤闠最盛，同知歲半居此，蓋民富而事繁也。」

乾隆末葉至道光初年，艋舺經泉州人三邑人（晉江、南安、惠安），勤奮經營，帆影林密，郊商發達，時有「一府二鹿三艋舺」之稱，在當時全台市鎮，艋舺的繁榮僅次於台南府城、鹿港而已，是台灣第三大城。一八七五年（光緒元年），欽差大臣沈葆楨奏准創立台北府，即建議將府治設於艋舺。

❹ 來往的行舟，使艋舺由墟落而市廛，道咸以還，繁華僅遜府城、鹿港。

萬華之名的禪機

艋舺之名，雖至今仍活在台灣人的口碑中，但是，卻很少有知道這兩個正字如何寫法？都是以萬華書之。其實，萬華怎麼個讀法都沒有「艋舺」之音，縱貫鐵路從台北站南下跨新店溪前的萬華車站，是日據時期遺留的地名，萬華的來源，有一段典故，只是大家都遺忘了。

艋舺其名不雅，係淡水同知曹謹最先有此看法，時於艋舺西南營建艋舺書院，他有意以「文甲」易艋舺，稱「文甲書院」，但學院建成後，被題為「學海書院」，文甲終不留名。

此區之盛，源於「艋舺渡頭」。詩人墨客見渡口風帆片片，題了富於詩意的名稱「艋津」，可惜也未見流傳。

❺ 清末的艋舺十分熱鬧，亭仔脚（騎樓）的小販，來往頻繁。

❻ 淡水河的舟船之利，是促使艋舺成為「台北第一市街」的主因之一。

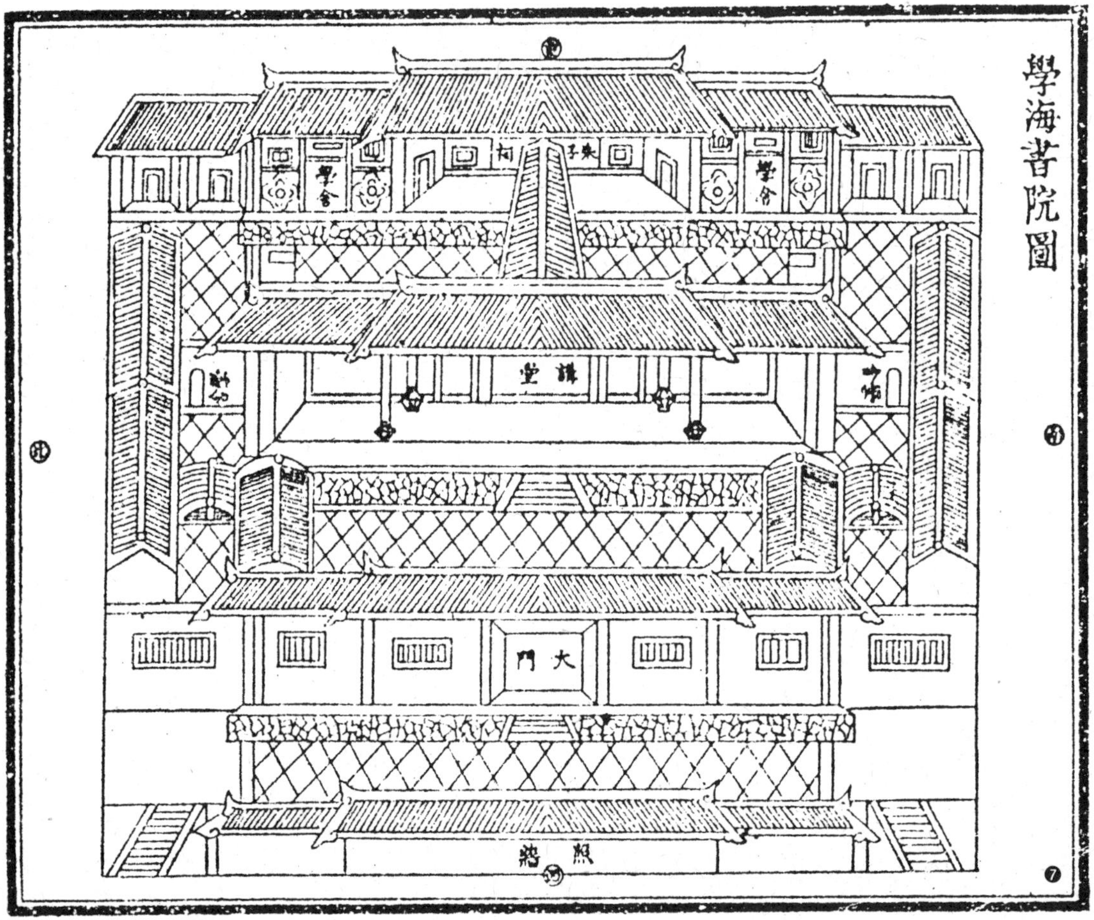

7 「學海書院」當初想以「文甲」為名，沒有成功；駱子珊有學海書院懷古詩：「散策淡江濱，龍山景象新；緬懷追往哲，回首憶前程。華國文章貴，觀風士氣伸；茫茫將墜緒，肩仔屬吾人。」

一九二〇年十一月一日，日本人實施「台灣地方官制及行政區域」改制，台北方面，廢原台北廳直轄之艋舺、大稻埕、大龍峒三區，始設台北市，隸於台北州。此三個老台北地名，於焉而廢。

艋舺、大稻埕、大龍峒成了歷史名詞後，日本人單獨將艋舺改稱萬華，據說是當時民政長官下村海南靈思頓生的佳作，但據林衡道另一種解釋說：**「日本是佛教國家，佛經裏面的一句話曼陀羅華，取曼、華兩個字的日語是同音，叫做萬華，日本人把這一句話用來做爲萬華的地名。」**不過從《台北文物》第二卷第一期的〈艋舺專號〉，以及其他有關紀錄，林衡道的解釋，並未被認爲公論，萬華是否眞有禪機，則不得而知了。

紙醉金迷的萬華

城市繁華到一個程度，也是它墮落的開始。所謂的遊里—酒家、妓樓、娼寮—必然產生；道光年間，艋舺即有青樓艷妓，凹斛仔街出名的「趁食查某」（賣春女郎）芳名，不但名噪全台，隔岸的福州、泉州，也有知其艷名，想一親芳澤的人士。光緒年間，這些銷魂窩，入晚以後，旗亭燈火輝煌，絃歌盈耳，妓樓娼寮，呼么喝六，紙醉金迷的生活，北台的第一位傳教士馬偕，在他一八七五年的傳教日記，有如此記載：**「……艋舺的居民，老少都日日爲錢而勞苦，爲現款！現款！他們是物質主義者，執迷的淘金者。」**

艋舺人沉淪於萬華世界，難怪這位洋教士，要伸手拯救了。

萬華寶斗里的綠燈戶，說起來還有一段歷史可尋；日本據台後第三年（一八九七年），首先有二位日本九州妓女，來台北「趁食」（趁，賺也），以後，一波又一波的日本妓女，聞風來台淘金，使台北地區「貸座敷」、「料理店」如雨後春筍，而且都暗藏春色。今日，台灣賣春女郎藉觀光之名，到東瀛淘日幣，知道這段掌故，可知始作俑者，還是這些大和族人。

日本當局覺得色情如此泛濫、放縱下去，不是辦法，決定規劃遊廓（即風化區）管理，他們選擇了今西園路一段與貴陽街二段交叉處起（即歡慈市街），向後經華西街（舊大厝口街）至第一水門，包括寶斗里（凹斛仔街），轉過桂林路（舊後街仔街）迄於西園路一段交界處爲「艋舺遊廓」，由「有明町派出所」（今龍山警察分局

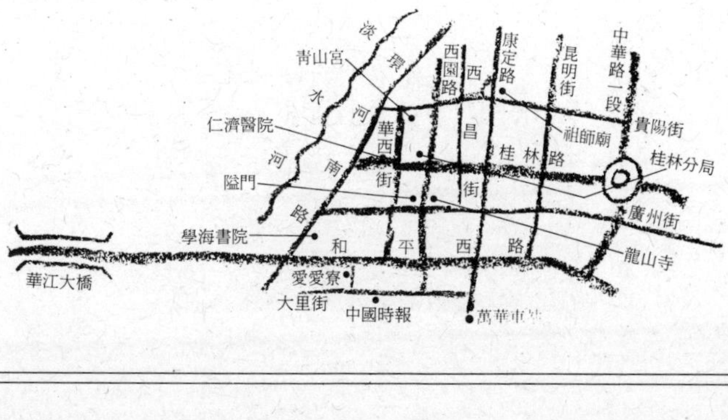

管轄。

日據後，風化區的規劃，使艋舺艷名四播；日人井季和太在《興味的台灣史話》，有一段記載：「據明治三十二年（註：一八九九年）六月十七日的花柳粹誌第一號，在艋舺支署（註：警察分局）轄內，同年五月現有的貸座數有五十五家，料理屋有七十三家，飲食店有二十九家。藝妓一二五人，娼妓五〇一人。」貸座敷、料理店、飲食店的女人，分稱娼妓、藝妓、酌婦，艋舺遊廓的風花雪月，令人咋舌。

艋舺改稱萬華後，萬華遊廓更名副其實，據說，當年的尋芳客，只要登上人力車，說聲：「萬華！」就會被帶到此風化區來，萬華淪為今日敗柳殘花滙聚之地，令人無奈；也讓台北市蒙羞。

外國觀光客來到福爾摩莎，有人指明務必安排要到SNAKE STREET一遊，所謂「蛇街」指的就是「華西街」；隱藏在傳統背面那詭異、神秘、奇妙的氣氛，不僅金髮碧眼的洋人好奇，東洋人也稱異；有著巨毒的眼鏡蛇、百步蛇在「蛇店」內服服貼貼，任人宰割；還有各地的名點小吃、中級消費的華洋百貨，使「華西街夜市」成了海內外聞名觀光街。不過，提及華西街，連想的就是「寶斗里」，從日本人的「遊廓」，淪為今日低級娼寮，人性的卑劣，渲洩在這條街上，女性的尊嚴，賤辱在這條街上，爭逐酒色來此的人們，不知心安否？

散落在康定路、西昌街的佛具店、繡莊，以及專賣藥草有「青草巷」之稱的西昌街二二四巷，則是令人漫步有悠悠古意的街道；三十公尺長的小巷，因葱葱綠綠的藥草而盎然生趣，有我們熟知的蘆薈、芙蓉草、九層塔，也有聞所未聞的鳥不宿、不留行、白馬屎……，多少人的宿疾、病痛，「採藥」於此，獲得痊癒，沒有人會去了解的。

艋舺的殘夢，在這些街衢去尋覓，那遺忘歲月的影子，可以浮現一、二吧！

❽ 清末艋舺的舊街，此照是今日的西昌街。

艋津好景盛極而衰

萬華河濱，遠山傍水，以前風光秀麗，正當圓山、川端（螢橋）、水源地還是交通不便的郊外時，此處是台北人的好去處，遊人如過江之鯽，尤其是夏季納涼，臨岸接受淡水河徐徐清風，乃一大享受；因此每屆暑期，沿岸幾家刨冰的棚屋，結上一盞一盞燈籠，入夜，「冰」市燈如畫，河岸夜色，更加炫目，竹棚屋雇小姐招攬遊客，又出租小艇，河岸景致以及隔著一道防洪堤防的娼樓，各有風情。

一九二九年，日本人在河岸經營水上餐廳—「牡蠣船」，售日本料理兼酒食，每艘船有四十蓆左右，繫靠岸邊，最盛時有三艘，幾使艋舺河岸成了不夜城。不久，更出現一艘巨大洋船剛都拉(Condola)號，擺出西餐、咖啡，並有西樂助興，這艘酒船還有上、下樓之分，算是豪華型餐館；也因此淡水河第一水門到第二水門沿岸，各地人們紛至沓來，景色十分熱鬧。

可惜，好景不長，一九三一年的一次颱風，吹垮了水上餐廳，只剩下一艘牡蠣船，戰後還存放好一段時間。艋津夜色，從此開始暗淡。

艋津褪色，其實何止夜色，此一台北市的發端地，我們能尋的蹤跡，應是那些古剎、隘門？抑或渡頭、書院？還是那些人人共棄的娼寮？

萬華有怒放之期，也有凋謝之日，潺潺淡江，潮起潮落，但卻永不休止地對我們訴說著這個鄉土的興廢故事。

❾「萬華車站」，台灣人稱為「艋舺車頭」；現在的萬華新站是一九八八年九月十九日啓用的。

❿大正時期的洋樓，在今天的萬華已經不多見了。

台灣第一名剎龍山寺

艋舺（萬華）的三大廟門是龍山寺、清水巖（即祖師廟）與新興宮，而龍山寺、清水巖（即祖師廟）和大龍峒的保安宮，又並稱爲台北市三大廟門；龍山寺不僅名聞北台，昔日還曾博得「台灣第一名剎」的美譽，熟知這座廟宇的歷史，當知以前所謂：「一府二鹿三艋舺」的盛況。

龍山寺位於廣州街；廣州街，東起博愛路，西至環河南路。這一條艋舺早期的市街之一，有「古蹟街」的雅稱，懷抱著虔敬懷古的心情去追尋遺跡，等於重溫台北開拓的前幾頁歷史；「留連落日頻回首，想像餘墟獨倚牕」，誰不會對歷史的殘破，痛心疾首，歉疚愧憾呢？

廣州街底，環河南路旁，今高氏宗祠，是昔日的學海書院。道光初年至光緒年間，這裏的淡水河口岸是裝卸木料的地方，稱「料館街」，是爲「木材街」之意；昔日新店溪上游盛產樟樹，由水路運此交給「料館」（木品加工廠），供作軍需造船。往東行，今仁濟醫院現址，是育嬰堂舊址，是同治年間（一八七〇年）淡水同知陳培桂，爲收養孤兒、貧困人家子女及矯正溺女惡習而設，今留有「淡北育嬰堂碑」。

梧州街北側巷口有黃姓祖祠，係江夏種德堂和燕山祖祠古蹟所在。

小巷華西街，目前仍留有九曲巷痕跡。二百二十三巷巷口有清嘉慶年間「隘門」爲當年民間防禦警戒的關卡，今「艋舺隘門」已改水泥牆，並供奉土地公，原貌已失。

位於廣州街二一一號的龍山寺，寺前道路清時稱「龍山寺街」，日據時逕名爲「龍山寺町」，名正言順，今稱：「廣州街」，眞恐後代子孫訛誤爲是「老廣」建闢或群居的街道。

建廟傳說普遍

名聞遐爾的龍山寺，源遠流長，有著不少的軼聞掌故，傳聞鄉梓：

❶「龍山古寺跡，安海溯丕基；文甲人奉祀，觀音佛扶持。」（朱俊英），此照攝於日據時期。

唐山子民渡台，他們將落腳處從南部移到北部的時候，北台仍是一片蠻荒瘴癘的地區，這一片新墾地並不是他們想像的「人間樂土」，而是充滿著危險、艱難，因之有「三在六亡一回頭」的俚諺。十個唐山人橫渡黑水溝到北台，能夠落腳生根，僅占了十分之三；其他的十分之六因水土不服或受不住瘴癘之氣，葬身此地；剩下的十分之一，則吃不了苦頭，乾脆返鄉，不再久留。

雖然，移民台灣是需要冒險犯難，但是由於「台灣錢淹腳目」，還是有一波一波的閩、粵人民，鋌而走險，渡過黑水溝，來台灣謀取生機。

當時落足艋舺，以泉州所屬晉江、南安、惠安等三邑轄下的「頂郊」人爲多，他們渡海前，爲求得安心，離別故鄉前，必先到晉江縣安海鄉龍山寺，向觀音菩薩祈福，請求神明保庇一路平安，並將該寺的香袋，攜帶於身，以求得心靈上的安全感。

相傳，雍正年間有一位唐山移民，來到了現在龍山寺附近，在一顆榕樹下略作休憩，啓程前，他就地方便的時候，爲了怕有所不敬，將護身的香袋解下，掛在樹枝上，想不到匆忙中忘了將香袋帶走；這只寫著「龍山寺觀音佛祖」的小小香袋，在月夜下，閃著光芒，驚動了當地人，以爲觀音顯聖，紛紛前往膜拜，有人向菩薩許願，竟然得償，如是善男信女日增，乃有鳩資建廟之議。

歷經災劫整建

龍山寺建廟的傳說，並不是「此寺獨有，別無分號」，桃園蘆竹鄉南崁廟也有類似的故事，因此只能姑妄聽之。

晉江、惠安、南安三邑人推舉紳商黃典謨爲董事，開始著手募款，很快得銀二萬餘元，於一七三八年（乾隆三年）舊曆五月十八日興工，至一七四〇年（乾隆五年）二月八日始竣工。

龍山寺的所在，依勘輿家相驗地形，說是「美人穴」，因此寺前曾鑿水池作爲「佛祖的鏡面」。這座水池在一九二三年二月被塡平闢爲龍山公園，亦即今日以小吃聞名的「龍山商場」。

廟宇建築期間，艋舺人派人到福建泉州府晉安縣安海鄉龍山寺，奉請觀音佛祖分靈，來台奉祀，因之此寺順理成章取名爲：「龍山寺」。

艋舺龍山寺此後經歷了幾場自然災刼，一八一四年（嘉慶十九年）北部大地震後，艋舺地區房屋倒塌嚴重，龍山寺也不例外，除了佛座外，其他建築物全毀，當時董事黃朝陽、楊士朝發起募捐重建，於次年（一八一五年）完工。爾後，又遭遇一八六七年（同治六年）的颱風災害，亦經當時董事再鳩款修復。

如此再經歷五十幾個寒暑，龍山寺疲態漸露，丹青剝落，棟樑腐蝕，如不加以整修，必然有坍塌之虞，重建之議再起，當時的住持福智禪師，率先捐出了一生省吃儉用的儲蓄，而達「拋磚引玉」之效，今日宏偉壯觀、雕琢精緻的龍山寺得歸功於這一次的重新整建。

唐山師傅修建

一九二〇年一月十八日，龍山寺動工重建，敦聘泉州惠安溪底唐山老師傅「益順師」（俗作「益順司」）的王益順來台擔任重任，當時他帶了姪兒王樹發和二十來名有雕刻匠、石匠、水泥匠、陶匠、油漆匠的班底來台，一九二四年三月廿三日工程完

❷「鼓鐘醒綺夢，艋舺指迷津。」（顏雲年），龍山寺的香客來自全台，觀光客來自全世界。

竣後，老師父又承接了新竹城隍廟和台北大龍峒孔廟等工程，然後才返回泉州府。王樹發見台灣大有發展前途，就留了下來。由於龍山寺重建工程，做得美侖美奐，因此他的聲譽不錯，像彰化南瑤宮、南鯤鯓代天府、鹿港天后宮的整建等大小工程包了不少，因而致富，可惜老來無子，乃收養一名義子，叫王世南。

樹發師見義子並不好學，就帶在身邊，跟自己在工地上東奔西跑，想不到王世南耳濡目染，竟然懂得整套建築技術。有一次，木匠們大意弄錯了尺寸，一根橫樑怎麼擱，都放不進去，一時找不著錯的所在，大家眞急壞了，王世南剛好走過來，很快便指出了錯處，樹發師此時才知曉他十六歲的螟蛉子，已有克紹箕裘的本領。

第二次世界大戰時，盟軍轟炸台灣，龍山寺的正殿及走廊於一九四五年六月八日被炸毀，只有觀音佛像端坐無毀，人人稱奇。戰後，艋舺人士再議整建被戰爭彈火炸損的龍山寺。自然而然，有此艱鉅工作，非託付給樹發師不可的想法，但是，此時樹發師病死，大家對年輕的王世南能否承擔此工作，表示懷疑，加以戰後民生凋敝，經費籌措不易，只草草修葺，未能踵事增華。一直到一九五三年，龍山寺已成中外人士來台北的觀光聖地，爲壯觀瞻，正殿新建再被提出，但是龍山寺的整建負責人員，卻對王世南的信心不足；正巧當時台北縣有一座廟宇，因設計不良，致使工程中斷，此廟住持頗受困擾，龍山寺的住持與他有所往來，乃荐王世南前去解困，也想藉此考驗王世南的身手。

王世南果不負衆望，完成使命，龍山寺方面對他的能力不再懷疑，將工程完全交由王世南承包，龍山寺大殿重建工程終於在一九五五年恢復舊觀。

艋舺龍山寺從一七三八年創建，平均每四十年重修整建一次，可見今日壯觀的規模，其來有自，不是一蹴可幾的。

聲望震懾官府

「頂郊」人爲保護商業利益，私擁重兵，在淡水河設立關卡，凡是進來艋舺的船隻，所載貨物，他們都徵收百分之五的從價稅，他們的團結，使其信仰中心——龍山寺，也兼具了一種地方自治形態的組織；而幾次動武和「下郊」人爭鬪，龍山寺都是發號戰鬪命令的「大本營」。

一八八四年，中法戰爭時，法國軍隊攻打基隆，進犯獅球嶺，有人認爲台北城終會失陷，而有南遷之議，艋舺人士認爲豈可不戰而棄，群情沸騰，商議抗敵大計於龍山寺，並作成陳情文，蓋上龍山寺關防，前往晉謁劉銘傳，表示大家決定組織民軍，協助官兵死守台北，請政府勿有南遷之舉，同時關閉艋舺地方各隘門，阻止官兵南下，民兵且赴前線和法軍戰鬥，對逐退法國，居功不少。

劉銘傳就任台灣第一任巡撫時，銳意經營各項的建設，興築鐵路是最爲人津津樂道的一項，鐵路由大稻埕起站，原擬經過艋舺「料館口」（今龍山國小附近）架橋過新莊，但是艋舺豪族黃川流以恐毀及他家門前的竹圍，加以反對，他寫了一封陳情文，擅自蓋上龍山寺關防，說是艋舺人士不歡迎鐵路經過，劉銘傳見龍山寺方面的輿情如此，乃下令改道，因此大橋改築在大稻埕了。

龍山寺關防，在傳說中有如此分量，足見龍山寺不僅是民間信仰中心，且受官方重視，可見其不僅是一座只供瞻仰膜拜的建築而已，還代表了衆多的民意。

雕飾精巧絕倫

❸ 鐘鼓樓的轎頂三重簷是王益順的傑作。

龍山寺主祀觀世音菩薩，副祀釋迦佛祖、文殊菩薩、普賢菩薩、天上聖母（媽祖）、水仙王、註生娘娘、文昌帝君、關聖帝君、十八羅漢……號稱二百餘種神祇，可以說「神佛雜陳」。胡適博士第一次參觀龍山寺時，看見供祭著雞、猪頭，很是詫異，說：「怎麼佛教寺院，可以擺葷的東西？」文獻委員會的林衡道趕忙解釋說：「龍山寺不是道地的佛教寺院，只是民間信仰的通俗廟宇而已。」

龍山寺的雕樑畫棟、石刻木雕，精巧絕倫，使用的泉州白石及玉昌湖青石之多，獨步全台，前殿的一對銅鑄龍柱，更是台灣僅有，尤以匾額、杜壁的聯文，更是珍貴稀品，可惜因戰火、整修大多佚失了。

光緒勅賜的「慈暉遠蔭」、福建陸路提督孫開華的「慈雲普蔭」、曾玉明的「慈雲普覆」、浙江提督王得祿伯爵的「大發慈悲」、福建陸路提督林文察子爵的「此卽是佛」……諸匾，皆被燒毀無存。

杜壁聯文，頗多佳構，更添增艋舺龍山寺的藝術價值：

龍舸渡迷津，發大慈悲，只要衆生回首；

山門開覺路，入覲世地，更進十住安心。

安海眞源分淡北；
龍山靈梵冠東瀛。（以上兩聯俱爲魏清德撰，康有爲書。）

龍渡滄海而東，五百年來成樂土；
山環瀛州之北，大千世界闢沙門。（張純甫撰，陳蓁書）

入佛門來，聲色俱化；
居淨土處，物我皆忘。（劉篁村撰並書）

不入浮屠境，焉知釋教尊，龕燈光白晝，寺磬鬧黃昏；
金碧三台冠，檀楠一殿溫，慈悲如我佛，香火合長存。（黃贊鈞撰，鄭貽林書）

❹ 龍山寺有不少具有異國風味的精緻浮雕。

廟宇建築經典

今日龍山寺過分華麗、浮華的裝飾，曾使學者專家引以爲憾。民俗家林衡道卽有如此評語：「……十八世紀法國路易十四時代的巴洛克和洛可可畫風，被美術史家認為裝飾過多，看不見面和線的美，所以評價得很低。如果從這個觀點來看，台北的龍山寺就犯有嚴重的巴洛克和洛可可的毛病。」

台灣廟宇裝飾過分的弊端，原因甚多，但不容置疑的是，它和文化、社會變遷，息息相關，也就是說一般人所認同的美感，已不是昔日的標準，觀之，今日台灣廟宇的規模，已經有好幾座和龍山寺不分軒輊，但是不僅在名望上無法和其並駕齊驅，在美感上也遜色不少，此乃龍山寺具有獨具的歷史和傳奇，永遠令人神往的緣故。此外，它在整個建築格局、裝飾上，還承續著傳統風格。龍山寺天井所使用兩座藻井及繁雜的網目如意斗栱，交錯構成令人眩目、讚嘆的雕刻，以及鐘鼓樓轎頂式屋頂，成了以後台灣許多廟宇構造的對象。

研究台灣建築史的李乾朗教授對龍山寺的評價，可以讓我們更加體認這座「台灣第一名剎」的不同凡響：「以目前台灣所存廟宇水準來看，（龍山寺）應屬經典之作，它總結了清代以來台灣廟宇建築的美學觀點，重建後的簷口曲線較戰前為緩，上下簷間也加置吊筒，就形式之精練及裝飾性趣味而言，重建後的作品是極為成功的。」

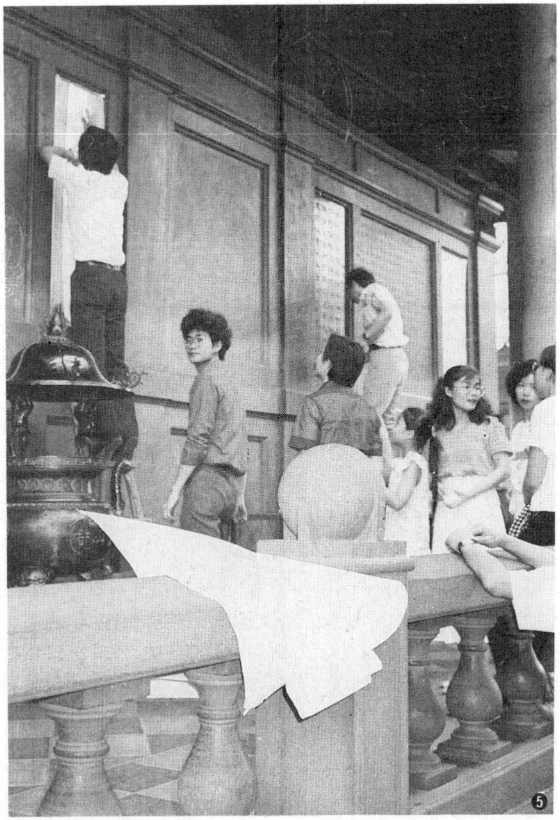

❺ 龍山寺的石雕精巧絕倫，有人來此拓印碑文。

文風不盛的大龍峒

大龍峒位於台北西北角，鄰近淡水河與基隆河交界處，其開發，遲於艋舺，卻早於大稻埕；昔日以台北市的行政區域——大同區來涵蓋大龍峒，並不全對，譬如說：當年劃歸中山區的圓山，往昔也是屬於大龍峒的一部分。

古老的大龍峒

大龍峒原爲平埔蕃凱達格蘭族居住地，郁永河撰《稗海紀遊》記爲巴琅泵社，後被奎母卒社合併，稱「奎泵社」。番社名於《番俗六考》、《諸羅縣志》作大浪泵；「泵」是投石入水之聲的意思，因何以此字入地名，不可得知。

巴琅泵社時期，荷蘭人於一六四五年曾做戶口調查，根據記載，僅有十八戶，七十二人；十年後（一六五五年）調查的數字，更是有減無增，爲十七戶，五十二人，荒涼可知。

一七〇九年，墾號陳賴章呈請到官方墾照，開發台北，此處漸有漢人來往，成爲同安人生聚地方，因此得「大隆同」之名，即同安人大盛隆興之意。

道咸以後，文風鼎盛，至同治年間，科舉取名，極一時之盛，而成爲台北地區的書香之地，曾有十步一秀（才）、百步一舉（人）或「五戶一秀、十戶一舉」的雅譽，北台僅有士林一地堪與匹敵。由於文人輩出，遂有同音異字大龍峒之名。龍即卡氏六龍、荀氏八龍之龍，以喻賢才，峒爲居虞，大龍峒就是賢才衆多之地的意思。

民間興建的文廟

日據時代，台北孔子廟擇建於大龍峒，頗有意義，能代表此處曾是文風不盛之地。

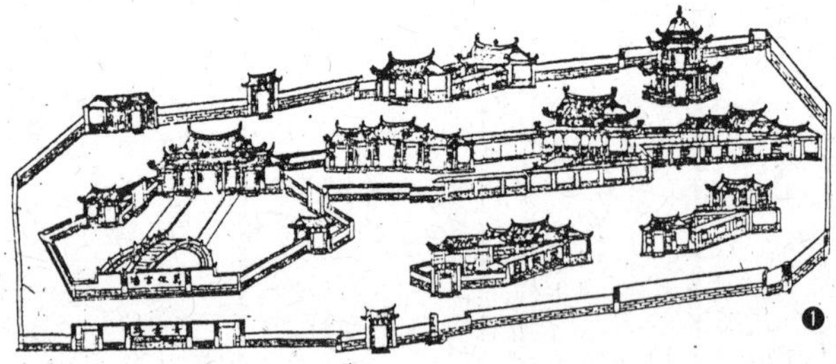

❶

❶ 孔子廟的原設計圖。今日孔廟「縮水」不少，我們可以循著此藍圖去比照，「萬仞宮牆」外應該還有外牆。

原台北官建孔廟，係清季建於台北府城內，地當文武街（即今「北一女」與「女師」一帶），與奉祀武聖關公之武廟（今最高法院南側）毗鄰；此廟於一九〇七年日人將之拆毀。

一九二五年一月，台北士紳於永樂町（今廸化街）名中醫葉鍊金宅聚會；葉以台北市係首善之地，卻無文廟爲憾；詩人陳培根即表示願捐獻大龍峒私地。而後，大家再聚於陳培根別墅素園，舉行協商會議，復於大稻埕江山樓設宴，邀集官紳商賈二百

❷ 謝斐元：「大龍峒上路，下車仰宮牆。」面臨酒泉街的「萬仞宮牆」。

❸ 「萬仞宮牆」裏面，有庭院之勝。

餘人議決建設規模及募款辦法。二月，成立台北聖廟建設籌備處，推辜顯榮為主理，常務理事八名，分為李種玉、陳培根、黃純青、楊仲佐、鄭奎璧、陳天來、蔡彬淮、連雅堂，另董事五十餘名。延聘泉州王益順為總工程師，周財繪製設計圖面。

台北孔廟於一九二七年六月塡地，八月東西廡興工，十二月大成殿興建；一九二八年四月擧上樑禮，次年大成殿竣成，崇聖祠、儀門、東西廡則分於一九三〇年八月前先後完成。後因募捐頓挫，工程停止了五年之久，迨一九三五年，再度復工，今日規模的孔子廟，大體係於一九三九年完竣的規模，較原設計圖「縮水」了不少地方；按原計畫是：中為欞星門、儀門、大成殿、崇聖祠等四殿外，左畔前為明倫堂，後為朱子祠；右畔前為武廟，後為奎樓。

戰後，孔子廟添增了一座鋼筋水泥的明倫堂，外牆竟是洗白碎石子，唐突兀立，顯得極不調和，更令人微詞的是：明倫堂應該位在文廟的左邊，但違反常規蓋到右邊去了，另外，明倫堂原是講學的地方，卻做為民間活動團體的辦公處，孔聖有知，眞要搖首嘆息。

這座屬於南中國式寺廟建築的大龍峒孔子廟和大浪泵宮毗鄰，進廟朝聖，還好能令人有濯心靜慮的感覺，此不得不歸功於庭園花木扶疏所呈現的盎然綠意，當然孔廟獨有的建築風格也有密切關係。

台北孔廟的石材都是由福建泉州所運來的泉州白石（花崗石），其石柱之多，冠於台灣地區其他孔廟。石柱上，沒有刻著任何楹聯，或詩詞，顯得淸雅莊穆，這是表示誰也不敢在「孔夫子面前作文章」的原故。

大成殿屋頂，左右各一的通天柱，這是遵循宋儒朱熹任福建泉州知府時，修建孔廟，為感於孔子「德配天地、道冠古今」而創議的古制，民間稱通天柱為藏經塔，是說秦始皇焚書坑儒時，有些讀書人為保存經書，藏匿在自宅屋頂煙囪，以避免被沒收燒燬，嗣後為紀念儒生護書之功，而在大成殿屋頂添建藏經塔。

各殿宇屋脊上共有十四隻龍首魚尾的鴟吻，相傳其能激浪降雨，孔廟亦裝飾此物，以避祝融。大成殿屋頂且飾有一群梟鳥，據說這種會呑食母鳥的「不孝鳥」也曾為孔子感化，慕道飛來受教；這可能是孔子有教無類精神，最極致的表徵吧！

樹人書院文昌祠

❹「大龍峒上劍潭邊，百仞宮牆聳碧天」（陳光潛）；孔廟前原有一泓池塘，今已成了酒泉街。

大龍峒的「四十四坎」過重慶北路，朝西走，還未到延平北路，有座儒家系統的廟宇是文昌祠，這座如今殘破不堪的古廟，畏縮在今延平北路四段電力公司所設發電所東側；在轟轟的變壓器運轉聲中，走進門前冷落的文昌祠時，其凄涼感油然而生，

❺「宮牆嚴壯築經年，地近圓山勝蹟邊」，這是落成之孔廟的畫「像」。

❻「舊制」的祭孔，當佾生是剃光頭。祭孔儀式今日更新了，但是「廟貌觀瞻祀典隆，久歎綱常風廢墜。」（李逸樵詩）。

❼「龍峒魯殿勢凌雲」，孔廟的大成殿。

❽ 戰後添建的明倫堂，不見飛簷，很不搭調。

眞難想像以前這裏曾是一片朗朗的學童讀書聲。

文昌祠創立年代已不可考，當必在咸豐年間，是清朝時期大龍峒地方學童上學的書房，有點類似日人的「寺小屋」或西洋人的「主日學」。日據之後，推行公學校教育，以致荒廢一時；一九二〇年代，當地士紳，也就是大龍峒孔子廟的發起人黃贊鈞、陳廷植等創議整修，今天所見四合院的殿宇即是當年整修後的規模。

陳維英倡設於保安宮內的樹人書院，日據之後，改置於文昌祠，因此文昌祠有一個雅致別號：「樹人書院」，但是由於該祠僅是初等教育的書房，因此稱之書院，是誇大其詞了。

陳老師的老師府

艋舺自頂下郊拚後，市況一日不如一日，其生意漸被大稻埕所奪，而一些讀書人好靜，便擇居或就讀於大龍峒，而使此處成了書香之地。

❾ 孔廟飛簷上的通天柱以及「不孝鳥」。

❿ 冷落的文昌祠，只有香爐稍新。

大龍峒的靈魂人物應數陳老師，他不僅聲望最大，教化亦最著力。《台灣通史》（卷三十四）〈文苑列傳〉記陳老師云：

「陳維英，字迂谷，淡水（淡水廳，即今日北台）大隆同莊人，少入泮，博覽群書。與伯兄維藻有名庠序間。性友愛，敦內行。咸豐初元，舉孝廉方正；九年，復舉於鄉。嗣任閩縣教諭，多所振剔。……」

陳維英生於一八一一年（清嘉慶十六年），逝於一八六九年，享年五十九。

陳維英先後掌教仰山、學海兩書院，並任明志書院講習，致時人尊呼爲：陳老師。他在鄉里作育英才甚多，大龍峒能有書香之譽，他的功勞不淺。

一八六二年，戴潮春起義，淡水騷動，陳維英和地方士紳合辦團練，以衛鄉里，因功獲賞戴花翎。

座落於今日台北市延平北路四段二三一號的陳悅記祖厝，通稱「老師府」，也就是陳維英的故居。他是一八五九年（咸豐九年）恩科考試的中式舉人，本來正科考試應在前一年舉行，因英法聯軍之役而延遲。當年應考的有三千多人，中式正榜二百零五名，副榜三十四名；二百零五名中式舉人中，台灣得了十四名，成績差強人意。陳維英排名第一百九十八名，他當時是台灣府候補訓導。

「老師府」大埕目前尚存有兩對石雕旗竿，只要路過此處，即可知此宅人家爲「書香門第，官宦之家」。陳氏一族，中舉之盛，甲於淡水；計舉人中式者三人：陳維藻（陳維英長兄，道光乙酉年）、陳維英（咸豐己未年）、陳樹藍（陳維英族姪）。補博士弟子員者十五人，內秀才二人：陳維藜、陳維菁（陳維英二兄及三兄）。經過大埕，一排大厝，掛滿匾額，有「文魁」、「詔舉方正孝廉」、「紫薇郎」等。進了大花廳，映入眼簾是陳維英的一對名聯：

數十年克儉克勤，祖宗創業；
第一等不仁不義，兄弟爭田。

此聯何只僅爲訓其子弟，實是醒世的金玉良言。正廳之中，還刻有數聯，也是促人深省的佳構：

子弟侄，皆毋溺愛；
君親師，何以酬恩。
帝王禍福，報不在境之窮通，美名爲福，惡名爲禍；
仕宦榮辱，關非論官之大小，溺職則辱，稱職則榮。

陳維英持身謹嚴，自奉儉樸，不愧老師之風，他的起居室，懸有此聯：

衣食勿奢原父訓；

山林無事亦君恩。

陳維英晚年構書齋於劍潭前，圓山仔頂（今圓山），題曰：「太古巢」。「太古」兩字台語之音，近似「癩哥」（痲瘋病），有謂：「以極清雅之文字，來換去極污濁之名稱。」日據初期，圓山附近發現史前文化貝塚，「太古」之名，眞有所預感？但依其吟唱的「即事詩」：「小屋如舟結新構，其間信宿絕風塵；明朝歸去誇朋輩，我是義皇以上人。」顯然他是以太古時代的巢居人自況。

位於今日台北市啓聰（盲啞）學校後側港仔乾的老師府，以前的公車站牌叫老師里；乃是紀念陳老師里居處而得名，筆者爲撰此文，前往老師府憑弔，見站牌已改稱：「污水處理廠」；想是公共汽車管理處爲討好上級主管，惟恐市民不知道市政府這項新的硬體建設，而將此文化遺跡，棄之不名。

⑪ 日人立石鐵臣作老師府大埕前旗竿，中間細長的那一根，已毀於一次颱風。

⑫ 代表著「書香門第，官宦之家」的石雕柱。

老師府昔時可是山水所鍾的好地方，眼前望去，觀音山好像一個筆架，右邊較低的山，則似文鎭，左邊平坦的山丘，像是書桌，難怪地理師說：陳宅風水是個靈秀之地。有關港仔墘地理的落敗，民間有一段傳說，我們姑妄聽之：

陳家一再科舉揚名，於勢於財，有漸與板橋林本源家在北台分庭抗禮的趨勢，使林家甚爲不快，況且陳家係同安人，屬於泉州，而林家卻是漳州人；時漳泉不睦，械鬪時起時伏，漳州林家豈能在氣勢上遜給泉州陳家呢？林家於是謀計蓄意敗壞陳家。

板橋林家得知陳家之興，係得助於港仔墘風水好的緣故，於是暗謀一計，買通一位地理師去執行。

有一天，這位銜命的地理師來到港仔墘，他先對當地人盛讚此處地靈人傑，實爲福佑之居。而後才說：可惜有美中不足之處，不能福及子孫。港仔墘人顯然信服他的說詞，急問可有何增益後代的做法。地理師說了一番玄虛，才獻上一計說：「如果能在此處再掘一口八角井，那必然是如龍得水，錦上添花，後代子子孫孫，榮華富貴不盡。」

忠厚的港仔墘人，不知是計，大家集資，按著地理師的建議，擇於陳宅附近，開掘了一口八角井，致此港仔墘的風水犯沖，被破壞了。不久「老者相繼死亡，少者夭折接踵。」不僅陳族開始蹭蹬，港仔墘也從此一蹶不起了。

這一段傳說故事，只能印證一個事實：港仔墘今不如昔，但是板橋林本源也是一樣盛極而衰，因此，我們如果要從這個傳說，去領悟一些道理，不如以「好譽（有錢人；有寫作「好額」，實非。）無過三代。」這句台諺，去了解一些事實。

同安人的大浪泵宮

艋舺龍山寺、祖師廟、大龍峒保安宮，可說是台北最有盛名的三座古剎；保安宮俗稱大浪泵宮，取名保安，寓有保佑同安人的意義。

大浪泵宮係同安先民赴白礁祖廟，奉迎保生大帝香火，於一八〇五年（清嘉慶十年）建廟於大龍峒街（今哈密街六十一號）。保生大帝俗稱大道公或吳眞人，俗名吳本，是北宋福建泉州同安白礁地方名醫；吳本醫德澤及漳泉二地，人人欽服；華南還盛傳他「點龍睛，醫虎喉」的神奇故事。

最膾炙人口的民間故事傳說是：明成祖元配孝慈皇后乳房生癰，群醫診治無效，

⑬「保安宮」對面有鄭聖苑，庭園有吳眞人「點龍睛、醫虎喉」塑像。

⑭一對張著大口的石獅子，這是不合雄獅張口、雌獅閉嘴的規矩。

有一位道士竟然以針灸將皇后的病醫好，成祖欲賜官職財錢，他一概不受，乘鶴而去。後查此人，竟是吳眞人。太子仁宗即位，爲感謝醫治母后之功，下旨改建白礁吳眞人之廟，並賜龍袍，追封爲「昊天金闕御史慈濟醫靈妙道眞君萬壽無極保生大帝」，這個封號，實在太長了，因此民間簡稱吳眞人爲保生大帝。宋朝之民，卻在明朝行醫，這類神話，姑妄「聽」之。

現在美侖美奐的保安宮，係改建於一九一七年；目前台灣供奉保生大帝的廟宇將近有一百五十座，應數大浪泵此廟的香火最盛，建築也最雄偉壯麗。

大浪泵宮營建之初，以大道公曾敕賜帝號，得享天子之禮，仍遵制設計五門，以昭示尊嚴，但因當時恐冒犯當朝，爲避免構陷，改置三門，以至日據時期翻修，再無忌憚，乃就前殿兩端，增闢二門，以符五門之制。

大浪泵宮簷楣樑棟、門窗戶扇的繪畫，多半出自於張長春之手，張氏係本地人，人稱「臭頭年先」，工花鳥人物，更擅繪龍虎，雖是嗜好杯中物的「燒酒仙」，但作畫一絲不苟，原廟前正門所畫秦叔寶、尉遲敬德兩門神，即爲其所繪，堪稱絕品，因此重修時，都會注意留其手澤。可惜後來的主事人，既不懂「史」，也不懂「事」，竟將之層層彩繪描金，使張長春本就存世不多的作品，又毀去此巨作。

鎭守前殿中門的一對應該稱爲牴牾的石獅子，和一般寺廟大異其趣，傳統規矩，一雄一雌的石獅子，應該是雄獅開口，雌獅閉口，然而打造的石匠，竟然將兩頭石獅子都雕成了張著大口，據說這位石匠爲自己的粗心大意，引咎自責，不敢申請工資；這件軼聞，老一輩常引以爲告誡後生小輩，替人做事，不得大意，以免白忙了一場。

⑮ 鄰聖苑門前的兩隻銅鑄「野獅子」，對著保安宮前石獅子，全是錯誤的設計。

四十四坎街道

大浪泵宮的宮邊宮前，向北朝北，原有卌四坎的架棟木造瓦蓋店鋪；卌四坎是指兩排店鋪計四十四幢的意思，坎是河洛話，商店一間叫做一坎。四十四坎每間的大小，一律地濶一丈七尺五寸，實內一丈六尺二寸，各起一進帶過水，一模一樣，毫無差別。

⑯「大浪泵宮」——保安宮，廟前的石砌短牆已毀，左方可見當年的四十四坎建築。

四十四坎的建材，係由當時大龍峒首富王智記發起，鳩合陳、鄭、高、周、林、蔡等集資興建，以旱田爲基地蓋了四十四間的整齊店鋪，四十四間架棟瓦店不獨取材相同、式樣相同，乃至門枋、戶扇、水井、牆壁，連零星瑣物，亦無不同。兩端還各設有兩座隘門以防盜寇；東邊稱：「小邑絃歌」，西邊稱：「大隆同」。他們更將餘款又買了墓埔、旱田，鬮約分成四十四份，每間各得一紙，詳載建置年月、出資金額、開支金額、結餘金額，十分詳細，「各執壹紙，永遠存炤」。

四十四坎合約作於一八一〇年（嘉慶十五年），店屋則於一八〇二年（嘉慶七年）興工，第二年（一八〇三年）十月落成。今日訛傳四十四坎係用保安宮剩餘建材所蓋，實在荒唐；保安宮是在卅四坎完成後二年，才捐建的。

今日建築業發達，蓋條商店街是稀鬆平常之事，往昔要營造像四十四坎這種有規模經營的商店街，可是大手筆。合約有言：「……竊謂合志同方，朋友常逾兄弟；通財建業，聯契卽如連枝。」足見當年合建四十四坎的有志一同。

大隆同因有此四十四坎商店街，以後以此街肆爲中心，逐漸繁榮。

賭、棋、拳頭三不入

大龍峒雖被讚頌爲書香之地，但那畢竟是大戶人家爲門聲家風，所造成的一時盛況，當地方漸漸繁榮時，一般市井小民也開始抬頭了，就成了另一群代表性人物了，平民生活就不再是詩書經禮了，他們以賭錢、下棋、打拳、唱曲爲樂，大龍峒的沉默大多數，竟然對此四大娛樂技藝達到爐火純青之境，而有「賭、棋、拳頭，三不入」的諺語，也就是說這三方面很少可以打入大龍峒的。如果你妄自跟大龍峒的人過招的話，必然被殺得片甲不留。

究竟大龍峒有那些高人具有出神入化的賭術，由於筆者手頭沒有這些資料，無可奉告，但是有關棋藝，卻有所記，因此下列故事，就當做賭、棋一併談之。

舉人張書紳家有一位廚師，名叫然仔，由於他閒暇時，還兼賣芋頭爲副業，因此人稱「賣芋然仔」，他的象棋造詣高超，只是深藏不露。有一年，他隨主人張書紳到閩縣，爲他侍候三餐，空暇之餘，經常一個人溜出去逛街，每當看見棋攤上所排棋局，他就一一暗記回來研究，了解致勝之道，第二天再跑出去破他，因此百戰百勝，從來沒有失手過。沒有多久，閩縣所有擺棋攤的棋士，都成爲了他的手下敗將，往後，

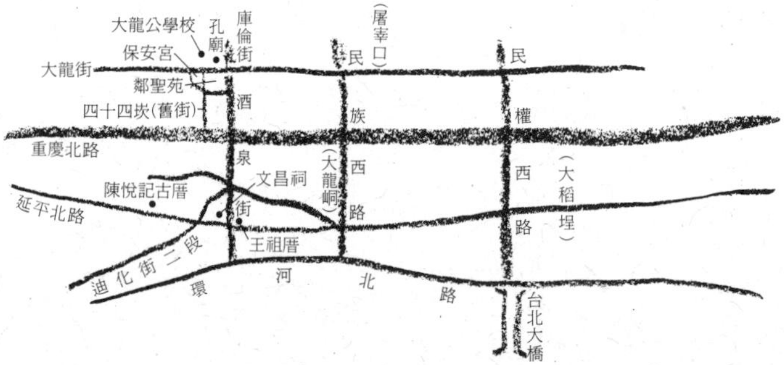

⑰「四十四坎舊址」古蹟石碑，立於保安宮廟前。

⑱ 大龍峒舊街在四十四坎，而「新街」靠近廸化街；如此二層樓房的建物，在以前並不多見，足見文風之地，並不繁華。

只要看見他優哉游哉地要走近棋攤，大家忙著起立跟他候教。賣芋然仔的棋藝，也就震動了全閩。

他後來隨主人返回台灣，有兩位遠地的舉人風聞他的棋名，特別趕到大龍峒想與他較量高低，然仔自知身分不足與這些讀書人高攀，不敢交手，張書紳勸他不必在意，然仔在主人慫恿下，和他們各自連下了三盤，這兩位遠客都輸了，不得不佩服然仔棋藝名不虛傳。

大龍峒拳頭與盛源自獅陣，獅陣台語叫做「弄獅」，以前都是由有武技的人擔任

⑲大龍峒酒泉街的花市，曾名聞台北，後因整頓交通秩序，而強令遷移。

⑳大龍峒福德祠，這座典雅的土地公廟已被改建。

，大龍峒獅陣名震全台，農曆五月十三日霞海城隍爺祭典大遊行時，北台各子弟團的獅陣，必定全數趕來捧場「鬪鬧熱」，各獅陣雲集時，一定要禮讓大龍峒獅陣掛帥，走在第一隊，因此大龍峒獅被稱爲老獅祖。

弄獅，是臂力、腳力要強而有勁的一項武藝，往昔大龍峒獅有名的拳師有「恐師」、「老螺師」等人，後來才有「金鳳」；可惜這些昔日以「保鄉護民」、「切磋武藝」的拳術，今日已經式微，更令人感嘆的是，獅陣至今已經變質，一些不務正業的人，滲入其間，使鬪技競藝的民間武術，竟成了角頭兄弟的娛樂了。

幾年前的農曆三月十四日，一年一度大龍峒「大道公出巡」遊行，筆者看了「大橋頭獅團」的精采演出，演出者像猴子似的，以靈巧手腳爬上被固定在一輛車子上，有五、六丈高的竹竿上，表演一齣肚臍開花的絕技，他以腹部頂住竿頭，伸張四肢，整個人就僅靠著這麼一點支點平衡在半空中，看得觀衆目瞪口呆。這種表演雖離漢代百戲中「撞木伎」尚有一段距離，但也可算是「技失求諸野」了。

最後談到曲。以前可沒有流行歌曲，曲當然指的是傳統曲藝，以南管、北管爲主。早期以保安宮信徒組成的子弟團「龍華軒」，是北台地區最早的北管劇團之一，大花的杜宗和張吉都是以曲揚名的好手。

民主國的軍火倉庫

清代，在大龍峒有一座土城，位於今日大龍國小的後方，那時候，駐紮了一營五百人的軍隊。而今日圓山火車站前，就是一座火藥庫；乙未割台，官紳成立台灣民主國，高舉義旗抗日，大總統唐景崧是位無勇無謀的人，根本無法控制全局，而且連兵餉都發放不出來，引起了大龍峒駐軍的譁變。統領逃入保安宮，才免於難；僅此一例，即可證之，民主國之亡，豈可諉推於天數？

日軍登陸後，節節迫近，唐景崧見事不可爲，棄總統職，溜之大吉。民衆竟也在混亂中，爭著前往軍火倉庫搶奪火藥，有人失手，將火藥箱跌落於地，引起轟然爆炸。這一件事是老一輩大龍峒人，茶餘飯後講古的好話題，有些人還以目睹此景，蓋得驚心動魄。

滄海桑田，事事已非，每一處足痕都可能有一段掌故的大龍峒，今日竟是繁華台北市的一個不起眼舊社區，我們能遺忘這些歷史掌故嗎？

大稻埕的茶香歲月

台北盆地未開發前，原是一片荒煙蔓草、遍地沼澤之地；位於西北部的大稻埕，最早的先住民是屬於「圭母卒社」的平埔族山胞，據說他們是經由三貂嶺進到基隆，而後由八堵、汐止、錫口遷徙至此的；圭母卒社，在文獻上又有圭武卒庄（乾隆五年劉良璧《續修台灣府志》）、奇武卒莊（乾隆二十五年余文儀續修《台灣府志》）、奎府聚莊（同治九年陳培桂纂修《淡水廳志》）等名稱，爲山地語音的漢譯，乃「是各誌的纂修者或歷史的官吏，爲求雅稱在文字上逐次加以潤飾的」（廖漢臣語）。

一七〇九年（康熙四十八年），墾拓集團陳賴章申請到官方墾照，開拓大加臘堡（大稻埕即其一部分），此處始漸有漢人來往。咸豐之後，淡水河西南部的艋舺（萬華）因西北瀕淡水河，南倚新店溪，有河航之利，而首建繁華市街，北部淡水河與基隆河交界處隨後又形成大浪泵（大龍峒）部落，然此時大稻埕尚屬一片人煙稀少的寒村，居民只是少數農戶，他們從事水田稻作，並以布匹、酒等物，與平埔族人交換鹿皮等物。

一八二一年（道光元年）噶瑪蘭通判姚瑩撰《台北道里記》，對大稻埕一無所記，足見大稻埕在當時還是默默無名；直至一八七一年（同治十年），陳培桂纂修《淡水廳志》卷首所載淡水廳圖「分圖一」內，始見有大稻埕之名在圓山仔之下，於大隆同（大龍峒）東側出現；及卷五〈學校志〉義塾項下記有：「艋舺二，大稻埕一。以上係同治六年同知嚴金清設」，從此大稻埕三字漸在文獻上被人提及。

大稻埕這個充滿了鄉土氣息的地名，存在時間，沒有超過半個世紀，一九二〇年十一月一日，日人實施台灣地方官制及行政區域改制，在台北方面廢除台北廳直轄之艋舺、大稻埕、大龍峒三區，始設台北市，隸於台北州；大稻埕被裁廢後，沒有因此就成了歷史名詞，卻還留在台灣人的口碑中。

戰後，行政區域重新調整，大稻埕的主要部分被劃爲延平區，乃因區內有條主要

❶~❼ 迤邐婉延的淡水河，昔日風帆點點，碼頭貨物進進出出；大稻埕的繁盛，拜河之賜。

3

4

幹道「太平町」為紀念延平郡王——鄭成功，而改稱延平北路的緣故。如果當初能名之為稻埕區，則必有其另一番歷史意義吧！一九九○年，延平區又被撤廢併入了大同區，大稻埕與延平區的聯想，終將成歷史記憶而已。

大稻埕的意義

大稻埕又稱稻江、稻埕，它曾是台北市的文化、經濟重鎮；從下面兩個小故事，我們可以知道它往日光彩和意義。

二次大戰末期，一群不知道那一天會被日閥征調充當軍夫、志願兵的年輕人，又聚集在文化界甘草人物王井泉所開的山水亭菜館，這裏和「波麗路」咖啡廳是他們平日高談濶論的場所，往常大家開講主題都是談古今興衰或討論文學、美術；今天卻不同了，大家專注地聆聽著收音機廣播。

「快了，下個節目就是了。」這一句話使大家更安靜了。然而，節目更換時，竟然又是「時局歌曲」（進行曲之類的鼓吹「戰時意識」的歌曲），於是有人破口大罵了。

不久之前，他們的朋友呂泉生在「台北放送局」（今「中廣」）獨唱半個鐘頭西洋藝術歌曲，安排的是修伯特的作品，不少人為錯過這個節目叫屈，修伯特那晶瑩剔透如珠玉般的作品，是難得欣賞到的；幾天前，呂泉生告訴他們，電台又給了他一次機會，難怪大伙兒興致勃勃相邀在此，守著收音機捧場，想不到竟又是令人血脈賁張的軍歌，難怪大家火冒三丈了。

隔些時候，呂泉生來了，大家圍著他發問：「怎麼節目被調包了？」呂泉生搖了搖頭，答不上話；此時剛好有位日本人大搖大擺地走了進來，坐下來正要點菜，他們當中有一位起了身走過去，用手指著那位日本人叫道：

「你們不要以為我們稻埕人好欺負，要人家做節目，卻無緣無故取消，這是什麼意思？」說得那個日本人如丈二金剛，楞在那裏，不知所措。

「稻埕人」，在當時就是「台灣人」的代名詞；稻埕人和四脚仔（日本人）是用以分別非我族類的名詞。

創辦《民俗台灣》這份研究台灣風俗民情刊物的池田敏雄，是位喜歡「偷渡」到大稻埕享受台灣風情的日本人，他曾說：「過了北門的平交道，便是大稻埕，這兒不

❺

❻

❶～❼迤邐婉延的淡水河，昔日風帆點點，碼頭貨物進進出出；大稻埕的繁盛，拜河之賜。

像城內的商店街道有那麼多日本人，所以有一種越境的樂趣。」

當時，城內（今日城中區一帶）是日本人盤據的地方，充滿了大和氣氛，儼然是日本國度的延伸，而城外的大稻埕，純是大漢色彩，難怪這位熱衷台灣文化的日本人時常要出境觀光呢！

潺潺淡水河流經台北盆地西北部；台北市街的形成，可以說是因為河道的航運而起，沿著淡水河東岸，最早是在艋舺（今名：萬華）建街，繼而大龍峒（今大同區一帶）崛起，再次便是大稻埕。

大稻埕顧名思義，是指一處很大曝曬稻米的廣場；「埕」這個字，乃是閩粵特有字，閩南人稱曬塩場地叫「塩埕」、儲蠔殼地方叫「蠔埕」、廟宇前廣場叫「廟埕」，而曝稻穀的場地，就稱之為「稻埕」了。另外，因此處臨近淡水河，因此也有人以「稻江」稱之。

在還沒有市街之前，這一大塊公設曝稻的大埕位置，有數種說法，一般咸認是今迪化街城隍廟後至西寧北路派出所之間的說法，較為可信。

大稻埕的發展

大稻埕往昔是平埔族的漁獵之處，一七〇九年（康熙四十八年），墾殖集團陳賴章開墾大佳臘堡後，始漸有漢人來往其間；但是建街則遲至一八五一年（咸豐元年）；「開基人物」是泉州同安人林藍田，他原是一位賣搖鼓（台語，即貨郎的意思。）的小生意人，住在基隆，生意愈做愈大，後來開店做貿易行郊，店號「林益順」，幾年經營，頗有儲蓄。樹大招風，不少人想打他的主意，有一天，他獲悉一群海盜要來洗劫他家，星夜移居大稻埕，在中街（今迪化街一段）定居下來，並建造店舖三幢，繼續從事貿易生意，這是大稻埕店舖之濫觴。

林藍田從華北、厦門、香港各地運來的貨物，銷售給附近農民，換取米、茶葉、樟腦、糖等輸往到大陸各埠。

至一八五三年（咸豐三年），艋舺發生了「頂下郊拚」的械鬥事件；頂郊指的是泉州之晉江、惠安、南安所謂三邑人，而下郊則指同安及漳州等人；雙方為了爭奪地盤，早已互不相容，又因碼頭工人口角，而引發了一場火拚，大械鬥下來，下郊人落敗，艋舺待不住了，乃扶老攜幼，播遷大稻埕，自是大稻埕的人口，愈來愈多，沒有

7

多久，工商市況也淩駕艋舺，成了「地以商著，民以賈傳」的新社區了。

據日據前旅台的餘姚人史久龍之記：「（大稻埕、艋舺）二處爲商賈屯聚之所。富庶甲城內十倍，而大稻埕尤首屈一指。以其地勢瀕河，輪船通於滬尾（註：淡水），火車達於基隆，各洋行均蝟集焉。」

大稻埕的範圍

要以今日台北市的行政區域來說明大稻埕的範圍，已是不可能了，因之在台北市的「新區制」未實施前，我們僅能說大稻埕就是今延平區和建成區、大同區的部分，如果再詳細在台北市街圖畫出大稻埕來，我們可以做如此較詳盡的解釋：

大稻埕隔著淡水河，與大屯、觀音諸山隔河相望，位於淡水河岸之東，包括忠孝西路以北，民權西路及撫順街以南的這一大塊地區。台北市幾條有名的街道就在大稻埕內，如延平北路、迪化街、西寧北路、貴德街、重慶北路、承德路、忠孝西路、南京西路、民生西路、鄭州路、民權西路、涼州街、保安街、天水路、寧夏路、太原路的整條街或部分路段都縱橫在此區內。

這些街名在老稻埕人的稱呼至今仍然是太平町、永樂町、港町……等日本式的路名，還有沿用更早時期的街名如：建昌街、千秋街、六館仔街、朝陽街……等是。

商賈雲集、茶行林立

咸豐年間，大稻埕商人，即和大陸從事貿易，近則福州、漳州、廈門，遠則寧波、上海、天津、廣州，凡港路可通之處，他們的生意就達到那裏。

一八六〇年（咸豐十年），北京條約簽訂，外商也循著淡水河，進入了大稻埕，這些「番仔」將跨國公司的台灣分行，設在此處。

當時享譽國際的所謂「台灣茶」（Formosa-tea）是以烏龍茶爲代表，烏龍茶曾有「東方美人」雅譽，其在國際商場行情之高，使洋人趨之若鶩，外商五行——德記、美時、義和、新華利及怡和行先後在大稻埕設立分公司，向英、美輸出烏龍茶，而將大稻埕造成了著名的茶市。

光緒年間，大稻埕之茶行、茶館、茶棧、翻莊（焙製烏龍茶）、舖家（焙製包種

8

茶）林立，四處盈溢著撲鼻茶香。這種現象延續到戰後好幾年，直到台灣茶在國際上失去了市場，大稻埕的茶市風光才逐漸隱去，從此也註定了大稻埕的市況，一日不如一日。

劉銘傳建設大稻埕

台灣建省後，台灣巡撫劉銘傳即著手在大稻埕大興土木，修建市街，他除了計畫籌闢為全台首善之商業區外，還有意爭取大稻埕的國際商業地位，乃在大稻埕規劃外僑區。

❽～❾大稻埕的茶香歲月，盛極一時，亭仔脚（騎樓）就是揀茶的「生產線」。

11

10

12

劉銘傳勸導富紳林維源、李春生成立建昌公司，投資合建新式洋樓店舖，出租給洋商，以後各國領事館也先後在此設立，歐風美雨隨著洋人的日漸增多，侵入了大稻埕。

這個台灣第一個官設外僑區，就在今日的貴德街，當時的街名是建昌街（北段）、千秋街（南段）；日據之後改稱港町，一丁目（一段）屬千秋街；二、三丁目屬建昌街。從前該處，尚稱「千秋里」、「建昌里」，殊屬難得，不過一九九〇年區里合併，這些有歷史淵源的里名被無識的「政治因素」給抹滅了，令人悵惘！

大稻埕當時除了具有河航之利外，劉銘傳並銳意建設為北部陸路交通的樞紐，他選擇清吏上岸的碼頭——河溝頭，做為大稻埕火車票房（即車站）。當時的「接官亭」在今日的北門附近，唐山的官吏從海路來台巡視，從淡水搭油輪沿河而上，即從河溝頭轉轎到接官亭，接受歡迎儀式，火車站選擇此處，想必是官商兩便的緣故吧！

大稻埕火車票房是台灣鐵路的起點站，為台灣第一座火車站，北上是由此發車至基隆，而縱貫線則經由大稻埕開出，經圓環、陳祖厝至大橋頭站（今台北大橋），再由此經淡水河上之木橋，繼經新莊、打類坑、龜崙嶺，再過桃仔園（桃園）、中壢至新竹。

⑩～⑬ 李春生在大稻埕發跡，他信奉基督教，在大稻埕一地捐建了兩座教堂，他的家族產業也都在此，這四張照片就是其家族住屋和捐奉的禮拜堂。

台灣茶外銷貿易站

一如今日外國的咖啡在台灣有良好的消費市場，以前台灣茶在國際上，也是響叮噹的飲料，而且是西洋紳士的最佳飲料。

台灣出產最初的茶種是烏龍茶。據連雅堂撰《台灣通史》卷二十七〈農業志〉記載：「台北產茶近約百年，嘉慶時，有柯朝者，歸自福建，始以武彝之茶，植於鰶魚坑（在今新店附近），發育甚佳，既以茶子二斗播之，收成亦豐，遂相傳植。」又一八七一年陳培桂修《淡水廳志》卷四〈賦役志〉云：「淡水石碇、拳山（今文山）二堡民，多以植茶為業。道光年間，各茶商運往福州售賣。」這些紀錄雖說明茶已在北部丘陵地區被種植以及販售，但當時僅是栽培茶欉、粗製茶葉而已；台灣之有精製茶，則是洋人的功勞。

一八六五年（同治四年），英人杜德(John Dodd)來台考察台灣的樟腦，他在文山堡及海山堡看見一大片、一大片的青綠茶欉，得知這些地方，氣候、土質很適合種茶，即萌生在台改良茶種的想法。翌年，他由泉州府安溪縣，輸入茶苗，貸款給農戶，鼓勵其栽培生產，而後於一八六七年收買其茶葉，焙製精茶，試銷至澳門，這種茶葉清香馥郁，風味特殊，外國人大爲好評；杜德乃開設茶行於大稻埕，大量生產，這是台灣精製茶葉的濫觴。

⓮ 台灣最初的鐵路是以「大稻埕火車票房」爲起點。

⓯ 大稻埕以淡水河爲「水路」，以鐵路爲「陸路」，旅客在此轉車、貨物由此轉運。

台灣茶出口，原是先賣給廈門貿易商，再轉輸歐美，直到一八六九年（同治八年），杜德以二艘帆船，運載二千一百三十一擔（約二一〇、〇〇〇斤）的烏龍茶，直接輸往北美紐約，是爲台灣茶第一次的直接外銷紀錄。從此，外商競相來台採購「台灣茶」，一時有供不應求的現象，然而，也不是就此無往不利，一八七三年，洋行停止採購，使茶市蹶跌，還好不久又開始復甦；一八八一年（光緒七年），福建同安縣茶商源隆號店東吳福老來台，專事製造包種茶；劉銘傳治台期間，大稻埕專製烏龍茶及包種茶的精茶廠，多達六十餘家；劉銘傳爲擴展茶葉外銷，杜絕茶商削價競爭，令大稻埕之茶商創立類似今日同業公會的「茶郊永和興」，是時可謂大稻埕茶市的黃金時期。

日據後，將永和興茶郊改爲「台北茶商公會」；一九二四年，日本當局將其解散，重新創立，入會茶商計有一百三十四家，大半是台灣人所經營，洋商則有德記、美

⑯ 大稻埕的「港町」——今貴德街，茶業加工創造了台北的「奇蹟」！

⑰ 大稻埕曾有如此風光的戲院—「淡水戲館」，爲辜顯榮出資所建。

⑱ 建於一九〇九年的「淡水戲館」後改稱「台灣新舞台」，毀於戰火。

時、義和、和記、華利、惠利六家，日商也有三井、野澤組二家。一九三七年，公會再擴大爲全島性的組織，然而大稻埕的茶商在台灣茶行中仍執牛耳的地位。

大稻埕的特色，曾被稱爲「茶市文化」；台灣茶由此處而揚名世界，茶亦帶給了大稻埕無數風光歲月，雖然物換星移，但撲鼻的茶香總會令人懷念這個地方來。

大稻埕的風雲人物

由於大稻埕受茶市盛名所累，一般人都以「商賈之地」視之，如果我們僅以今日迪化街殘存的南北貨、中藥材、布匹批發商場來揣度往日稻江風光，實有管窺蠡測之憾。最不可原諒的是有人憑著一句俗話：「未看見藝旦，免講大稻埕。」而將此地渲染成只聞歌舞笙簫、鶯聲燕語。其實，金迷紙醉只是大稻埕的一面而已，你可知道有多少的台灣新文化、新思潮胎動於稻江嗎？

大稻埕風光一時的「東薈芳」、「春風得意樓」、「江山樓」、「蓬萊閣」這些旗亭、酒樓並不能代表此茶市文化的特色，雖然在此買醉、召妓者有之，但畢竟這是一個成長、興盛都會必然滋長的醜陋現象；大稻埕之所以會令我們興思古之幽情，應該是以助長台灣文化發達爲目的的「台灣文化協會」在此區的靜修女中，召開創立大會；以傳播民智、鼓吹非武裝抗日思想的「文協港町講座」設在此區「港町」（今貴德街）；抗日英雄蔣渭水的革命事業根據地——「大安醫院」則位在「太平町」（今延平北路）；還有興中會台灣分會也是在這裏組成；羅福星策動推翻日本殖民政府的活動地點，也在稻新街（今甘谷街）……有太多太多的台灣近代史大事，以大稻埕爲出發地，再傳播，影響及全台灣。

昔時台灣繁盛之地，稱爲一府二鹿三艋舺，大稻埕興起後，實已奪艋舺（萬華）在台灣北部的地位代之；黃得時曾有此巧喻說明了當時台北市況：「艋舺靜如止水似英國，大稻埕動盪不已似美國」。由於大稻埕在當時說來是新大陸，誠如劉篁村所說：「無地盤之爭奪，無黨派之紛爭，無排外之思想」，因此群賢畢至，如果細述這些推動茶市文化的人物，可能是厚厚幾冊的傳記文學，如來自彰化縣大肚堡（今台中縣梧棲）的「漢醫執照第一人」黃玉階，他在大稻埕區長任內建樹頗多；他在一八九九年首創「天然足會」，掃除了閩南女子纏足陋習。

如舊居處爲「台北廳大加蚋堡大稻埕建昌街四番號」，即今貴德街第十號水門附

⑲ 大稻埕最現代化的街道——太平通（今延平北路），左側爲「台灣孫中山」蔣渭水懸壺的大安醫院。

近的吳文秀，他是早年曾赴歐美考察商務的茶商，曾携回改良製茶方法，「揀擇包函，依時樣，改舊染」拓展外銷，著效良多。近年來，探討孫中山在台遺蹤的報導甚多，有人說：孫中山先生第一次蒞台，曾出現在永樂戲院後面的一間洋人俱樂部的撞球場上，此處離吳宅不過百公尺，因此筆者深信當年來台策劃惠州起義的孫中山先生，必曾在這位興中會台籍會員的家裏做過客。

⑳「中興會」的第一位台籍會員——吳文秀。

㉑㉒大稻埕靜修女子中學是台灣文化協會的搖籃地，這是改建前後的留影。

如厦門渡台的李春生，他小時候幫助父親撐船擺渡，後爲洋行幫辦，幫助英商杜特經營台灣北部茶葉產銷，成效甚佳。後改任和記洋行總經理，從事貿易，無往不利，台灣茶葉輸出以他做得最成功，長年經營，成了鉅富。當時，台海南北二巨賈，南部是指陳福謙，北部指的就是李春生，他的財富可與板橋林本源匹敵。從此他一言九鼎，而得「番勢——李仔春」稱號。

㉓台北城下的義賊——廖添丁。

㉔德籍台灣昆蟲學者——紹達。

如來自噶瑪蘭（宜蘭）的有「台灣孫中山」之稱的蔣渭水，他行醫、從事政治活動的大本營，也設在大稻埕。

還有當年「義賊」廖添丁的「活動基地」也在大稻埕，他「來無影，去無踪」的刼富濟貧傳奇，在稻江耆老中仍膾炙人口。

大稻埕在清代曾爲外僑區，日據時代，洋行續存，出入其間的洋人，大多是重商之人，但也有幾位外籍的「文化人」遺澤稻江，不能不提。

有位俄國人叫阿密諾夫，台灣人可能因他貌似屠夫之徒，而叫他「刣牛安仔」，他在稻江教授英語，傳播西洋新知，貢獻匪淺。

另有位台灣人稱爲「怪傑」的稻垣藤兵衛，他畢業於日本同志社大學，志願參加台灣山地警察考試來台，在山地服務三年，因病退休，後在大稻埕設立「稻江義塾」、「人類之家」，免費招募貧困兒童，施以義務教育；他更在一九二七年，提倡「廢娼運動」，營救妓女跳出火坑。最難能可貴的是，「跖犬吠堯，各爲其主」，但他卻參加了蔣渭水等人「台灣文化協會」、「台灣民衆黨」的陣營，許多抗日活動，他都積極參與，更在「港町文化講座」，呼籲台灣人群起抗日，誠爲不可多得的「台灣友人」。

德國人紹達(Hans Sauter)也是稻江外僑中一位可感人物；一八七一年生於德國巴伐利亞，他是早期台灣鋼琴音樂教育播種者之一；後於慕尼黑大學、吐蘭劍大學專攻動物學，他後半生都生活在大稻埕，並且埋骨於台灣。

台灣產動物中，以紹達爲種名，紀念他的計有：紹達蜥鮫(Pristiurus Sauteri)、紹達氏蛙(Rana Sauteri)、帶紋赤蛇(Hemibungarus Sauteri)、台灣標蛇(Achalinopasis Sauteri)、紹達氏斜鱗蛇(Pseudoxenodon Macropus Sauteri)、紹達氏蛇舅母(Takydromus Sauteri)、台灣松鼠(Tamiops Sauteri)，足見他對台灣動物學界的貢獻；世界各國學者根據他所採集標本資料，而撰寫的研究報告幾達三百餘篇之多；德國博物館並設有他採集的台灣昆蟲標本研究室。

這位日耳曼老人租賃在大稻埕的書房、鋼琴室後來成爲楊三郎的畫室，以後又轉租給呂泉生做爲厚生合唱團練習室，紹達所遺留有關動物學書籍，則在戰後捐贈給台灣大學圖書館。

數不完的稻江名人，說不盡的稻江故事，豈是去迪化街「考古」，能夠有所「體會」？

台北的沒落貴族

今天，要尋找台北市的歷史，貴德街不得不去走一趟！

貴德街的「頭尾」，走一趟，不要十幾分鐘，但是，踏過的脚印可是幾個小時，甚至幾天也數說不盡的歷史；因爲，這條窄街，步步歷史，頁頁傳奇。

貴德街和廸化街是「兄弟街」，是大稻埕文化搖籃所孕育的市街；散文家林文義說：「我很喜歡廸化街那種平民性格的熱絡，不像貴德街那種侯門深似海的感覺。」他又有一段很感性的文字描寫夜晚走過的貴德街：

「狹長的貴德街，古洋樓把夜空都擠成一條長縫，幾顆冷冷的星子很孤高的閃眨；賣茶的手推車從街的那端緩緩過來，攤前的電石燈微微晃動，近身時，才聽到燒著熱水的錫壺呼呼地叫出聲，頭抬起來，簷上的窗口懸著爬藤植物或小盆栽；不知道從哪扇窗裏傳來的，輕柔的鋼琴聲……鼻息裏，仍然有淡淡的茶葉香，在繁複虛華不實的新社會，貴德街似乎一直堅持著它沒落貴族的尊嚴。」

林文義在哪一年寫下這段紀錄，我不知道，但是，讀了他的報導，不少的貴德街景象，又一幕一幕地在我腦海中映出，還有那林文義所沒提到的熟悉「市聲」——「賣燒肉粽——」、「肉包——，水餃——」、「福圓粥——蚵仔麵線」的叫賣聲，以及兩塊竹板敲擊的賣麵聲，掠龍（按摩）凄清的笛聲，又此起彼落地在耳際響起。

貴德街缺少了這些聲音後，又沒有了撲香的茉莉茶香；難怪它頭頂上的夜空變成幾顆「冷冷」的星子在閃眨著。

最早的洋樓街

貴德街，街寬僅四公尺，原名千秋街和建昌街，戰後，街取名「貴德」，是以青海省貴德縣命名。由於鄰近淡水河，在日據時期稱爲「港町」；淡水河的台北市防洪

❶ 貴德街街尾，近十一水門，舊稱「媽祖宮口」。

❷ 大稻埕的千秋、建昌街，是台灣第一個官設「外僑區」。

❸ 狹窄的貴德街，注定了沒落的命運！

堤防還設有「水門」的時候，它從第八號水門起算，到第十一號水門爲止。

第八號水門就是「長安西路」的「頭」，目前南邊有一所忠孝國中，而文獻會即在學校的北側，立有一方記載著大稻埕沿革的碑石；忠孝國中的對面是中興醫院，以前稱爲「台北醫院」，日據時期則稱「赤（紅）十字社病院」，這是劉銘傳撫台時期，興築台灣第一條鐵路的起點站——「大稻埕火車票房」的舊址。

「大稻埕火車票房」所在，昔稱「河溝頭」，在有清時代，有荷、法、英、德等在此設立領事館；只有美國領事館另建於建昌街渡船頭（今貴德街尾，民生西路末端偏北處）。

台灣建省，第一任台灣巡撫劉銘傳，研議的「台北發展計畫」，劃定大稻埕爲商埠及外僑居留地，設置小火輪碼頭，利用淡水河河航之利，以小火輪行駛大稻埕至滬尾（淡水）。

依文獻的記載，建昌街、千秋街，除了是台北市最早的洋樓街，還有電報學堂、郵政和電信支局、警察分署、稅務檢查所、地方法院等「公家」建築物，今天除了郵政支局的舊址，能確知是今天的「李春生紀念教堂」外，其他的原址都不可考了。

「電報學堂」初設於一八八八年（光緒十四年），劉銘傳爲培養電信專業人才，從「城內」的「西學堂」中，選拔了十八人，轉學到這裏，專攻電報技術，這是台灣第一次所設立的專業技術學堂。

板橋林本源家，還曾在建昌街設立博愛醫院，施藥濟貧，聘請「醫學校」的早期畢業生謝唐山擔任院長。

失去的茶葉香

街的巡禮，從忠孝國中北側走起；當年，英商德記洋行就開設在此；中國因屈從西洋人的船堅砲利，開放通商口岸，德記洋行先在安平設在台分公司，一八六二年（同治元年）滬尾（淡水）開港對外通商。他們先在淡水購地，以後來此建築「行舍」(Hong House)，德記洋行的西班牙式風味建築，已不復可尋，「行舍」雖是洋味十足，但是裝潢卻是台灣味十足，大門即是兩扇繪有門神的木頭門。

貴德街與淡水河平行，夏季颱風爲患時，常會帶來滾滾洪水，爲杜水患，因此，建築物的台基，均高出道路尺餘，約及腰高，入門處的亭仔脚（騎樓），設有台階，

❹ 貴德街的亭仔脚（騎樓）有六十公分到一〇〇公分之高，是爲了防洪而特有的景觀。

❺ 一九六二年一次颱風使日據時期稱爲「港町」的貴德街成了滾滾流水的「威尼斯」，眞是名副其實的「港町」！（莊永德拍攝）

此爲街景一大特色。

今天，此處東面成了海鮮餐廳的廚房，腥味刺鼻，加上碗盤狼藉，令人不得不快步走過。

❻李春生紀念教堂，今已被嵌上磁磚，而且窗戶被封閉；原本教堂的外觀是一張人形，門是嘴巴，圓窗是眼睛……。

❼石砌的建築，當年是茶箱製作廠，是茶葉興盛起的連瑣事業。

❽戰後的農林公司，怡和洋行就在南邊。

如果，時光隧道重現於此，我們所見的街景應是《台北市路街史》所描敍的情況：

「……每年三月初至十月爲春、夏、秋茶上市之製茶旺季，通街充滿茶香與花香，使大稻埕成爲最香的城市，揀茶婦女往來絡繹於途，甚而來自大陸福建安溪者，……各茶館前之亭仔脚，擠滿揀茶婦女，茶箱、茶簸塞滿亭仔脚每一角落，堆疊如山，日據時代，占用騎樓原是被禁止的，但揀茶繁忙時，卻亦默許之；揀茶女工不足時甚而以長竹篙圍追行路婦女加入趕工，此雖插話，惟不難想像茶葉之盛。」

貴德街前段在日據時代稱港町一丁目，十五番地（號）是文山茶行，店東王添燈是台灣省參議員，他因在議會，不假詞色地抨擊當政者的貪污腐敗。二二八事變發生時，且擔任「二二八事件處理委員會」發言人，攖了行政長官陳儀的逆鱗，竟在一九四七年三月十日清晨，睡夢中被一群憲兵叫醒，不容他問明原因，即強行押走，從此一去不回，據說是被活活燒死；歷史悲劇的一幕發生於此，令人想起當年那群持槍蠻橫的軍人，團團圍困此地的景象，令人不寒而慄。

昔時的六館風光

第九水門是南京西路的起點，這條東西向的道路，切斷貴德街之處，小地名叫「六館仔」。此段當年就叫「六館街」，源於板橋林本源家投下鉅資，在此蓋了六間洋樓給林家各房居住而得名。板橋林家的林維源，人稱林欽差，是台灣墾務大臣，他的欽差衙門不用公款興建，而是自己花錢蓋的，叫「欽差行台」，「六館」的建築物，已不存久矣！林欽差在乙未年抗日時，被封爲「台灣民主國」議會議長，不過他沒有上任，就開溜了。

貴德街和南京西路交叉的「十字街頭」，東北角從前是「大有茶行」，爲台北市改制前之議會議長張祥傳的家。他也是以茶葉發跡，再投入政壇。

西南方的一家茶行，戰後一度是旅法畫家張義雄的畫室；「台灣第一位職業模特兒」林絲緞的模特兒生涯，是從這裏開始的。在林絲緞的一本《流年大事記》小册中，她在一九五六年記下了這幾行字：

「十六歲，九月（中秋節前），到張義雄畫室。」

林絲緞在《我的模特兒生涯》一書，對畫室的描述是：

「張義雄的畫室在第九水門的一間倉棧裏，設備很簡陋，可是那裏『學畫』的氣

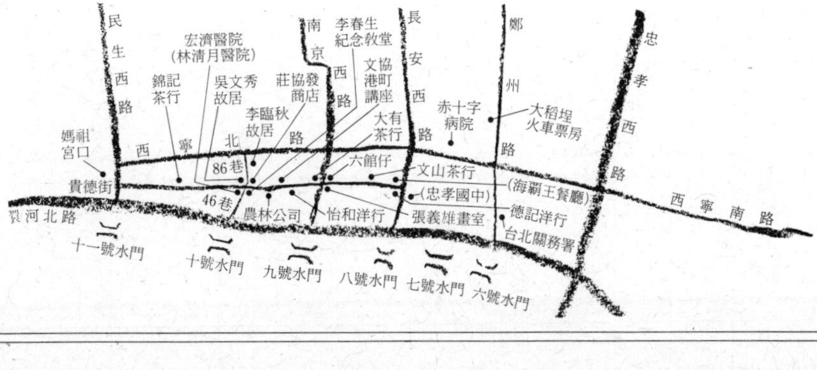

氛卻是現在不容易見到的。」

筆者小學六年級時和同學們到畫室參觀，但是，被請了出來，當時，不知是什麼原因，不受歡迎；後來，才知道他們是在畫裸體人像。

「大有茶行」的北面數家是建南茶莊，建南茗茶的主人是翁建財，他在一九六八年蓋了六層大樓，使店面朝向西寧北路，而貴德街成了後門。小包裝茶袋是他首由西德引進最新型的包裝機器，而打開台灣茶市的。他也是台灣首開風氣以廣告及展示小姐、展示車輛做爲行銷茶葉手段的先驅者，影劇明星張美瑤、楊麗花都爲其作過廣告，可惜他投下鉅資廣告費，收成的卻是後來的人，喝茶的風氣，給他搧熱了，但是在產銷及融資制度不健全下，「建南茶莊」卻難逃被淘汰之運。

再前行十來步，到了「怡和大厦」，各家店舖以經營布匹批發爲主，從前是洋商怡和洋行舊址。怡和洋行北鄰的「貴德布業大樓」，戰後是「台灣農林公司」，當年掀起「台灣新文學論戰」的急先鋒張我軍，即在這家公營事業機構上班，這位出版過台灣第一本新詩集——《亂都之戀》的作家，晚年很不得志，據說喝悶酒，毀傷了身子棄世的。

「農林公司」對面的「南興茶行」及鄰近，是日據時期「台灣文化協會」港町文化講座的地方。抗日民族志士在這裏舉行讀書會、講演會，凝聚了台灣民衆反抗日本帝國主義的民族意識；講座懸掛有反抗英國、主張非暴力主義的印度聖雄甘地遺像，意義深刻。

一九二五年三月二十四日，「台北有志社」在港町文化講座舉行「追悼孫中山先生大會」，當晚雖「大雨淋灕，街道泥濘」，但是容得三千人的會場，卻擠著五千民衆；可惜，這個歷史意義不凡的抗日據點，今天不僅已是瓦片不存，而且連一塊標示都沒有，令人悵惘。

永恆歌謠的誕生地

「農林公司」的北鄰是「基督教長老教會李春生紀念堂」。教堂在西寧北路八十六巷與貴德街交會的西南角，東南角三角窗的二樓紅磚屋，是一家「簸仔店」（雜貨店），店名爲「莊協發商店」，是六十年歷史的老店，從己巳年（一九二九年，民國十八年）開設到現在；主人莊黃三，當地老一輩都叫她「獅嬸仔」，憑著這小本買賣

❾

❿

❾ 中間那座有陽台的大樓，以前是港町文化講座，一度爲「南興茶行」。

❿ 三角窗厝的雜貨店，已有六十幾年歷史，從前也是千秋里辦公室，千秋之名，得之於原始街道，今千秋里已被廢，眞怕以後名不見「千秋」！

⓫ 紅磚建築的二樓，即是「台灣永恆歌謠誕生地」—李臨秋故居。

⓬ 綢布莊是吳文秀故居，對面有圓柱的洋樓是稻江歌人醫師林清月最先懸壺的地方；巷子直走就是「十號水門」。

，她老人家含苦茹辛將八個子女拉拔成人；她的媳婦莊郭招治就是被撤廢的千秋里里長，而且是資深的台北市女里長。在超市經營逐漸興起的今日，如此老店仍然給人一種溫馨、親切的感覺。

在東北角的布行，昔為稻江聞人吳文秀故宅，吳文秀是當代茶葉鉅子，曾代表茶葉公會到歐洲考察市場，他順道參觀了在巴黎舉行的世界博覽會；當代的台灣人「眼界」能如此之廣者，他大概是數一數二的吧！在「民國史」，吳文秀也留了一席之地，因為他是興中會的少數台籍會員之一。孫中山先生來台策劃惠州起義時，吳文秀曾招待過這位中華民國的肇造者。吳宅從前是很雅緻的二層洋樓，可惜被拆除重建，而他的後人，也都移民海外了。

教堂的北面，也就是十字路口的西北角，從前是「稻江歌人醫師」林清月懸壺所在，後來他在今涼州街與重慶北路處蓋了一間綜合醫院，始遷離此處。

西寧北路八十六巷口的小地名叫「風頭壁」；因為在夏天，徐徐涼風很盛，在西寧北路尚未開闢前，有一條大排水溝，稱為「港仔溝」，據說，這一條「建昌後街」在清朝時是一條小運河，河上搭著小橋，涓涓細流，搭配著兩旁古老洋樓，景色如詩如畫，很有歐洲風味；難怪不少西畫家常來這裏寫生。一九八九年，畫家兼藝術史家謝里法返台，筆者與他談及這處兒時生活之地，他眼神露出了無比感懷的光芒來；物移星換的「港仔溝」，而今，只在夢中。

「風頭壁」的亭仔脚（騎樓），在好幾年前，黃昏時分，常常看見一個瘦小的老人，拄著一根拐杖，坐在「古椅頭仔」（小板凳）上，享受徐徐清風；路過這裏的人，不會多看他一眼，因為誰認得他呢？那一個人會想到這位老人，竟是台灣歌壇上一位名作詞家呢！

他叫李臨秋。說出了他的名字，可能多數人還是會說：「李臨秋又是誰啊？」但是提起了「望春風」、「四季謠」、「補破網」……，這些排行榜永遠居前的台灣歌謠，你必會恍悟：原來他寫了這麼多名曲。

李臨秋的故宅，是西寧北路八十六巷南側那一排紅磚屋的其中一間，左鄰右舍的外牆，而今都嵌上磁磚，那一天，這間房子會變樣了，甚至變沒有了，是可以預見的，不過，我們倒希望那時候，在新建築之前的外牆上，學學人家「倫敦英國傳統保存委員會」的做法，嵌鑲一塊藍匾額，其上寫著：「**李臨秋，一九〇九～一九七九：他世居於此，完成了望春風等歌詞。**」或是刻著「望春風」的歌詞，讓後人永永遠遠地

⑬ 貴德街與西寧北路八十六巷之處的民房，排水管被裝飾成一根一根的巨竹，才不會有「無竹令人俗」之嘆吧！

知道，這一首與台灣人的血脈同一節奏、同一節拍的歌曲，誕生於此。

侯門深似海的大廈

離開了第十號水門，再朝北走，有一座仿照廈門、鼓浪嶼一帶中西折衷式的三層豪華巨宅，林文義所說的給人「侯門深似海」的感覺，大概指的就是這棟貴德街碩果僅存的大樓吧！

此棟大廈名叫「錦記茶行」，建造於一九二三年（民國十二年），座落於現在貴德街七十三號，占地一百六十坪，主人是已過世的茶葉大亨陳天來。

「錦記茶行」正面有三道門，正門的石刻對聯爲：「荀里蒲輪德星夜聚；泰山桂樹甘霊朝溥。」門上横書：「蘭桂芳聯古義門」，大廈每層有一大廳、八間房間和左右護龍，每一層都是房廊相連，彼此旁通曲達，室內陳設更是豪華考究；二樓大廳的黑檀木大理石家具，以及玉笛、玉如意以及白瓷觀音、五彩香爐等陳列，令人讚嘆其製作的精巧。

陳宅出過幾位台灣名人，如台灣第一位旅法畫家陳清汾就是陳家子弟；日據時期社會名流陳清秀、陳清波也是；曾任警備總司令部陳守山上將也是陳家子弟。

陳宅從前是大家族，幾房都住在一起，而今紛紛他遷；顯得不免有些冷落。陳家花園有花木泉石和假山，林蔭幽徑，直通「港仔溝」，但西寧北路興築時，將花園剷除了不少，已不復往日景致。

設想錦記茶行如果再改建大樓，那貴德街往昔的茶市盛況，將不再留下一些痕跡了；如果陳家後代有識，應該將這棟大樓，設立財團法人管理，改成「茶市博物館」，則大稻埕的歷史遺跡，部分將被保留下來。對陳家保留祖先遺產來說，不僅盡了爲人子孫的孝道；對台北市來說，也算保存了一頁重要的歷史。

錦記茶行的對面，是一家木品加工廠，專門製作外銷用的茶箱；前輩作家鍾肇政的童年，是在這裏度過的；幾年前，我們曾來此做懷昔之旅。

走出歷史的腳步來

從錦記茶行的台階下來，再往民生西路口前行，到了第十一號水門，即是小地名

⓮ 錦記茶行的庭園，有假山池塘，面著「港仔溝」，於西寧北路築造時被毀。

⑮「侯門深似海」的錦記茶行大門。

⑯今天唯一能代表昔日貴德街盛況的錦記茶行。

⑰ 走出貴德街，往涼州街行進，可見這一棟辜顯榮的「鹽館」，建築物戰後曾充當榮星合唱團、榮星幼稚園。

叫「舊媽祖宮口」的地方，稻江媽祖從前廟居於此，俯視淡水河的往來舟楫，今已遷至延平北路，而小地名仍留在當地耆老口中。

短短五〇五公尺的貴德街，於此盡矣；然而「翻閱」的歷史，可還沒有完，況且，還有不少傳說軼事，沒有被登錄下來。

走畢歷史的貴德街，如果你意猶未盡，請你穿過民生西路，往巷子直走，經過往日李春生家族的被改建的大厝後，在涼州街，可以看到一間很有氣勢的洋樓，當地人稱爲「鹽館」；台灣第一個民間兒童合唱團——榮星合唱團的團址，即在此處。「榮星」是辜顯榮的號，他的後人爲了「回饋」鄉人，以這位被民間指爲日人侵台「出賣台北城的人」的號，創辦此合唱團和榮星花園。洋樓的建築，稍遜於其鹿港的老家，不過豪門宅第，不難窺其忝爲「台灣五大家族」之一的日常生活盛況。

辜宅的北側，有塊雜亂的空地，有清一代是飼養軍馬的地方，老人們稱小地名爲「官馬場」。

大稻埕的茶香歲月，給台北市寫下了輝煌的一頁，而製造茶香的貴德街，今天夾在環河北街和西寧北路之間，變成了「後巷」，顯得那麼的冷清、孤寂、頹喪；歷史的興衰，令人惋嘆！但是，你我不能遺忘了貴德街，否則將不知今日繁盛的台北市是如何一步、一步地「走」出來的。

⓲ 典型大稻埕家屋的「陽台」，台灣人利用做爲醃「醬菜」的地方。

⓳ 殘頹的建築物，代表了貴德街從歷史中逐漸的褪色。

歷史台北——迪化街訪古

爲台灣留住歷史

保留一條古老街道，爲台灣留住歷史，不僅爲學者專家所期待，想多數生於斯、長於斯的市民，也必然贊同。

這條古街的抉擇，曾有迪化街或貴德街的爭議，貴德街雖然也古意盎然，但是殘留的歷史性建築所剩無幾，倒是迪化街仍擁有不少「大正時期」富於巴洛克裝飾的商店，雖然近年來市況因季節性關係，有或榮或衰的現象，但台灣少有人不知道這裏是南北貨、茶葉、中藥、布匹的批發貨集散地，何況它可以勾勒出台灣商業發達史的初貌來！

難怪走入了迪化街，宛如步進了歷史的長廊，能夠踏進了台北的殘夢。

台北的「迪化」

迪化街，是在戰後得名，國民政府接收台灣時，以日本人路段式的「町」名與國情不合，改採用路線式街路名，而以新疆省省會——迪化。命名這一條大稻埕的名街道。以當時迪化街市況的繁盛、人口密集，卻只取得中國西北「邊陲」地方爲街名，顯然有「名不副實」的現象，但是，與其交叉或平行的鄰近街道，被命名爲西寧北路、甘州街、鄭州路、涼州街、安西街、歸綏街……我們不難理解西瀕淡水河（當年環河北路尚未拓寬），亦即位於台北市西部的日據時代永樂町一、二、三、四、五丁目，大橋町一、二、三、四丁目及大龍峒町部分被劃歸爲迪化街一、二段的原因何在。

大稻埕西向的部分幹道，被「濃縮」成了中國西北地區；台北市的路街命名，多數引用大陸省份或大都市名稱，是「由於台北市區的形狀仿如一葉秋海棠，與大陸之

❶「去廸化街！」不是採購、不是觀光，而是訪古；廸化街有「看頭」的房子是從這一棟「屈臣氏大藥房」開始。

❷ 今永樂市場的北側，近永昌街，從前有這麼一棟「永樂旅社」。

❸～❻ 三〇年代「藝術裝飾派」風格的廸化街建築，這些屬於大正時期的巴洛克建築，不僅是台北市碩果僅存的古街，也是台灣殘存沒有幾處老街中最重要的一處。廸化街不僅被視爲最具「人性」的消費空間需求，而且店家與顧客、人與商品也是交融關係，也不是現代化的百貨公司、超級市場所可比擬。

形狀略似，是以道路名稱乃首就其地理位置，擇大陸上相當地區之省份或城市命名之。」《台北市路街史》當然，此路街取義的目的，不外是讓人追隨國府遷台的人要記得「家在山的那一邊」。

不過，對於曾是台北市「中心」的大稻埕來說，被貶爲「邊陲地區」，實在是「烏魯木齊」（台語：「不上道的意思」），廸化在大陸被更名烏魯木齊了，還好沒有從「俗」，被改成「烏魯木齊街」，眞是萬幸！

大稻埕的迪化街

迪化街是從北門向北迤邐而來的塔城街底，和往西延伸到淡水河的南京西路交會處算起，一直延伸到重慶北路三段啓聰學校（以前稱爲聾啞學校）側面止，全長約三千公尺。以位於民權西路，橫跨淡水河台北市通往三重埔的（市）台北大橋，劃分一、二段；迪化街一段長九九五公尺，寬八公尺，二段長約一千八百公尺，寬三・七公尺至七公尺，寬窄則變化很大，彷若巷弄。一段的行政區域大多屬昔時的延平區（大稻埕），二段則大部分在大同區（大龍峒）。

我們所要探訪的是一般人「心目」中的迪化街，也就是屬於大稻埕的「迪化街」，此狹義的迪化街，也就是多數學者一再呼籲必須保存的台北市古街道。

政府原有意早日拆除兩旁房屋，拓寬馬路，來疏導延平北路負擔日益沈重的交通流量，但是，如果迪化街老房子不存在的話，將少了一條街道來述說台北的歷史故事了。

下郊人建街

大稻埕的開基人物是林右藻，原籍福建同安，道光中葉，隨父渡台，落籍艋舺八甲莊，由於他古道熱腸，被下郊人（安溪、同安人）尊爲領導人物，時淡北初闢，下郊人和泉州府屬晉江、惠安、南安三邑移民的「頂郊人」，常常爲了一地一水之齟齬，不惜動刀動槍，燬家殺人；一八五三年（咸豐三年），一場決定性的「頂下郊拚」械鬥，使敗陣的下郊人放棄了他們在艋舺的家居，隨著林右藻，護著他們的神祇霞海城隍爺，逃到大稻埕奎府聚祉來。

當時，大稻埕已有林藍田建造的三間店舖，二年前（一八五一年，咸豐元年），他爲了躲避海盜洗刼，從鷄籠（基隆）逃到此處，也許二林是同鄉，又有「同是天涯淪落人」的感觸，林藍田接納了這批後來的「下郊人」。

林右藻和鄉人在「中街」建立市街後，決定讓他們的神祇，有個供奉所在，所以大家共同捐獻，在一八五六年（咸豐六年）開始興建「霞海城隍廟」，於一八五九年竣工，主祀城隍爺夫婦外，並配祀殉難的三十八義勇公。一八六七年（同治六年），又在長樂街（今民生西路口）募建媽祖宮（慈聖宮），大稻埕街肆也就以此兩座廟宇爲中心，向四方發展。

迪化街的開基店舖是今天一段一五四號林藍田所創建的「林益順」，這家「迪化街第一店面」就是現在的信豐食品行。

重建的永樂市場

有清時期，從城隍廟到媽祖宮口，稱爲「南街」，過媽祖宮至今歸綏街間，稱爲「中街」，鄰近的街肆有中北街、普願街、杜厝街及源自奇武卒番社轉音的珪瑜粹街和益保裕街、大橋頭街……。

我們從南京西路口起步，走了二、三十來步，即可看見一幢帷幕式的現代大樓，即延平區行政中心和永樂市場大樓，兼具行政中心和市場功能，雖是一種「革新」，但是不免有雜亂的感覺。永樂市場從前是低矮的木造建築，市場外還環圍了成百家的違建布市。一九〇八年前，這裏是一座花園，可以說是城隍廟的「廟埕」，日本人選擇此處爲大稻埕人建造了這座「現代化市場」，而今，原有市場不敷使用，乃改建多重用途的大樓。

永樂市場西面，第一座大樓是屈臣氏大藥房，而今店面蕭條，出售的是度量衡用具，但昔時它是進口藥品的大批發商；三層樓房，外觀樸素，不過三樓窗上鑲有一條飛龍和一隻麒麟共同捍衛著七層寶塔，此裝飾物使建築物出色不少；隔著巷子的北側，有幾家雕佛店與刺繡莊，令人還沒有眞正走入迪化街的「市況」，就先感覺到一股盎然古意來！

還値得一提的是這裏有一家位於二樓的玉同齒科，不少大稻埕人牙齒痛，都來此妙手回春。

迪化街布市大多在此「結市」，而後再輻輳鄰近，周圍一公里，有六百家以上經營布匹販賣的店舖；棉布、絲絨、絲綢、尼龍、毛料、化纖布、混紡布……應有盡有，多少人服裝的衣料，是在這裏完成交易，難怪有人說：「迪化街的布料花樣是流行時向的布告。」

永樂戲院空留興嘆

舊永樂市場南側，面臨永昌街，從前有幢永樂旅舍，是較為體面的「下港人」（中南部人）來台北投宿之地，據說林獻堂北上，參加抗日活動，住的就是這家旅館，可惜今已無存。

市場北面巷內，從前有家戲院，稱為永樂座（今廸化街四十巷二十公尺處），這家戲院是稻江茶葉鉅商陳天來等人所投資的，落成於日本昭和天皇還是皇太子，舉行成婚大典（一九二四）那一年。

「永樂座」是台灣人的電影院、劇園。日據時期，曾從大陸請來京班、上海班、福州班的戲團，來此表演，也曾排演過「新劇」（話劇）。一九三一年，領導台灣人以政治結社抗日，有「台灣孫中山」之稱的蔣渭水，其告別式就在永樂座舉行。台灣各地有五千餘群衆，趕來參加這一次空前絕後的「台灣大衆葬葬儀」。

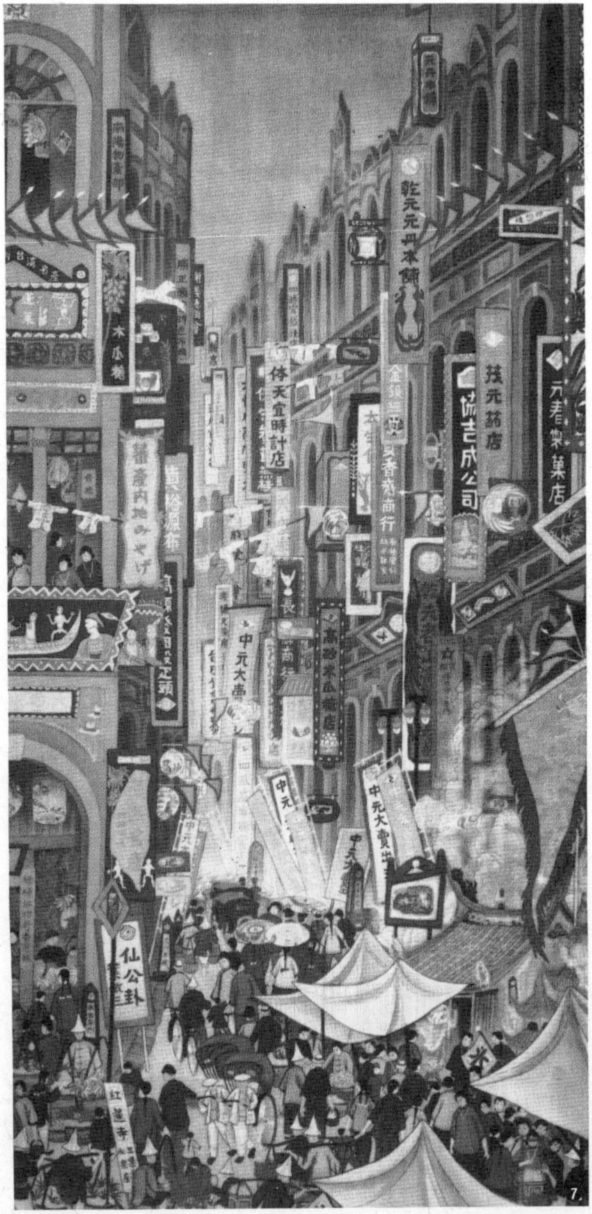

❼郭雪湖「南街殷賑」，描述廸化街的「鬧熱滾滾」；這幅膠彩畫作曾獲第四回台展台賞。

一九四八年冬，顧正秋的平劇班應邀在永樂座公演，顧劇班「一口氣就唱了五年」，演出達一千多場，使平劇在台灣「打開了局面」（顧正秋語）。演出期間，達官富賈不少前往捧場，蔣經國也是常客之一。

「永樂座」有位「給仕仔」（工友）李臨秋，他僅有「公學校」（小學）學歷，但雅好漢詩、章回小說，台語流行歌曲發軔時期，他即投效歌壇，創作歌詞，而得東家賞識，升任經理，我們耳熟能詳的「望春風」、「四季謠」、「補破網」……即是他的代表作。

而今，已被拆建成四樓貼白磁磚的兩排不經眼的建築物的「永樂座」，有很美的造形，尤其是塑有四座藝術女神像的雕塑，使人印象深刻，可惜這座已成無形史蹟的歷史性建築，筆者還沒有看到一張照片被保留下來。

霞海城隍廟的威靈

霞海城隍廟位於今迪化街一段，南側是寬尺六公約的永昌街，日據時代隸屬永樂町轄內。建地約四十坪，雖其「廟」不揚，但它不僅和慈聖宮、法主宮號稱「大稻埕三大廟宇」；而且名聞全台。名爲大稻埕霞海城隍廟，是別於府、縣的城隍廟。廟落成於一八五六年（清咸豐六年）。

稻江霞海城隍爺是大稻埕人的守境明神，三年後的一八五九年四月三日（清咸豐九年三月一日）正式落成。一九三四年重修，陳乃渠撰《霞海城隍廟沿革誌》，摘錄於後：

「……我霞海城隍爺，明朝武宗正德間，賜以臨海門區額，霞海則臨海門分廟。初因臨海門有志，於明末清初，建廟於福建省泉州府同安縣下店鄉海邊厝。爲五鄉庄居民之鎭守神，故改曰：霞海城隍。

「道光年間，海內陳金絨氏，奉載來台。初安於艋舺八甲庄，假店舖爲祠廟。至咸豐三年，漳泉民鬥（註：應爲頂、下郊拚），神座累災被焚。林欉氏等，急將金身護衛，遷徙於大稻埕杜厝街陳金絨氏嗣陳浩然氏之金同利鋪中。是時保護神像，不顧捐軀，除林欉數氏外，奮鬥脫圍，餘竟遭禍陣亡者三十有八人。海內派下感念爲公受厄，共議配祀本廟西廡，曰義勇公，自是而後，香火日盛，至咸豐六年，陳浩然氏深感鋪中狹隘，有瀆神威，乃招集海內派下，議建廟宇，並舉董事八名，公請尊神擇地

8

9

。其時地主乃地方官蘇協台，慨然獻納廟地，海內派下踴躍向前，貧者供役勞工，富者寄附淨財，於同年三月十八日興工，至九年三月一日落成，因資力有限，不能建宏壯之廟貌，亦為時地所局耳。……」

霞海城隍廟而今仍侷促在迪化街一隅，許多到迪化街採買南北貨的人，大多會忘

❽～⓫「五月十三，人看人。」霞海城隍廟的祭典，名聞遐邇，有學者下功夫寫論文，做報告。

了這裏有一間始終廟不驚人，但曾威響全台的廟宇。此廟所以一直未予擴建，據說是因爲其據地是「鷄母巢穴」，忌妄動土木，恐難不安巢所致。

台灣各地的善男信女，沒有人膽敢批評大稻埕城隍廟格局小，大家信服的是城隍的威靈，祈求保平安、納福氣的人絡繹不絕，廟內的光明燈、元辰燈、財利燈和平安燈，一盞一盞地給點亮了。

「五月十三，人看人。」從這句台諺，可以印證農曆五月十三日稻江霞海城隍廟賽會馳譽全台的盛況；謝尊五有「稻江迎城隍竹枝詞」誌此盛況：

稻江香火盛年年，霞海城隍賽會天；
共說東瀛推第一，殺牲陳酒費金錢。
陣頭停午集龍峒，黃紙牌書路始終；
藝閣都含詩意味，卻教觀客豁心衷。

⑫ 金身的霞海城隍是石雕作品，被嵌上一層一層的金箔；據說「荒年」時將剝下「金衣」救災！

尊神花轎八人扛，賽願村民集稻江；
搖擺高低來謝范，蜿蜒旗鼓列雙雙。

更嗤陋習不能除，披髮帶枷能自如；
一路詼諧眞絕倒，探親公子倒騎驢。

日據時期，霞海城隍廟的祭典和北港朝天宮的祭典是台灣南北最大的迎神賽會；

⑬～⑯ 近年的「五月十三」遊行，仍然造成萬人空巷，這種民俗祭典有演變爲觀光節目的趨勢。

據一九二一年鐵道部的統計，自農曆五月八日起五日之間，外來香客前來膜拜和吃拜拜的約近二十萬人，再加台北及近郊擁至的數字，當有三十萬之衆。

「五月十三」的拜拜，由北郊（從事華中、華北各地貿易者）、南郊（從事南洋貿易）、和廈郊（從事廈門貿易者）此三郊人士輪值「頭家」、「爐主」，每年一任，爐主即是負責當年祭典事宜。祭典是地方盛事，爐主也成了當然的「地方領袖」。

⑬～⑯ 近年的「五月十三」遊行，仍然造成萬人空巷，這種民俗祭典有演變爲觀光節目的趨勢。

城隍出巡的遊行行列，更是全台第一，數天前傍晚即有暗訪出巡的小遊行，五月十三日近午神輿、陣頭繞境，各地子弟團抱著「輸人不輸陣」的心理，爭奇鬪艷，使蜿蜒的遊行行列歷三、四小時，令人目不轉睛；龍隊、獅陣外，七爺、八爺、文判、武判、八家將浩浩蕩蕩沿著迪化街、延平北路……前進，隊伍中最具特色的當是藝閣，藝閣又名「詩意閣」，類似今日歐美的遊行花車，車上做山水亭台樓閣的布景，由藝旦扮演通俗小說裏的人物，站在藝閣車上，隨車遊行。《台灣通史》作者連雅堂就曾籌劃藝閣設計。藝閣最早是用牛車布置，近年來已改用卡車，而站閣的人也由小孩裝扮了。

據說，五月十三日的遊行所以能名噪一時，是鄉下人沒有上過旗亭，要藝旦侍候「吃」的機會，因此，免費欣賞這些秦樓楚館女子的姿色，只有這個機會了，難怪不惜路途遙遠，也想藉著城隍出巡的時候，擁至大稻埕來。這種心情，我們可能會覺得很可笑，但是以今日大家對選美活動的熱衷，加以比較，就見怪不怪了。

善男信女，有人為了贖罪，以紙做枷鎖，套在自己脖子上，參加遊行行列，說是為了贖罪，有些知識分子對這種向神明「負荆」請罪，視為台灣鄉民愚不可及的行為，而且說：「只有台灣人才有如此愚行！」其實宗教信仰贖罪的模式，歐洲社會也有，羅馬教廷不是也曾推銷「贖罪券」嗎？

鄉下人進城，看熱鬧外，吃拜拜也是主要因素，平日難得打一次牙祭，五月十三日有吃有喝，因此扶老携幼，吃拜拜來也，他們不僅是為一餐而來，通常還是吃個幾天再走，反正茶館寬大得很，不愁沒有住宿的地方。那個年代，鄉下人以有親戚朋友住在大稻埕為榮，原因無他，五月十三日有人邀請吃拜拜。鄉下人也會邀請厝邊隔壁一道前往享用五月十三的盛宴，反正大稻埕人是以客人多為光采，「來者是客」，若非灌得大家酩酊大醉，還會以為沒有善盡主人之誼。

台灣的廟埕，難免「寄生」小吃攤，有「庶民味覺的殿堂」之稱，新竹城隍廟如此，大稻埕城隍廟也是這樣，不過霞海城隍廟十分窄，因此小吃攤也就數量有限，僅僅四個攤位而已，其一是光泉牛奶，如今在食品業有一席之地之光泉，發跡以前是在這裏賣紅豆湯、杏仁茶；光泉隔鄰是阿茂仔麵攤，他的什菜麵（什錦麵）「湯頭」（味道）不錯，而且負責送菜到家，因此生意不錯，以後他在南京西路投資一家裝潢很體面的食堂，卻賺不了錢。南側的兩家，一家是日式料理，一家是「黑狗龍仔」鹹粥攤，生活在稻江的人，對這四個攤位，都留有很深刻的印象和感情。

⑰ 蕞爾小廟，因風水關係，未曾擴建，但是霞海城隍不因廟小而被「小看」。

「南街」和媽祖宮

城隍廟以北至民生西路，這條有清時期的「南街」，除郭火炎博士執業的郭小兒科外，大都是中藥店、農產種子行、罐頭行和食品店；大正和昭和時代盛行的巴洛克建築精華的作品，從這裏開始多了起來，映入眼簾的店鋪有紅磚砌造，有外粉白灰，紅白相映，充滿古趣。

迪化街貫穿民生西路的不遠處，是從前淡水河的「第十一號水門」，以前的媽祖廟就蓋在這裏，一九一〇年，因進行市區改正，南街、中街取直打通拓寬，媽祖宮被日本人下令拆除，時隔七十幾年後的今日，我們還可以聽到當地耆老稱民生西路底爲「媽祖宮口」。

⓲ 廸化街的「盛況」從九號水門到十四號水門，這是「尾端」的建築物。

媽祖宮拆廟的樑、柱、石材，被搬到了延平北路靠涼州街口的地方，重新蓋了起來，重建後的慈聖宮尚具原來面貌，近年來因整修關係，鑲嵌大理石及打磨石子地，想是主事者認爲若不如此，不能顯示豪華美觀和達到現代化的審美觀，國人對古蹟文物保存、維護的觀點，貧弱至此，令人可嘆！

中街的華麗建築

由民生西路至歸綏街間的這一段稱爲「中街」，是大稻埕的最早街肆，北端街尾，曾設隘門，門額題「奎府聚」三字，早已毀去。

歸綏街還有另段稱「中北街」，「南街」不過數十間房屋，「中街」拓寬後則迤邐至涼州街口，幢幢裝飾精緻浮飾的建築物，讓人有步入時光隧道的感覺。

這些富於異國風味的商店，都有台灣民間藝術性格的圖案，山頭上、門窗邊，那些獅、虎、麒麟、飛鳥、異卉、珍果等裝飾，不是信仰的圖騰，而是「爲藝術而藝術」的造作，也表現出了大稻埕人在此孕育出足以提供生活享受的財富！

逢年過節，迪化街吸引了各地採購年節食品和禮品的人，一來這裏貨色齊全、二來這裏價格公道；迪化街多年以來，即以契約方式，負責包銷中南部各地土產，烏魚子、桂圓、愛玉子、香菇、筍乾、蒜頭、木耳、金針菜、蝦米、魚乾；七〇年代後，更販賣舶來貨——罐頭、奶粉、核仁、巧克力等，不僅是充裕供應貨源的中盤商，也是可以左右產地價格的大盤商。

迪化街的主人

台諺有：「生理（生意）子難（讀ㄜ）生」這句話，意即經商的人才難求，況且「商場如戰場」。非有「運籌帷幄」的本事，在激烈的商場競爭下，很容易被淘汰出局；迪化街的主人，在生意場上翻滾，沒有不懷著戰戰兢兢的態度。

早期的老字號如：「林復振」、「林益順」、「李義合」、「味津居」……等，無一不是夙興夜寐、慘澹經營、克勤克儉闖出名聲來，不過由於他們墨守成規，開創不足，所以到了一定規模，就定型了；倒是楊洽順、莊義芳、郭怡美、怡和泰、陳義順等商號，或改善經營型態或多角化經營，或進行對外貿易，而後來居上，成了累積

⓳ 純台灣風味的「店面」，在近涼州街處，這一家原是台北的老漆店。

更多財富的「好譽人」（富貴人家）。

然而，商場競爭並不是循著固定模式推移，迪化街的交易型態，難脫「買賣」形式，這種商業資本的運用，終於在台灣經濟快速的轉型，有著跟不上脚步的無奈感；但是，有幾位在迪化街孕育的商業人才，他們在此具有歷史背景「商業王國」的歷鍊下，懂得必須趕搭現代化列車，於是積極開拓工業資本，如台鳳的謝成源、新光的吳火獅、飼料業的林坤鐘……等人，都原本是迪化街的「後浪」，但他們掌握時潮，勇往直前，以致後來能「怒濤拍岸」，成了商場鉅賈。

「不在迪化街打滾過，沒有資格談生意。」對以前講究殷實、信用、守成經營方式的商場鐵律，這句話，不是虛言。

與歷史同在的長生

好萊塢名導演羅勃懷斯，看上了古樸的迪化街，他執導「聖保羅砲艇」來台灣拍片時，以廸化街做背景，拍了美國大兵進城那場戲，男主角是熠熠巨星史提夫麥昆，筆者曾看了這段戲拍攝的過程；劇情裏的「迪化街」被當作一個不知時代蛻變的守舊中國人的生活背景，當時曾慨嘆想著：「迪化街可是如此？」

今日迪化街，除了逢年過節，還會吸引熙熙攘攘的人潮前來採購南北貨外，平常日子，可說冷清得很，往日光彩不再，令人覺得老態已現；有人認爲重振迪化街的威風，非拓寬馬路不可，況且這些古老店舖縱深都很長，每家都有「深井」（中庭），各後退幾公尺，根本不成問題，然而，他們忘了拆除了歷史有年的建築物，豈不等於將台北市發展上的一頁可貴歷史，給撕毀了？

「起厝（建造房屋）動千工，拆厝一陣風。」要拆毀上百年的老房子，等於摧枯拉朽，快得很，但是，要保存這些歷經風霜的歷史建築，就太難了。

一九八四年，市政當局決定保存迪化街爲「文化遺產」，將之劃定爲「景觀維護區」——可惜我們卻一直未見有任何具體行動；保護古蹟固然不是去重建、翻修它，但是，也絕不是「不要去動它」，而任它敗壞，時間的痕跡給迪化街刻下的「衰老」的殘破現象，愈來愈明顯了，如果再沒有搶救的措施，老街不久就會成爲殘墟了！

德國法蘭克福的古老建築，能夠維護得很完善，是因爲當局與住民都有「珍惜陳舊，疼愛古老」的共識，據說，房屋主人每年修繕費用支出，可以抵稅，我們何妨效之？

「歷史」不是只是一段文字的記載而已，能夠讓我們也生活在其中，親近歷史、擁抱歷史，可不是最好的精神教育嗎？誰忍得去拆除迪化街這些古老建築，果真如此，我們還能有「重溫舊夢」的台北開發史這燦爛一頁嗎？

延平北路訪今探昔

戰前和戰後初期，延平北路還叫「太平通」的那個時代，是十分得「台灣人之心」的。

「太平通」雖然沒有「榮町」（今衡陽路）來得繁華，然而「榮町」是日本人盤據的市街，台灣人無與「榮」焉。日本人戰敗，他們被遣送回去後，「榮町」成了大部分上海生意人的「天下」，「台灣人」未能「進駐」。當年堪稱斷垣殘壁的台北，由於大稻埕的「茶香歲月」仍有餘香，所以「太平通」雖然改名為「延平北路」，但是人們還是喜歡到這裏來「鬪鬧熱」（趕熱鬧）的。

迪化街的建築，大多是「大正期」，充滿著巴洛克的裝飾意味，而延平北路的街店，由於成立年代較遲，以「昭和期」的建築爲多，所以顯得比較單調，近年來，竟成了毫無特色的「火柴型」房子了。

延平北路和迪化街似乎平行，僅有幾步之差而已，前一陣子，迪化街成了新聞焦點，大家相約去參觀、訪古，而延平北路卻「無人行脚到」，難道，它不値得「探昔」嗎？

鐵路局的用地

「延平北路」是延平區最繁華的一條街。延平區是戰後爲紀念延平郡王鄭成功而命名，行政區域包括著日據時期的太平町、泉町、日新町、永樂町、港町和大橋町一帶。

今天的延平北路是一條「長街」，共分九段，迤邐長達九、一八五公尺，跨越了三個區，一、二段在延平區，三、四段在大同區（現在延平區已併入大同區了），五段以後則進入了士林區，到了社子島西端的中國海專，便是九段「尾」了。

❶ 光復那一年的「太平町」，一九四五年留下這張照片，代表著台灣人已不再受日本人的統治了。

昔日的延平北路，可沒有九段之長，在「太平町」的年代，大家口碑中的「太平通」，是從北門算起，到「台北橋腳（下）」爲止。那時，台北橋是一座鐵橋，從南部北上的行人車輛，經三重埔後，是在這裏直下台北市區的；鐵橋被拆，改建成水泥大橋後，引道才被延伸，進入了重慶北路。

「延平北路頭」在北門，從台北火車站南下的第一個平交道（鐵路地下化後，這個縱貫鐵路第一個平交道已成歷史遺跡）起算。這個平凡的平交道有著不平凡的歷史意義，在日據時期，它是一道「無形的城牆」，更似「楚河漢界」。日本人雖然拆除了台北城牆，但是毀不了台灣人心中的「牆」，當年，牆裏牆外是壁壘分明的：「城內」是日本人盤據的地區，而「城外」——大稻埕，則是台灣人的天下。

跨過平交道，進入延平北路，向著鄭州路走，西爲鐵路管理局，建坪五六〇坪的二層磚造文藝復興式建築，是一九一五年（民國四年），日本人所蓋的。原址是清代軍裝機器局，北側的今「鐵路局大禮堂」，則是劉銘傳興建北基鐵路時的牽引車修護場。「鐵路管理局」的對面，在平交道南側，屬於「城內」的地方。有一排「樓房」；樓房當中有一家是「生生皮鞋」的發跡地。當年（一九五、六〇年代），它的一句：「請大家告訴大家」宣傳廣告詞，眞是「頂港（北部）有名聲，下港（南部）上出名！」鐵路北側，一直到鄭州路東，是鐵路檢修場。鄭州路朝東走到承德路，是「台北火車站」後站，人稱「後車頭」，或沿日本人所稱叫「後驛」，後火車站在一九二九年（民國十八年）建竣，便開始營業，蓋得十分簡單，想是當年日本人規劃時，就認爲這是供「台灣人」出入的車站，有關係吧！

「鐵路地下化」的新台北車站，已不分前站、後站；「後車頭」到「前車頭」，不必購月台票，走「天橋」；而且重慶南、北路也在一九九〇年打通，不必再繞鄭州路。從延平北路進入「城內」，「城內、城外」更無分界了。

五條通的風光

鄭州路到長安西路，始有以鐘錶、服裝百貨，以及銀樓爲主的商店。十字路口，人稱「五條通」，因有延平北路、長安西路、天水路在此相互交會。「五條通」在耆老們的口中有個很鄉土的地名，叫「石橋仔頭」，據說，有清時代，這裏有「小橋、流水、人家」，如此詩意的名字，想當年必是景色很優美的地方。據小時候生活在大

❷「後車頭」—台北火車站後站，因鐵路地下化，已成了「無形史蹟」！

稻埕的作家鍾肇政告訴筆者，從前，這裏有座噴泉，立著一隻雕塑水牛在噴水，他們管它叫「牛噴水」。

天水路路段上有一座今日已是「危建」的小廟「瞿公眞人廟」，奉祀的是河南人神祇，這是劉銘傳奉令入台擔任中法戰爭防禦任務時，率領的河南軍隊（台灣人稱他們「河南勇」）所帶來台灣。廟宇是板橋林本源家捐錢所蓋，民間有個傳說：林本源

❸北門外的「鐵路管理局」是清代的軍裝機器局舊址，「太平町」，延平北路由此開始。

❹「太平町」是台灣人之街，日本人從北門跨進來，就有「出境」的感覺。

的主人林維源（即當年「台灣民主國」的議長，不過他未就職就落荒逃跑了），有一天告訴劉銘傳說：「我已經是六十多歲的老人了，卻沒有一個親生兒子，很擔心繼承無人。」劉銘傳告訴他說：「巡撫衙門有尊河南省的瞿公真人，很威靈，你可以向祂祈求生子。」林欽差齋戒三天，到衙門拜拜後，果然在一年之內連得祖壽、柏壽、松壽三個兒子。這下子他樂極了，於是大方捐錢給「河南神」蓋廟了。其實，林欽差的三個兒子，並不是在同一年出生，民間之所以編造這種故事，是因爲林維源除正室外還有八個「細姬」（小老婆）的緣故；林維源肯花大把銀子出資蓋瞿真人廟，有可能是想要與主管台灣政務的劉銘傳攀交情。

天水路和延平北路的交叉處，四〇年代有一家書局：「學友書局」，名聞全台，老板是白善先生。他敦請日據時期投效新文學運動的健將王詩琅、黃得時、廖漢臣、蔡得音、陳君玉等人幫他主編或執筆，發行了「學友」、「新學友」、「大衆之友」雜誌。「學友」雜誌是當年中、小學生惡補之餘的主要精神食糧，影響既深且巨，日本筑波大學教授台灣文學史的張良澤，即是當年的小讀者之一。

「學友書局」的西南，有一家專製銀器的榮安銀樓，歷史雖僅四十餘年，但是它以精品見長，台北市致贈外賓的市鑰、三軍的功勳章以及總統權杖，都是這一家師傅的精心創造。

延平北路東側，長安西路口起算第九家，有一家「狗標服裝行」。「九」與「狗」在台語諧音，服裝店的主人創意不錯，他曾在廣播電台做密集廣告：「第九間，狗標服裝行」，人人耳熟能詳；生意雖然做得成功，但他不忘回饋社會，「棒打天下」勇奪青、少棒世界冠軍的中華青、少棒代表隊，出國遠征的服裝；都是由「狗標」免費提供，當然這也是一種廣告。

稻新街的風雲

「狗標服裝行」的正對面是「消防組」（消防隊），在台北市警察局延平一派出所的隔鄰。幾步之程有一條「Z字形」小巷子——「甘谷街」，這條巷子，以前叫「稻新街」，乃米穀行商聚集於此得名。街上彎曲處，有座土地公廟——景福宮，因此，有清時代，稱爲「土地廟仔街」。廟旁有一家接骨的「拳頭師」，名叫「鐵碗帽仔」，土地廟雖不宏偉，但與大部分屬於小廟的「福德正神級」之廟宇相較，也不算「

❺ 稻新街（甘谷街）巷底的這座小廟，民國初年風起雲湧，是羅福星出入號召革命之地。

小」。

　這個廟是民國初年，「台僑」羅福星策動抗日革命的聯絡地方；羅福星是出生於印尼的苗栗人，曾參加「三二九」黃花岡之役。是高詠：「殺頭相似風吹帽，敢在世中逞英雄」的熱血青年，在台灣北部召募黨員搞革命，企圖推翻日本政權；不幸事機洩露，還沒有起義，就被日本人破獲組織。他在準備內渡時被捕，於一九一四年（民國三年）三月三日被處絞刑而死。

　這位「失敗的英雄」策動起義所在的甘谷街，今天沒有留下任何紀念他一物一石，倒是苗栗有公園和廟宇，來昭顯他的「未竟之業」！

法主公的龜會

延平北路的精華在二段，二段從南京西路開始，南京西路的西端是淡水河「第九

❻「太平通」的法主公廟，廟前是一九四七年「二二八事件」導火線的發生地。

號水門」，爲大稻埕茶行的集中地。靠迪化街口不遠處是「鴨仔寮」，當年是「乞丐收容所」，緣於一八五三年（咸豐三年），同安人逃難到此後，一時無業遊民充斥，而有乞丐寮之設，收容這些「羅漢脚」（流浪漢）。不過在大善人施乾於一九二二年（民國十一年）設「愛愛寮」於艋舺（萬華）後，「鴨仔寮」就不再是「乞食」棲食之所了。

延平北路二段和南京西路口的南端，有「法主公廟」。這個小廟因南京西路的拓寬，而將此一九二三年整建的廟宇，削除了三分之一，一直到現在還沒有重建。

法主公廟供奉泉州人的守護神張法主聖君。神像是茶商陳書楚在一八七五年從泉州府安溪縣碧靈宮分靈來台的。此廟以「大龜會」著稱全台，每年農曆九月二十三日，法主公聖誕，善男信女來廟乞龜、還龜，很是熱鬧。所謂：「龜」者，是指糯米或麵粉製的紅龜粿，信徒向法主公乞龜許願，翌年還願，需「連本帶利」，即「一隻還兩隻」。祈願者，求龜時，要登錄備忘，如滿三年尚未前來「還願」，廟方執事，便將違約者大名書於紅紙，張貼廟壁示衆，俗稱：「龜上壁」。

特製的米糕龜，龜殼上有似繡絹糊紮的蟠桃大會、八仙過海、大門龍宮等裝飾，爭奇鬥豔，十分美觀，精緻的民藝，可惜已不復見。

法主公廟對面，在戰後之初，有開「天馬茶室」，是當代名「辯士」詹天馬所開設的咖啡屋，所謂「辯士」，乃電影解說員，爲默片時代不可或缺的「角色」，詹天馬以解說日本劍俠片「鞍馬天狗」聞名台北。「天馬茶室」門前，在一九四七年二月二十七日，發生了一場緝查私煙的嚴重糾紛事件，星星之火，因而燎原，引發了民變，史稱「二二八事變」，造成台灣淚血成河，不少台灣精英因而被莫名地屠殺，事變在四十年後才被公開討論。

二段頭的掌故

延平北路二段「頭」的東邊，今「大千百貨公司」之鄰，爲有「台灣孫中山」之稱——抗日先烈蔣渭水，懸壺行醫的「大安醫院」遺址。「大安醫院」的右邊是「台灣民報」台北發行所，左邊則是「文化書局」，爲蔣渭水策劃民族運動的大本營。「台灣文化協會」和「台灣民衆黨」的成員，經常出入這裏，商討反抗日本統治的大計。

現址的義美食品連鎖店，是這家聞名全台糕餅名店的本店，如同台北人到台中買太陽餅回來一樣，南部人來台北，常到這裏買義美的產品回去和家人或親朋分享。

在「義美」還沒有發跡以前，這裏即有一家以製造香甜糕餅聞名台灣的「寶香齋」，它的禮餅和中秋月餅是當代的「名牌」。不過在太平洋戰爭時期，因香料進口困難，影響及該店的「生產」，戰後，更因義美的異軍突起，而拱出糕餅業王座，最後竟關門大吉了。

二段「頭」的西邊，有日據初期最負盛名的風月旗亭—「東薈芳」。這裏舊名是「得勝街」；一九一一年（民國前一年）春，因戊戌政變亡命日本的「飲冰室主人」梁啓超，接受林獻堂之邀，來台訪問，「台灣遺老」即在東薈芳設宴洗塵，梁任公當場寫有「三月三日，遺老百餘輩設歡迎會於台北故城之薈芳樓，敬賦長句奉謝」之詩

❼ 蔣渭水的抗日活動基地，分為大安醫院、台灣民報台北批發處和文化書局。

❽ 抗日先烈蔣渭水、王敏川諸人留影的地方，就是今天的延平北路。

❾「支那御料理」（中國佳餚）—蓬萊閣是享譽全台的「大飯店」。裝璜設計，當年無可倫比。

，內有「萬死一詢諸父老，豈緣漢節始沾衣」之句，傳誦一時，詩的最後一律，更是令人擊節讚嘆：

「劫灰經眼塵塵改，華髮侵顚日日新；
破碎山河誰料得，艱難兄弟自相親！
餘生飲淚嘗杯酒，對面長歌哭古人；
留取他年搜野史，高樓風雨紀殘春。」

南京西路至民生路目前還有「黑美人」、「五月花」、「東雲閣」等酒家存在，聲色飲食是日據時期即留下來的「遺風」！來此燈紅酒綠買醉的人，可知今夕何夕？

南京西路直走不遠處，即是名聞遐邇的小吃世界——「圓環」，半路昔有「蓬萊閣」，乃淡水「石油大王」黃東茂獨資創建，是日據時期台灣第一大旗亭，領導抗日的林獻堂於一九二八年十一月環遊世界歸來，民衆即在蓬萊閣舉行盛大聚會，爲他洗塵。

⑩ 蓬萊閣後來爲徐傍興醫師買走，成了「徐外科醫院」，不久這些美和青少棒的「家長」，又將其賣了。徐外科醫院後來遷至涼州街。

「蓬萊閣」的經營權後來頂讓給稻江茶葉鉅子陳天來。戰後，陳家人售給徐外科，改成醫院，不過還是被拆除重建了。眞是「眼看他起高樓，眼看他樓塌了」！

大衆口味——圓環夜市

大稻埕的飲食攤，遠近馳名，南北口味俱全。在一九二〇年代是以鄰城隍廟的永樂市場內爲最多，以後因街市繁榮而逐漸向太平町、北門口發展，因而產生了聞名全台的圓環夜市。從「法主公廟」前行不遠處，很快地就可看到此車輛輻輳在一起團團轉的圓環。

圓環位於南京西路、重慶北路、天水路、寧夏路的交叉中心，面積廣達一千九百六十三平方公尺。

圓環露店的存在，並不是一朝一夕而成，這裏原是四條泥路交會的一塊空地，由於當初路廣車稀，成了小孩子玩耍的樂園，後來日人將空地劃成一個圓圈，沿著圈緣栽種了七里香，中央也種上了榕樹，成了都市計畫中的綠地，有草埔和椅子可以休息。以後圓環輻射的道路，一幢幢樓房逐漸蓋了起來，大稻埕人在炎夏季節，都喜歡走到那裏納涼，他們對家人說：「我要去消涼（納涼）」，意思就是說我要去圓環走走，家人知道你去消涼，要找人，到那兒找，準沒有錯。後來草皮死了，椅子是附近居民自己用板子釘的，朽腐不堪，一九二九年的「台灣民報」，就曾報導「圓環沒有椅子，市民多非難之」，來指責北署對建成町圓環的不聞不問，因爲如此即是疏視台灣人的休閒娛樂。

找有人的地方做買賣，一定大發利市，於是，賣麵茶、杏仁茶的來此兜生意；不久水果販也來撈一票；流動攤販聽說這裏生意不錯，紛紛也來此趕集，於是一個個攤位繞著圓環結市起來。日本警察對這些攤販無照營業，甚爲不滿，於是加以取締，但是這些謀蠅頭小利的人生意是做定了，警察大人一到，推著車子、挑著擔子就跑，「貓追老鼠」的戲，一再重演。攤販們知道躲躲藏藏不是辦法，大家組織了「圓環夜市行商小販組合」，向日本統治當局爭取做生意的機會，推派組合理事王錦塗出面向日本警察局陳情，當局也知道「捉拿」不是良策，於是雙方取得了協議：攤販數量要確定，不能再增加，營業時間也加以限制，白天不准做生意，規定每天傍晚五點才能開市；每天由人搖鈴，攤販陸續「進場」擺攤，營業到子夜十二時收攤散市並負責整理

⑪「民生西路」的家具行，當年也大多是茶行。

⑫ 庶民味覺天堂的大本營—「圓環」，其存廢困擾過多任的台北市長。

場地，保持清潔。圓環夜市開始有了雛形。

戰時，盟軍飛機轟炸台灣，日本當局下令禁止圓環夜市活動，並將整個圓環的土地給翻了起來，中央挖個大蓄水池，用以防空救火，四周修築一圈圈的防空壕，來應付戰時需要。

戰後，防空蓄水池給填平了，防空壕也被打掉，攤販又開始集中在此地做生意了，而且日夜營業，各地的江湖好漢知道圓環是良好的消費市場，都來此賣祖傳秘藥，「農村曲」作曲人蘇桐、「燒肉粽」作曲人張邱東松也曾在此鬻歌賣唱，而再將圓環造成了不夜之城。那時的圓環夜市還不只是圓環本身，而是連重慶北路一段頭到長安西路口兩邊的「重慶露店」，以及寧夏路的攤位都算在內。由於這裏的鄉土小吃如蚵仔煎、鼎邊趖、人參鷄、當歸鴨、肉丸……等等，可說是煎、炒、煮、滷、蒸、炸，百味陳雜，而且價廉可口，因此不僅喜歡低消費的人們喜歡到圓環大快朵頤，連白領階級也不辭路途迢迢，坐著車子（以前是三輪車）來此叫碗熱的、冷的、甜的、鹹的，合於自己口味的小吃，一口一口品嘗著。外交官葉公超每回由美返國述職，總是不忘撥出空檔時間到圓環夜市去吃一碗；許多出國多年的留學生，回台探親，也都表示非到圓環看看不可，並且盤算著胃口能裝下多少碗蚵仔麵線，多少盤加蛋蚵仔煎。據說，有一位歐洲的留學生，常常到圓環附近徘徊流連，他曾多次表示：圓環夜市不能改換，否則台北就不像台北了。

你也許會以爲大稻埕人用這些故事，來美化圓環夜市了，其實不然，我們再聽一個由林今開公開的故事：

一九四六年，接管日本的麥克阿瑟將軍，透過外交部，商請省糧食局讓售一批白米給戰後物資缺少、米糧奇缺的日本。然而當時主事糧食局的李連春，並不買帳，以自己吃都不夠了爲由加以拒絕。麥帥對於這位小地方糧官的回絕，很不以爲然，因爲他掌握有一份關於台灣人口和糧食的統計情報，可以得知台灣必有餘糧。於是他派遣特使攜帶這份資料來台，質詢李連春，要他知道情報資料可不是憑空揑造的。一向以統計數字著稱的李連春，看了這份情報資料後，也不得不表示佩服盟軍對台灣米糧統計之精確，必然他們對台灣糧食供需是下過功夫研究的，但是他向麥帥的特使表示，他們忽略了中國人的腸胃這項主要因素，因此，他請特使賞光，看了再說。

李連春找了幾位記者陪伴這位東京盟軍總部派來的特使，到圓環小吃並找了一位山東漢子當陪客，那位山東人當場扒了九碗飯下肚，使這位老美看得目瞪口呆，返日後馬上向麥帥報告：「台灣眞的也要缺糧了。」

圓環的小菜可口，而且都是淺碗細碟，許多人來這裏吃東西，必然會多吃它幾碗，李連春選擇在圓環設宴，請這位貴賓，不是沒有原因；他要告訴這位老美，圓環是台灣人吃的大本營，這裏的消費代表著台灣米糧的消費，更主要的原因是圓環能代表台灣的平民生活，他的巧思安排，不由得那位麥帥身邊的人不心服口服。

一九七三年（民國六十二年）二月十日午夜前，重慶露店打烊後，便開始自動拆除，因爲市政府要將重慶北路打通，圓環夜市被摘下這一顆明珠後，註定它逐漸幽暗的命運了。

⓭⓮ 波麗路是當年文人雅士的「俱樂部」；戰後初年，招牌用的是注音符號。

隨著台北的繁榮、蛻變，由圓環向四周輻射出來的道路——重慶北路、南京西路、天水路、寧夏路，每天飛馳而過的車子，日益增加，構成了一條一條巨大的火龍，將圓環團團圍困，逼令使它成爲一座孤島。今天，你爲了到圓環吃消夜，過馬路，可不像從前那麼的優哉游哉了，必得閃閃躲躲，避過火龍的攻擊，才能搶灘登陸，此時大多已淌下了一身冷汗，精神甫定時，油煙味嗆鼻而來，一陣陣敲鍋聲震耳欲聾，加上左一聲：「頭家來坐！」右一句：「人客，裏面有位！」使得你的口味因之大減，於是看了這家肉羹攤，瞧了那家海鮮店，眞不知要吃什麼了。

代表大稻埕末期的生活特色的圓環夜市，將來何去何從？困擾了多任的台北市長。圓環可廢，但是如何再建立類似圓環特色的景觀建設，卻值得我們深思了。

縱向路的天地

二段的六十一巷，走二、三十步有一家老戲院「大光明戲院」，日據時期稱爲「第三世界館」，在台北市「古老」電影院排行榜中，是在前幾名的。這家戲院是台灣人的「專屬戲院」，所以在默片時代是用閩南話旁白。

巷口的「功學社」樂器行二樓，戰前開設有「維特」咖啡店，是台灣新文學史狂飆時期，青少年喝西方飲料，談時代思潮的地方。店名：「維特」，取自德國文學家哥德的作品——「少年維特的煩惱」；日據時期的台灣文學少年，他們的作品並不是「不識愁滋味」的「強說愁」，今日，我們可以從他們的作品去了解那個時代的「哀愁」所在！

邁過巷子直走是民生西路，名店「波麗路」咖啡廳就在十字路口不遠處，目前有兩家，是兄弟分別經營，日據時期，他們的父親主持時是「只有一家，別無分號」。再往前行，在寧夏路口東邊，南側是蓬萊國民小學，北側可見私立靜修女子中學。靜修女中是天主教所創辦，所以採西班牙式建築；一九二一年十月十七日，「台灣文化協會」在此創立，寫下了非武裝抗日澎湃運動的新頁，可惜學校已經改建，原有的歷史建築，已成「無形史蹟」了。

波麗路和山水亭

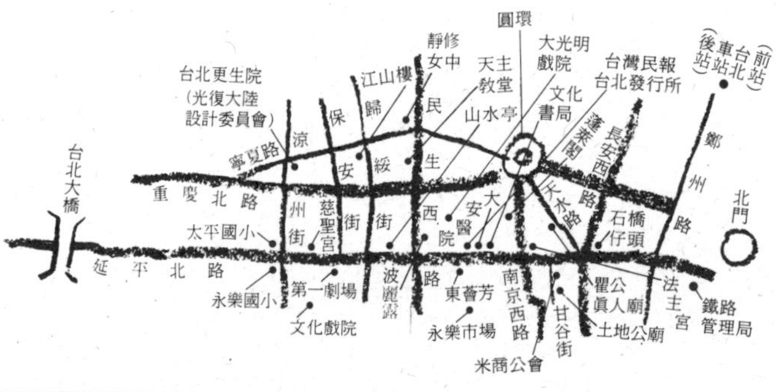

從延平北路轉進民生西路二家咖啡廳，名稱都稱「波麗路」，一家稱爲「老店」，一家稱爲「新店」，出自同「源」，談到波麗路，令人不得不想到稻江「吃的文化」。

大稻埕的「吃」曾獨步全台，今日老饕談起來，都還津津有味，就是一些文化人也仍口齒留香，十分懷念；談大稻埕，而不提及吃，是美中不足之處。

當然，受歐美、日本影響的大稻埕，「純喫茶」咖啡廳也在一九三〇年代前後如雨後春筍的出現。較著名的有維特、奧稽、巴西、波麗路……等等。

大稻埕最令文人雅士懷念的餐廳，應該是山水亭和波麗路了；前者屬台菜，後者屬西點，主事人分爲王井泉和廖水來。兩人原在楊承基所開設的台灣第一家咖啡廳「維特」共事，而後各自創業。

波麗路於一九三六年創業；波麗路(Boleror)是法國作曲家拉威爾於一九二八年完成的一首管弦舞曲名，看過「戰火浮生錄」這部電影的人，必然印象深刻，這部影片就是以波麗路爲主題音樂。廖水來選擇此古典樂曲爲店名，可見他必然是古典音樂的愛好者。波麗路開張時即擁有一套當時台灣最好的音響設備，那是七十八轉自動電唱機。初期，這家咖啡廳在四周牆上掛著幾塊大畫布，供顧客揮毫創作；出入其間不少是活躍於當代畫壇的藝術家和一些雅人文士。廖水來藝術鑑賞眼光很不錯，他常充當畫家的贊助人與經紀人，收購、推銷他們的作品，使不少藝術家的生活，獲得了接濟。誠如謝里法在《台灣美術運動史》所說：

「當大家談起巴黎畫派而聯想到蒙巴爾納斯的Dome和Retonde等咖啡廳的同時，論及我們台灣的美術運動，也就無法不提到波麗路咖啡廳和廖老闆來。」

⑮⑯ 代表大稻埕「吃的文化」，山水亭和波麗路的廣告。

波麗路還有一事值得一提，它是男女授受不親時代相親的好地方，男女經由媒人撮合，有不少人在這裏定情；波麗路往昔的咖啡座，常有一對男女，低首不敢正視，而旁觀的媒人卻對著他（她）們的家長「胡喿喿」大談雙方優點。這種特殊景觀在今日仍可見及。

以「東坡刈包」享譽全台的山水亭，是王井泉於一九三九年春開始營業的台菜餐館，王井泉並不是藝術創作人物，但是他卻是推展台灣藝術活動最重要的幕後英雄。日據時期，台灣藝術的狂飆時期，他可以說是背後呼風喚雨人物之一，他既是藝術界諍友，也是出錢、出力最多的一個人。山水亭和波麗路一樣，經常聚集了一群文人雅士，他們雲天霧地在這裏談創作、述理想、解憂悶，到了戰時，那種熱切的氣氛，才開始冷淡下來。畫家林之助曾以如此詩句來歌詠它，實在沒有一點虛情：

「山水亭的又窄又陋的半樓裏，
曾轟動過台灣文藝復興的氣流；
有喜氣洋洋的景象，
也有訴不盡的哀愁。」

一九八八年十月十九日，法國文化部長賈克朗宣布：將巴黎一家香舍麗榭大道一家歷史有八十八年的老店——富杰餐館，列為古蹟，他同時表示：「挽救富杰就是挽救法國靈魂。」這家文人雅士所喜歡流連的餐館因而得免遭關門厄運，「山水亭」不復存在，而「波麗路」能否在未來有幸被「保護」？我們只好做樂觀其成的想法。

江山樓的故事

從民生西路走到歸綏街口，朝東近重慶北路不遠處，從前有一家著名的餐館——「江山樓」，目前已經不見了，此樓樓高四層，係吳江山所經營，他的後人即是以寫《台灣民俗》、《台灣諺語》兩書享譽文壇的詩人吳瀛濤；「江山樓」當年群賢畢至，因此匾額、楹聯、題辭都是名士所贈，連雅堂就有「江山樓題壁」之詩：

「如此江山亦足雄，眼前鯤鹿擁南東；
百年王氣消磨盡，一代人才佗傅空。
醉把酒杯看浩劫；獨攜詩卷對秋風；
登樓儘有無窮感，萬木蕭蕭落照中。」

⑰ 第一屆台陽美術展覽會，江山樓的贊助廣告。

廖錫恩的「題江山樓」也是一首好詩，是日據時期文人的心聲！

城郭知非昨，江山剩此樓；
紛紛詩酒客，誰識個中愁。

「江山樓」紙醉金迷的一面，鄭述公有詩爲記：

江山樓上客豪遊，臥酒吞花興未休；
十貫腰纏爭浪費，稻江便是小揚州。

⑱ 江山樓曾是文人墨客買醉的地方，後來成了稻江風花雪月的代名詞。

而今，江山樓已「人去樓毀」。附近有幾戶「綠燈戶」，這裏風化區和萬華「寶斗里」齊名，是稻江的「風塵之所」！

一路上，走過的店面，有不少家是珠光寶氣、金光閃閃的銀樓，想回頭細數，有枉費之感；沒錯，延平北路和中山北路、博愛路，有「台北三大銀樓街」之稱，最盛時期，超過了七十家。來此買金飾的顧客，以本省人居多，而且以婚嫁爲主，不像中山北路、博愛路的「消費群」是貴夫人和觀光客爲多，難怪延平北路的銀樓裝潢較爲平實，橱窗的擺設，也以多取勝，令人眼花撩亂。

媽祖宮的滄桑

歸綏街向前幾步是「保安街」，保安街的正對面是「台灣第一劇場」。這座電影院落成於一九三五年（民國二十四年），係配合當年日本人舉行的「領台」四十年紀念博覽會的著名建築物；由茶葉鉅子陳天來花費了總工程費十萬日圓，劇院分爲三層，可容納一千六百三十二名觀衆。「第一劇場」北側有一條小巷，巷內也有一家電影院，是爲「國泰戲院」，從前的老名字是「文化劇院」。

保安街口行走幾步，還沒到涼州街時，有一座金碧輝煌俗稱「媽祖宮」的慈聖宮，此廟爲大稻埕廟宇之冠，建坪二百三十坪，總地坪達一千二百四十坪，於一九一六年四月落成。本尊於清嘉慶年間渡海來台，最初祀於艋舺八甲街，後建廟於中街、南街之界（今西寧路口和民生路交界處）。一九一〇年，因日本人實施市區改正被毀，大稻埕人集資遷建此福地，廟有大稻埕名孝廉陳霞林題的楹聯：

慈孃印菩薩之心，西天衣缽；
聖女秉后妃之德，南國帡幪。

小學校的歷史

走過媽祖宮的牌樓，跨過涼州街就是「太平國民小學」，此校前稱：「大稻埕公學校」，校舍落成於一九一三年（民國二年），是台北市老學校之一，「太平」不僅校史長，校譽也不錯，一九二三年，日本皇太子（即剛過世的昭和天皇）來台觀光，即被安排到「太平公學校」參觀。此校培育了不少人才，以美術方面來講，台灣第一

⑲五十幾年歷史的第一劇場，曾是大稻埕人的休閒娛樂之所，難逃被拆除的命運。

⑳「媽祖宮」是大稻埕最大廟宇，這是位於延平北路的牌樓。

㉑「太平公學校」，日本皇太子曾蒞臨參觀的學校，是日據時代著名的國民小學。

㉒「太平」對面的「永樂國小」：兩所學校在升學、棒球比賽競爭激烈。

位雕塑家黃土水就是唸這所小學的，而為他立傳的《日據時代美術運動史》撰述人謝里法，也是此校的畢業生。

「太平國小」的正對面是「永樂國民小學」，以前「太平」只收男生，而「永樂」男女兼收，現在都是男女合校了。「永樂」也是人才濟濟，這兩所面對面的「國小」，從前不僅在升學率上相競爭，也在棒球運動上，互較實力。在台灣還沒有走向「

世界少棒」之途時，這兩所小學已十分重視兒童棒球運動了。

太平、永樂國小的南側巷子涼州街，舊名獅館巷，當年北管布袋戲興起時，台北地區的布袋戲戲班多設連絡處在涼州街之西，接受應聘演出，如王炎的「哈哈笑」、李天祿的「亦宛然」等，是有名的「布袋戲街」。

涼州街往東，在重慶北路的路口，有「光復大陸設計委員會」；據說「老國大」退職後將被裁廢；這座房屋，第一座產權所有權是林清月。

林清月是大稻埕名醫，業餘雅好民謠，喜歡清唱，也收蒐記錄，有「歌人醫師」之稱，當年他不惜舉債，創辦了這所頗具規模的台灣第一家私立綜合醫院，然而他的「企業理念」沒有成功，產權被日本殖民政府「接收」，一九三〇年代，這座建築物被改稱為：「台灣總督府台北更生院」，所謂「更生」，是戒除鴉片患者的毒癮，由

㉓有「布袋戲街」之稱的涼州街，街的盡頭是第十四號水門。

㉔延平北路拐進涼州街近重慶北路的「光復大陸設計委員會」，日據時代是矯正鴉片的「更生院」，原是林清月的私人綜合醫院。

「台灣第一位博士」杜聰明出任「醫局長」，鴉片是日本人的大宗財政收入，所以並無誠意全面禁止鴉片，當時「台灣民衆黨」不惜訴之「國際聯盟」，促使此國際仲裁機構派員來台調查，揭穿日本統治者的眞面目！

走過太平國小、永樂國小，台北大橋就在望了，目前這座水泥橋的前身是通車於

㉕ 造形雄偉建觀有七座鐵架的台北大橋。

㉖ 台北大橋的鳥瞰圖：當年是通往三重埔的唯一橋樑，也是縱貫公路的「第一孔道」。

一九二五年（民國十四年），橋身爲鐵丸七跨，十分壯麗雄偉的鐵橋，引道就在延平北路，這座鐵橋於一九六六年七月拆除，原地重建水泥大橋。而今橋身架在路上，往前延伸，引道改在重慶北路了。水泥的台北大橋是在一九六九年十一月十五日通車。

走完「太平通」，「橋孔」地方的小地名稱爲「大橋頭」，是「大稻埕」和「大龍峒」的界區，大橋頭之北，東西向的景化街，是二、三樓紅磚的住宅區，昔時有「細姬街」之稱，細姬（姬讀「姨」）者，小老婆也；大稻埕有錢人金屋藏嬌的地方，名聞遐邇。難怪，大某（大太太）組有「大某會」，經常聚會對「細姬街」的姨太太們齊聲口伐爲「狐狸精」了。有趣的是延平北路三段以東的伊寧街有「大某街」之稱，大某是正室的台語，有人說大老婆爲了就近監視姨太太，而商議買下這裏的房屋，而互爲「厝邊隔壁」（左右鄰居），其實是因爲與景化街相鄰，而有此戲稱。

「大橋頭」在六〇年代有「蘭花市集」，爲各地名蘭的交易中心，也有著名的「人力市場」，找臨時工，可來這裏「拉夫」，橋墩可以說是充滿著詭異、迷奇的地方。

「大橋頭」側有所小學，名曰：「大橋國民小學」，建校於一九二五年，日據時代磚造的校舍，典樸可愛，惜因面向台北橋，無法控制「學校用地禁聲慢行」，乃不得不向噪音屈服，於一九八六年起分批拆建還很堅固的校舍，向校園後方蓋新的建築，原地騰出做操場。

台北大橋通往三重埔（今三重市），是連接縱貫公路的孔道；目前這座水泥大橋，又研議要改建了。

太平通的悲曲

延平北路由盛而衰，象徵著「台北市」在脫胎換骨，日日迎新，這條街的顏面雖然已不再年輕，但是它的歷史是歷久彌新的。我們擔心的是：如果沒有去數說其故事，那麼其輝煌過往必有被淡忘的一天，您可願意花個半個鐘頭，走一走這條「太平通」，去訪今探昔？

㉗ 橫跨淡水河的台北橋前身。

㉘ 「堂堂長橋」，確是「繁梁隱隱跨江頭」，日本人對這座鐵橋的建設十分自得。

台北城的故事

「溫暖的陽光下，依然矗立著斑剝的古城門，她好像對我們告訴，劉公壯肅的功績猶存，台北！台北，我們的台北。」

這首「台北市民歌」，三十年前，台北市的莘莘學子都會唱，而且經常唱，那時候的台北市，戰禍遺留的瓦礫才被清除不久，一切建設正逐漸開展中，所以它唱醒了大家對台北市的關懷與期許，更凝固了愛護台北市的心。

而今，台北市古城門，已被改建得面目全非；在大家的印象中、記憶裏，歷史古蹟已經模糊、淡化，難怪「台北市民歌」會成絕響！

幾年前，《漢聲雜誌》策劃「古蹟之旅」，舉辦了一次相當轟動的活動——「踏出台北古城來」，他們企劃此項活動前，聽人說，有這麼一首代表台北市心聲的歌曲，於是想將它記錄下來，但是一時找不到資料，於是四處打聽會唱它的人，可是大家都搖搖頭說：「是有這麼一首歌，但是給忘了。」後來，他們找到筆者，我馬上告訴他們說：這首歌就是「台北市民歌」，我還能唱它，於是，我在電話這端唱著，他們就在那邊記；第一段的歌詞後來曾發表於漢聲雜誌第十期——古蹟之旅（上）篇。

築城之議的由來

今日視之，以古城門來代表台北市的標誌，或不恰當；但是，知道台北市歷史的人，必然了解台北城對整個台北地區的發展，扮演了極重要的角色。城牆雖早已蕩然無存，但從殘存的幾座城門（可惜只有一座北門是原型。），我們可以約略得知當時台北府城的範疇。

台北城係於一八八二年（光緒八年），在當時艋舺（萬華）、大稻埕間的荒僻之地，開始興築，大約費時三年始竣工。目前，雖然還有僅存四座城門：北門、南門、

❶~❺ 北門曰承恩門，通往大稻埕，門外有廓，廓有窩埔（炮壘、甕門）。一九六五年八月十日，爲「美化台北市容」，決定整建城樓，改爲鋼筋水泥式，唯一逃過此刼的是北門，只因爲當年認爲它遲早要拆；北門成了台北市的唯一「一級古蹟」，完全是僥倖，不是有關當局有眼光。

東門、小南門，但是除了北門還維持原貌外，其他已在一九六五年被改建成北方式的宮殿式樓閣了。

舊姿獨存的北門，有著雍穆渾厚的氣質，方圓相搭的窗戶和城門，配合著燕尾屋脊的歇山式單簷屋頂，正是殘存台北城的見證。

台北築城之議，源於沈葆楨於光緒元年六月十八日上諭的「台北擬建一府三縣摺」；沈葆楨是在台灣推行自強新政的第一人，他兩度來台，第一次是日人犯台的「牡丹社事件」；第二次是獅頭社番民之亂。他於瑯璚平靖後，築城設官，定名爲恆春縣。一八七五年，他更以台北口岸四通，荒壤日闢，外防內治，政令難周，上奏「台北擬建一府三縣摺」，第二年（一八七六年），清廷批准：「於福建台北艋舺地方，添設知府一缺，名爲台北府，仍隸於台灣兵備道，附府添設知縣一缺，名爲淡水縣。其於竹塹地方，原設淡水廳同知卽行裁汰，改設新竹知縣一缺。並於噶瑪蘭舊治，添設宜蘭知縣一缺，卽改噶瑪蘭廳通判爲台北府分防通判，移紮雞籠地方。」

「唐山過台灣」，開發初期係以南部爲中心，及至一八七〇年代初，北部也已相當繁榮，沈葆楨爲「固北路之長久計」的籌劃，可說確立了台北的行政地位；台北奉旨允准設府後，並非一切建制卽次第展開，而是頗有周折，府城應築城垣，但是築城是一件大工程，需要鉅大經費預算，這是上級機關—福建省府所籌措不出的，因此台北城的建設，因而延誤。

沈葆楨等人保薦江蘇海州知州林達泉出任台北府第一任知縣，林達泉是廣東大埔人，他奉旨試署台北知府後於一八七八年（光緒四年）三月，抵達「台北瘴厲地」（沈葆楨語），這位新官釐訂「治台政策」，但因「後山番擾」，他「冒暑瘴治事，晝夜不少休」，竟在當年十月，卒於官署，在任僅七個月而已。因爲當時的同知半年駐在竹塹（新竹衙門），半年駐艋舺公所（台北萬華），而林達泉卻在竹塹辦公，並沒有駐在台北。

當初，林達泉決定將「台北府治」建設在艋舺和大稻埕的平野上時，曾遭致士紳群起反對，他不得不將駁議榜，告示於通衢上，以示決心：

「此地四山環抱，山川交匯，創建府治於此，實足收山川之靈秀，蔚爲大觀。……而滬尾、雞籠二口，實爲通商之海岸，與福建省相距不過三百餘里，較之安平、旗後，尤有遠近安危之異。十年後，日新月異，臬道亦將移節於此。時勢所趨，聖賢君相，亦不能過。」

❻～❽ 東門原曰照正門，後改稱景福門，「從三板橋通往錫口（松山）」，台大醫學院位於景福門旁，校友會即以「景福」爲名。一九九〇年九月一日，國防部台北憲兵隊正式將管理權移交給台北市政府民政局。

❾ 景福門面對著總統府，改建後「金碧輝煌」，不再是令人懷古幽情的城樓，而是裝飾慶典的門樓。

林達泉將台北府城計劃在「處女地」，我們可以想像，他的做法是：一來可以將艋舺與大稻埕兩方爲著府治所在地的爭奪擺平；二來新社區的規劃建設，沒有包袱，比較可以從心所欲。

中國官吏大多抱著「三年官，二年滿」的五日京兆心態，所以很少有人想在任期內，爲著將來的建設，去釐訂一套遠程的藍圖；林達泉可是一位有高瞻遠矚的官員，雖則，他在台當官僅有二百多天左右，而且到過台北可能沒幾天，但是對於城內的建設，他已描繪出了遠景。

府城興築的波折

一八七九年（光緒五年）三月，淡水、新竹分治，接任林達泉遺缺的陳星聚才正式開府台北；陳星聚當時曾發布了一張告示：

「……照得台北艋舺地方，奉設府治，現在城基街道均已分別勘定，街路既定，民房爲先……爲此示仰紳董、郊舖、農佃、軍民人等知悉：爾等須知新設府城街道，現辦招建民房，務宜卽日來城遵照公議定章，就地起蓋……光緒五年三月　日給。」

這篇告示，可以說是早期台北都市計畫建設的重要文獻之一；陳星聚規定建屋的面積是：濶一丈八尺，深二十四丈，這種「丈八店面」，便是一爿店舖的標準規格。然而，「招建民房」的成效不彰，因爲當時對外交通，必須考慮海路，而艋舺、大稻埕，瀕臨淡水河，已是相當發達的商業區，一般民衆怎麼會到人煙稀少、蔓草水澤的「內地」去投資呢？所以，僅有少數與官方關係密切的紳董，爲了給「台北府」捧場，才去蓋店舖。

陳星聚雖擬訂了建築台北城計劃，但是卻不能付之行動，一方面一時籌措不出建築經費，他方面城址由於是水田，土地鬆軟，地基無法穩固，所以他先進行「前工程」在預定的城牆線上植竹、培土，務使三、四年後，使基地紮實，耐得住城牆重壓，而後再建造。陳知縣爲圖行政中心早日確定，於是先著手進行官署和公共建築物的工事。

一八八一年（光緒七年）貴州巡撫岑春煊被調任福建巡撫，由於他的首要任務是「渡台籌防」，因此對「新設台北府、淡水、宜蘭各縣尙無城垣」，甚是著急，乃於一八八二年（光緒八年）「督同官紳布置，修築府城」。依日人伊能嘉矩最初的調查

資料，台北府城的興工日爲一八八二年元月二十四日；岑春煊特從廣東，招募了百餘名工匠來台，參與築城工作。

岑春煊爲了築城，「親臨履勘，劃定基址；周經一千八百餘丈」。然而動工不久，岑春煊因署理雲貴總督，台灣的行政事務，遂由台灣道劉璈所綜理；劉璈巡視築城

13

14

15

⑩～⑮ 西門曰寶成門，是日據時代就被毀去的城樓，也是造形較爲「華麗」的一座；當時文士洪文光氣憤不過，有詩曰：「人奴骨相漫評論，眼底乾坤尚覆盆；饒有一腔忠憤氣，朝朝來弔寶成門。」

後，以曾築恒春城的經驗，推翻了前人的規劃，表示了自己的意見，他「更改規模，全城舊定基址均棄不用，故前功頓棄」。劉璈係以「素精堪輿之學」，相信風水之說，而更改了前人的計畫，以致使築城經費增加了萬餘圓。

台北府城的建築經費，並非由中央編列預算撥給，而是由三縣紳民捐助，但是由於漳泉之爭，使兩派士紳對捐款，屢有歧見，劉璈曾有記載：「林紳維源城捐一事，前稟擬捐十萬，而林紳仍推病不出……因陳紳霞林與林紳挾有世仇，……傳集漳、泉各紳富來柵，面同勸諭，令其公議。陳紳總謂林宜多捐，泉人和之；林紳以城工應照前撫憲歷辦晉賑、堤工、城工三次捐案底冊，照數公捐，……漳人亦和之。」

「衆志成城」，台北築城經過了一波三折，終在衆志「共識」下，一磚一瓦地堆砌起來了，這亦是「成城」的一項例證。

⑯⑰ 大南門曰麗正門，通往鼓亭、公館、景尾；中國城廓向以南門爲正門，但是台北城似乎不然，所以南門較沒有氣派，南門位於今愛國東、西路口。這個被改建爲北方式城樓，是「軍管」最長的城門。

「巖疆鎖鑰」的台北府城

中原封建帝國最後一座城池終在「海隅一方」建造了起來。

「台北城基本上係以大屯山爲背，淡水河爲水的風水觀設計的；因爲城廓東北有高山主凶，整座城廓乃向東旋十三度，用以避凶。東、西兩牆延伸線相交於七星山，而城府的中軸，仍不偏不倚對準玉皇大帝、北極星君（北極星）。」這是德國人辛慈(Alfred Schinz)對台北府城以中國堪輿學研究的看法。

「巖疆鎖鑰」的北門，遙望著「北方的政權」所在—北京表示「承恩」；不可否認，這是頹廢中的大清帝國，以神權、威權，想來教化的「都市計劃」！

早先的台灣城廓，建築材料多係刺竹、土埆、硓砧石，台北府城興築較遲，因此規劃上是堅固的石城，建築材料的來源，林衡道說：石材來自唭里岸（今北投）之安山岩，磚瓦因本地品質不佳，則向對岸廈門採購；當時沒有水泥，粘石用的「紅毛土」係以糯米蒸後，和紅糖及石灰合舂而成。另一種說法是：石材採掘大直北勢湖山石塊，磚瓦係劍潭大直庄北勢湖與枋寮庄等磚窰所燒；石灰則爲大稻埕河溝頭石灰窰所供應。

台北府城是在一八八二年（光緒八年）十一月間竣工；城廓周圍共長一千五百零六丈；城壁高一丈五尺，雉堞三尺，計高一丈八尺，厚一丈二尺；牆頂闢建爲步道，可供二人並騎而行，四周規制：東畔（相當今之中山南路）約四百十二丈；西畔（相當今之中華路）約四百十二丈；南畔（相當今之愛國西路）約有三百四十二丈；北畔（約今之忠孝西路）三百四十丈。城外環以護城壕塹，並闢有五座門樓，另置窩舖四座，添設炮台，各門名稱爲：東門名曰「景福」；西門名曰「寶成」；南門名曰「麗正」；小南門名曰「重熙」；北門名曰「承恩」；五座城樓門外，東、北兩門，另建外廓，俗稱「甕門」。北門外之廓門，有石刻樓額，曰：「巖疆鎖鑰」，西側，更建有一座接官亭。當年，遠道來訪的官吏，從河溝頭上岸後，轉上今天延平北路的石板道，下轎後在接官亭，接受台北地方官員的迎迓，然後，才過甕門入城，再移駕府署或官廳。

台北府城的建築，因經費籌措問題，一波三折，終在中法戰爭的威脅下，使築城工作，得以加速進行，終能克盡全功。但是，法軍攻台，僅在雞籠、滬尾掀起戰事，沒有深入腹地，台北城的禦敵功能，未受到考驗。不過，一八九五年，日軍憑著馬關

條約，派出大軍接收台灣時，台北城也沒有能發揮其「銅牆鐵壁」的效用，「台灣民主國」的大總統唐景崧竟然棄職開溜，日軍從澳底登陸後，不僅有人一路引導到台北

⑱～㉒ 小南門曰重熙門，通往艋舺；位於今延平南路、愛國西路口，一九九〇年七月二十三日，始由國防部函告台北市政府民政局同意歸還。

城外，也有人在城牆上，放下竹梯，供日軍攀登而上，因此沒有攻城，日本近衛師團不費一兵一卒，就蜂湧進入台北城。

城牆古蹟的被毀

說起來，也夠諷刺，日本人進城後，在城內宣布始政，竟成了新的城主，於是義不帝倭的義軍、義民，爲了驅逐日人政權，而不得不反攻台北城了。

台北大安莊人吳得福，糾合同志，首先密謀奪回台北城，因地方劣紳告密，而功虧一簣。規模最大的一次攻擊台北城行動，則是由林李成、陳秋菊、胡嘉猷所發難，他們原排訂日本人在台的第一個「日本仔過年」（卽一八九六年一月一日）採取行動，但是因舉事前曝光，不得不提前反攻。

一八九五年十二月三十一日，抗日軍將台北城團團圍住，企圖從城牆打開一處缺口，但都徒勞無功，日軍在牆頂，居高臨下，頻頻射擊，將手執陳舊步槍，或拿著五花八門古老兵器的抗日軍打退。

爲了奠定台北千秋萬世的基業，一磚、一瓦、一石堆砌的台北城，竟然保護了日本人的安全，眞是築城當年所未能料想得及。然而，日本人並未感念台北城的功勞，爲了都市現代化，他們開始毀城廓、修道路，他們將城牆及西門門樓加以拆毀，僅只殘留東門、南門、小南門、北門等四座門樓而已。殘存的四座城門，在日據時期曾一度有再拆毀計畫，但是經過一次激烈的論爭，終因台灣總督府圖書館館長中山樵等學者的堅決主張，表示不僅不能再毀壞，而且還需指定爲台灣史蹟名勝，才被保存下來。而北門甕門上那塊石額長約一公尺半，高約四十公分。右上款刻有「光緒壬午年」，左下款落「良月吉日建」，未署撰者姓名，中刻提：「巖疆鎖鑰」四個大字，也於日本人拆毀北門城牆後，將它送至日本總督府邸（今台北賓館），壓在後花園的涼亭亭腳之下；新興海洋帝國的日本佔領台灣，作爲其帝國疆域的「南門鎖鑰」，當然對此「巖疆鎖鑰」不屑一顧。這塊石額雖一度被人所遺忘，所幸於一九八一年，終重新讓人發掘出來。

台北城府被毀了，但是城內、城外的區分，仍然存在，由於日本人盤據在城內，因此一道無形的鴻溝被築了起來，他們加緊城內的建設，使之成了全台首善之區，城外的艋舺、大稻埕等台灣人居住的地區，與之比較起來，則蹭蹬於後。

⑳

㉑

㉒

有清時期「城內」的建築物

台北城未興築前，台北的公家建築，如水師參將署、陸路中軍守備署等等具在艋舺街。台灣建省後，巡撫劉銘傳大行建設府城，他從上海、蘇州招商成立興市公司；不久，石坊街、西門街、新起街二層商鋪漸漸多起來了，這三條街就是今天的衡陽路等街道。石坊街是當時城內最繁榮的商業街，街名石坊，乃因一八八八年（光緒十四年），立有表揚洪騰雲捐建考棚的石坊而得名，石坊刻有奉硃批「急公好義」四字，這座石坊後來被移入新公園，今天我們可以在露天音樂台側找到。

劉銘傳爲帶動城內繁榮，更從上海購進了人力車一百五十輛及馬車若干，行駛於城內與艋舺、大稻埕間；此後，此三區有台北「三市街」之稱。

餘姚史久龍於一八九二年到一八九五年（光緒十八年到二十一年）間旅居台灣，他在《憶台雜記》上說：

「城中西、北二門爲通衢，東、南二門距番界不遠，寥落亦甚。南北長，東西狹，周圍約八、九里。出北門即大稻埕，出西門折而南爲艋舺。是二處爲商賈屯聚之所。……西、北二門外途路，仿上海棋盤街式。中實石子；外夾石條，東洋車行之。毫無偏頗。道旁夾植柳樹，風日清和時，躑躅游行，頗有歐蒲風景。」

城內建設，又因公共建築物，先後興建，而幾臻大備；台北府不但成爲台北的政治中心，也是台灣的政治中心；從一八九五年七月刊的日本參謀本部《台灣誌》之報導，我們可以知道城內已具「現代化」的都市規模：

「府城內有台北府、淡水廳等之衙門，又有文廟、武廟、天后宮三大廟，均甚壯麗，市街規模廣大，絕不似清國一般市街，大街寬有六間，雖狹處猶有二間，然而因屬新開地，尚未普建街衢，尚有三分之一爲水田，然預料數年後，在城內將至不留有水田之痕跡。家屋概爲二樟造作，絕不見清國風之污穢，有七八個電燈照耀滿城，亦有公共馬車和人力車自在通行市街，稍似上海之居留地。」

有清時期，城內的公共建築物，擇要介紹如下：

巡撫署　俗稱「巡撫衙門」，劉銘傳建；有光緒十七年辛卯仲春穀旦所置巡撫劉銘傳及光緒十八年壬辰仲春巡撫邵友濂撰聯幷書：

㉓ 台北城牆，共一千五百零六文，昔日「戍樓笛聲」，爲有清台北八景之一。

㉔ 這張銅蝕版刻，似乎描繪了台北府城的全景。城外一片田園風光。

㉕

㉕撫台衙全景，圖片上方之屋舍爲有清時代台灣巡撫署。
㉖五岳朝天式山牆的台灣巡撫衙門大門。

㉗ 經過日本人修繕後的布政使衙門。

㉘ 一八九五年日本人入據布政使衙門。

㉙ 遷移於圓山動物園內之布政使衙門，今已無存。

㉚ 遷移於南海植物園內之布政使衙門，今仍倖存，改爲「林業展覽館」。

千萬間大厦宏開，遍鹿島鯤洋，多士從茲承教育；
二百載斯文遠紹，看鷺旗鼉鼓，諸君何以答昇平。（劉銘傳）

從甲峯迤邐而來，鍾育靈奇，相期文章千古，學術千古；
値丁賦清平以後，經綸富庶，毋忘生聚十年，教訓十年。（邵友濂）

日軍犯台，台灣民主國時期，曾充當「總統府」，唐大總統逃命時，民衆、軍隊燒毀了部分建築；日軍進城後，充做砲兵隊營，遺址在今延平南路台北市警察總局一帶；當時稱撫台街。

布政使衙門　位於巡撫署南側，係一八八七年（光緒十三年）沈應奎建，是總核全台錢糧、兵馬及清賦事務的辦公署。日據初期，被移做台灣總督府廳舍，於建築公會堂（卽現在中山堂）時，始在擧行「舊廳舍取拂（拆建）奉告祭」下，一部分遷建於植物園內，一部分遷建於圓山動物園內。

台北府署　位於城內北側，遺址在今重慶南路、懷寧街之間。

淡水縣署　一八九三年（光緒十九年）建，位於北門街放生池之北，與撫台衙門隔街相望。

台北府儒學　俗稱文廟，一八八〇年（光緒六年），第二任台北知府陳星聚捐貲興建，越十餘年竣工，是台北最早的孔廟，日軍入台北城後，充當兵營，毀棄孔子及諸賢牌位，後拆廟，變更爲國（日）語學校學生的宿舍，遺址在今重慶南路北一女附近。

㉛「布政使衙門」，乙未日據後，曾被充當「總督府」。一八九七年日本人的作品，係日本名古屋市南樂名町五十番戶梅香堂於明治三十一年出版。

㉜「台灣布政使衙門」於日本人興建「公會堂」（今中山堂）時拆遷，一部分移入植物館，一部分移入動物園（圓山）。

㉝ 台北府署，屋舍已不存，門前石獅今移置新公園急公好義坊前。

㉞ 登瀛書院位於今天長沙街一段，其左側方洋式建築即是「番學堂」；書院可以容納八百餘位學生。

武　廟　祀奉關公，與文廟間的路，昔稱文武街；其遺址有二說：一說，今司法大廈即建在武廟廢址上；另一說在今台北女子師範學校。

登瀛書院　一八八〇年（光緒六年），知府陳星聚創設，由官民募貲，初暫置府後街考棚內，迨至一八九〇年，知府雷其達稟奏劉銘傳，於西門內，再新築書院；前臨之街即爲書院街（今長沙街一段）。

西學堂　原劉銘傳於一八八六年（光緒十二年）設置於大稻埕六館街，爲劉銘傳儲備推動「現代化人才」而設的學堂；一八九〇年（光緒十六年）於登瀛書院西側另築新的建築。招收的學生，都以官（公）費優待，學科分外國語（以英語爲主）及普通學科（地理、歷史、測繪、算術、理化及漢文）。邵友濂接長巡撫時，將之撤裁。

番學堂　「撫番」是劉銘傳治台的重要施政措施之一，他鑒於撫番莫若教育，於設西學堂外，還附設番學堂，然番學堂的規模想必遜於招收六十七名學生的西學堂，因爲第一年的就學人數僅有二十名，那是大料崁（大溪）、屈尺、馬武督各番社酋長的子弟；第二年（一八九一年）才又增加十名，課以漢文、書算、官話和台語，以及起居禮儀。劉巡撫認爲漢、番的溝通，向由台人擔任通事，當不如「以番治番」，乃決定教育番人子弟，再由他們去教化、感化番人，以達事半功倍之功；惜該學堂亦爲邵友濂裁撤，學生被遣回山地。

考　棚　科舉應試的大會場，由艋舺貢生洪騰雲於一八八〇年（光緒六年）所捐建，可以容納二千多人應試，可見規模不小，淡北童生可免跋涉赴台南府應考。洪騰雲捐獻田地、銀兩，而獲建坊紀念，「急公好義」石坊有各界題名，錄其一：

慷慨荷宸褒，見義勇爲，綽楔留芳千古仰；
捨施先試院，有基勿壞，士林遍譽一時新。

考棚遺址在今忠孝東路與中山南路交會處，昔台北市議會一帶；一八八六年（光緒十二年），考棚內設官醫局及養病院，是時，以引進新式醫療方式，聘西醫診療。

天后宮　敬拜媽祖的廟寺，遍及全台，台北亦在一八八八年（光緒十四年）於府後街建天后宮，地方官吏每逢朔望都必到廟行香祭拜；劉銘傳夫人壽誕，及唐景崧母親華誕，都曾假此處，舉行慶祝儀式，並召福州祥陞班官音來台，於前殿大舞台演唱，以娛官民；天后宮於日人據台後被改爲辦務署，部分充當調停處。省立博物館就是建築在天后宮遺址上。天后宮的石柱腳，散布在台北公園（新公園）的樹叢、草坪中，也許你到公園散步，不經意坐下來休憩的地方，就是天后宮的遺物。

城隍廟　一八八八年（光緒十四年）所建，地址在撫台街後方，供奉有府縣二城隍，地方官吏每朔望亦必到廟參拜，祈禱國泰民安。日人據台，廟被毀去，多尊神像分爲艋舺地藏王宮、松山城隍廟所迎去。今武昌街之城隍廟（即明星咖啡屋對面）乃光復後新建，雖稱台灣省城隍，實與老台北城隍廟無涉。

城內的建築物，除了上述諸項外，還有廣澤尊王廟（聖王公廟，位在今台北公園內）、瞿眞人廟（位於今新生報業廣場）等廟宇，陳、林兩氏的宗祠也在城內，陳氏宗祠原在現在的總統府位置上，因日本殖民政府擇其地要興建台灣總督府，邀請管理人陳雲霖商量，以大稻埕官有地與之交換，所以「陳祖厝」被遷建於大稻埕。林氏宗

㉟ 文廟竣工於一八八四年（光緒十年），日人據台，充當兵營，後復毀之，台灣人乃於一九三〇年在大龍峒另建一座。

㊱ 武廟於文廟完工後三年（一八八七年）始興建，一八八九年竣工，日本人與文廟一起毀之；「文武廟街」（日據後稱「文武町」）即因文武雙廟而命名。

祠則因市區改正，被規劃爲道路地，遷移到大稻埕林本源博愛醫院附近重建。

劉銘傳還在城內建造了一座大浴室，叫做沂水園，這是台灣第一座的公共浴室，以前衛浴設備，還沒有家庭化，公共浴室施設，也堪稱德政。至於水電設備，亦略有建設，電力供應的情形如下：發電設備設在撫台街，民間尙沒有供電，所以點用電燈僅限於撫台衙、布政使衙門等官方辦公室；其他幾盞都是路燈。自來水設備、下水道在當時，則是聞所未聞的事，飲水原都是舊式古井，出水量有限，一八八七年（光緒十三年），劉銘傳爲供給日趨繁榮的台北城用水之需，乃聘請日本人（一說廣東人），在北門街、西門街、石坊街三處鑽井，以利居民用水，這三處新式的水井，叫做鐵枝井，不過俗稱爲：「番仔古井」。

城內雖然官府林立、廟祠多處，但是平常並不是挺熱鬧的，據當年曾進「城」考試的黃純青說：「城內恒常是很閒散的，到了考秀才時最熱鬧，一下增加了二千多人。應考的童生是淡水縣一千人，新竹縣七百人，宜蘭縣五百人。城內也臨時增加了大筆的收入。」據黃純青的回憶，他應考的考試題目，除了八股四帖之外，隨意詩題是：「自來水與德律風（註：是指電話）」。

城內儼若形成一個新的社區，入夜以後，八、九點鐘，城門就要關閉，如果貪玩的話，要回到城裏就有困難了。那時候，非得以一角賄賂守城門的衛兵，請他們行個方便，放下樓梯，否則就得被困在城外了，這種行賄沿梯攀入城內的方法，叫做「吊城」。

當時居住在城內者，多屬官吏眷屬和外省商人；因依清朝律令，本地人不得做本地官，因之，走馬上任的官員，都是外放來台的，而外省商人則是來台投資的；據調查，城內做官、做生意的人，其本籍，以安徽人、福州人、江蘇人爲多。而本省住民因在艋舺、大稻埕居住，還是重土安居的老社區。

台北城內的市街，在築城後才開始建設，十餘年之後，日軍就揮軍進城，因此有清時期的街衢僅有北門街、西門街、府前街、府後街、府直街、石坊街……等而已，大部分還是空曠的荒地，和荒廢的水田，但畢竟台北城內是劉銘傳等所苦心經營的現代化都市建設，難怪，當時的人，會覺得較中國內地大部分傳統城市，大有進步的感覺。

但是，清廷官吏十餘年經營，毀之一旦，此中國格局的建設，不容於已汲取西方都市建設經驗的日本人了，他們於領有其第一個殖民地後，便將殖民政府的指揮中心

㊲ 籌防局。
台灣布政使衙門。

，設置在城內，於是，不惜毀去所有的中國式建築物，因此，除了幾座城門被象徵性的保留了下來外，就是布政使衙門的部分被當做古董陳列。

滄桑後的城內，在日本帝國的殖民政府盤據下，不僅另是一番風貌，而且儼若日本「國度的延伸」，大稻埕名醫李騰嶽有「台北竹枝詞」，其中一首，即誌其事：

萬華稍遜稻江優，城內居然佔上頭，
長有人情疎隔憾，三分誰使劃鴻溝。

㊳ 日本據台初年，發生了一次巨大天災，這是颱風毀損力甚大，這張災後的照片，還可以看見城牆。

台北城內的名建築

台北城竣工近十一年，日本揮軍渡海，成為被接收的第一個大都會。

台北府城是清政府的台灣省省會、台灣民主國宣告獨立的首都；也因為它和日本本土距離最近，所以殖民政府迫不及待地決定「定都」台北。

一八九五年六月十七日，日人舉行了始政儀式，其實當時他們的政治力量僅限於台北城內，不僅南部尚有「民主國」的臨時政府，就是台北近郊也有義軍各據山頭，準備著打游擊戰呢。然而，日人不惜以隆重的方式慶祝，一來是宣告友邦，他們已是台灣的新主人，二來在誇耀武力，向台灣人示威。

日人據台初期，軍事倥傯，無暇革新政制，仍參酌清代舊制，設三縣一廳，縣下設支廳；將台北府改成台北縣而已。他們以蕩平全台為首要目標，因此對城內的建設，認為是「從長計議」之事，未予匆忙的去釐訂都市計畫。不過應急的衛生工程，他們還是迅速規劃了。

一八九六年三月，台灣總督府民政局就對台北縣（當時還未設市），下了一道命令，以每坪三十錢代價徵收因排水工程所需用的水田，一週後（十一日），又再飭令拆除台北城內外對排水工程有障礙的官民房屋。也許大家對這新來的主人，威信仍然懷疑，無人願意依公告價格將土地讓予，而且，那時並沒有制定土地徵收法，無法可循下，當局對民衆的抗拒也莫可奈何。土地問題不能解決，都市計畫實施等於空談，反正行政當局擁有立法權，於是，不久設立了台北「市區計畫委員會」，次第頒布法令，推動各項事宜。一八九九年，第一次頒布有關市區計畫的訓令，但是建設進行遲緩；一九〇五年第二次都市計畫公布，這一次有了較完善的藍圖，而且實施面積也由第一次之七二一公頃，增廣為一、八〇六公頃，並以人口十五萬人為施設的目標。

殖民政府有意剷除城內那些清國遺風的建築物，但是，畢竟這些官署、民房都還不是頂老舊，蓄意破壞，徒遭民怨。

❶❷「台灣總督府」到「總統府」，這座雄偉有陽剛之氣的建築，一直是台灣最高的政治中心。

一九一一年八月三十一日，台灣北部遭到一次大颱風侵襲，這場災害延至次日（九月一日），台北市區大多浸在洪水中，房屋倒塌達二八、七三一間，死亡人數有四九五人之多。台北廳決意以這個機會，徹底對台北市區加以重建，以期有個理想的台北，於是利用「急難準備金」，著手興築城內各道路；也因爲這次風災的破壞，使台北有了從頭開始的新契機。

台北設市　高樓紛起

第四任台灣總督兒玉源太郎及民政長官後藤新平，以「糖飴與鞭」的統治，使日本殖民台灣的地位鞏固起來，而打消了將台灣讓與第三國的所謂「一億元台灣賣却論」。

承繼兒玉的佐久間馬太總督接長後，爲日本帝國的長遠統治，就開始在城內大興土木了。

「民政長官」後藤新平，對台灣人素有「研究」，他曾說：「台灣人怕死，要用高壓手段威嚇；台灣人愛錢，可以用小利誘惑；台灣人重面子，可以用虛名籠絡。」他對「台北都會」的看法，也胸有成竹，因爲他認爲：「台灣人是屬於物質的人種，黃金和儀禮、華厦和宏園，是他們所尊重的對象，唐詩有句：『不睹皇居壯，安知天子尊。』欲統治此類人種，宏偉的官衙，亦有收服民心之便。」難怪殖民時期的建築物以「壯」、「尊」見長。

於是，一座一座的雄偉壯觀建築，在飛簷、山牆的坐北朝南中國建築，摧枯拉朽下，被夷平後，逐漸地矗立在「台北城內」。這些建築，在日本國內也「望塵莫及」！

一九二〇年七月，台北設市後，加速了更新面貌。十月一日實施的「州轄市市制」，當時台灣總督田健治即曾發表談話，說：「……實施此次改制之要點，蓋從來地方官官制之改正，雖有數次，而其主旨，均傾向中央集權，地方官之權限極爲狹小，此次改制不獨提高其地位，擴張其權限，而與此相關之團體，遂亦逐次成立。因凡事如須一一聽命中央，不特有失機宜，亦濡滯難行。地方事務，自應由地方官員負責處理，使國務之進展，與民衆之便利相互增進。尤以地方公共事業之設施，應成立公共團體，使之與政府共同負責，以收政治之效果，此即革新政治之主因也。」

台北市終在日本人的手中「脫胎換骨」了！

台灣總督府

台灣總督府——當時為營建更有氣魄、更現代化的統治司令部，於一九〇六年、

❸「台灣總督府圖書館」，庋藏台灣、南洋的資料無可倫比，惜被盟機炸毀。

一九〇七年，兩度懸賞募集總督府設計圖；首獎五萬元，第二名二萬元，第三名一萬元，共有五十餘件作品參加了徵選；初選時挑出七名再從中複審，評審一致看好鈴木吉兵衛的作品；一九一〇年秋，決定名次時，出人意料的是似乎穩得五萬獎金的鈴木被淘汰了，因爲有位評審員提出了異議，認爲他的設計圖有抄襲海牙和平宮的嫌疑，於是在第一名從缺情形下，第二名長野宇平的作品被採用了。

東京帝國大學出身的建築師森山松之助，對設計藍圖又提供了若干意見，並建議將工程預算由原來的一百五十萬元以下，提高至二百五十萬元，使之能成爲容納一千人辦公爲原則。

一九一一年六月一日，台灣總督府正式動工，費時六年九個月，於一九一九年三月竣工，總工程費超出預算，高達日幣二百八十一萬，比當時艋舺龍山寺、木柵指南宮、新竹城隍廟造價的總合，幾乎還要高出六倍，足見殖民政府耗費之大。

巍峨高聳的台灣總督府是當時台灣第一高樓，這座改良文藝復興式的五層樓建築，中央高塔約有六十公尺高。一登塔樓，俯瞰台北，給人有平地昇天的感覺。黃昭堂在《台灣總督府》一書中說：「**台灣總督府是台灣殖民地統治的一個象徵。歷代台灣總督就坐陣在這幢大廈二樓中央正面的辦公室，睥睨著台灣人。**」大樓建坪二千一百坪，總面積達一萬零八千餘坪，不僅外觀雄偉，內部裝飾亦富麗堂皇，就是樓梯的柱頭，都裝飾著雕刻的葡萄及各種水果，來象徵富足及美感。

大樓除供當總督辦公室外，當時內務局、文教局、警務局、財務局、殖產局、法務局、外事部及以後增設的米穀局都集中在此上班。

戰時，這座總督府曾被盟軍轟炸，部分被毀。

戰後，台灣士紳集資修復，一度改稱爲介壽堂，國府遷台，定名爲總統府。

總督官邸

日據台初期，總督官邸設在西學堂內，做爲臨時性棲身之地。

占地廣達一萬一千坪的總督官邸於一九〇一年落成後，台灣總督才有眞正的行館，這座後期巴洛克式建築，樓高三層，屬磚造與混凝土合用之構造，規模宏偉，屋頂鋪金屬瓦片，後院庭園，屬日式風俗，濬水池、造假山、蒔花植木，細草如茵，雅意盎然，由於花費過鉅，曾引起日本國會議員指責。北門外廓之石製「巖疆鎖鑰」即被移在此八角庭做爲了亭脚基石，如此做法，是否有統治者恃勝的心態，不得而知。

兒玉以次的各任台灣總督，均以此爲公館，當時有「東閣」之稱；除了少數訪台貴族能被接待在此「總督套房」住宿外，其他人是沒有機會的；不過幾任總督爲表示親民，曾邀約文人雅士來此吟詩酬唱。

戰後，這座官邸改稱「台北賓館」。

❹❺ 總督官邸，戰後成了「台北賓館」。

❻❼ 清代的天后宮上，原址成了博物館（下）的建地，

❽ 與台北府城同時建造的天后宮，一九〇六年日本將之拆毀，改建博物館，廟柱基座今散見於新公園內，被當做座椅。

博物館

被稱爲古典造型建築代表作的博物館，位於台北新公園北側，其原址爲天后宮，興工於一九一三年，於一九一五年四月十八日竣工，總工程費爲二十八萬三千五百二十五日圓，當時，能以如此有限經費，建築這一座「日本建築學界所主倡近代主義中最莊重、技術最圓熟」的作品，是當時很自豪的事。

博物館興建的原因，是一九〇五年爲紀念前任總督兒玉及民政長官後藤新平的對台治蹟，由官民捐款。

這座希臘式Doric Order二樓建築，建坪約五一〇坪，因基座甚高，顯得更莊嚴肅穆，尤其中央的圓頂設計，極具巧思，從入口大廳，仰頭望之，彩色玻璃的採光窗，震撼人心。

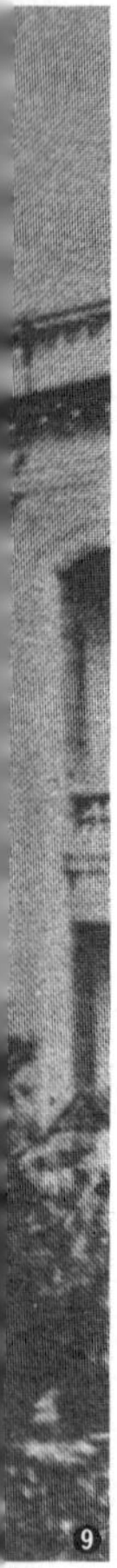

❾ 一九一六年完成的台大醫院，曾是遠東最大的綜合醫院。

❿ 新公園內「台北放送局」，戰後的中國廣播公司。

⓫ 外形酷似石燈籠的電台播音器，曾在戰爭猛播「時局歌曲」，號召參予「聖戰」。

台大醫院

日據時期，於大稻埕千秋街初設台灣病院。一九一一年，開始在公園側的明石町（今常德街），即總督官邸後側通道營建台北醫院，由近藤十郎設計，當初曾調查香港、菲律賓等熱帶地區醫院，以爲參考。一九一六年完成正廳主要部分，其後再經多次增建。

這座R、C及鋼骨結構、外壁有紅磚及面磚的建築，當時是遠東地方最大的綜合醫院。

台北火車站

台北火車站，有清時代，原設於大稻埕河溝頭，稱爲「大稻埕火車票房」；那時南下列車僅到新竹，日本人修築縱貫線後，將「台北驛」改建於今忠孝西路現址，一九一八年四月落成；後因交通量驟增，一九三八年工程費八十萬日圓，再予改建，一九四〇年六月完工，係方塊組合的建築，不算豪華壯觀。「台北驛」，台灣人稱爲「火車頭」或「前站」，因爲大門是開在「城內」，面對城垣拆除築成的三線道路；而另設「後驛」（後車頭）在大稻埕。

爲便利旅客，分散貨物站於樺山站（戰後改爲華山站），今北平路，即日據時期樺山町，係紀念據台第一任總督樺山資紀而命名。

台北郵局

台灣早期私人信件託民營信居代遞稱批館（信，台語爲批），台灣郵政則始於一八八八年（光緒十四年），劉銘傳創辦郵遞新政，最初台北郵局設於大稻埕的建昌街，後移於北門內側京町（今博愛路）。

原爲木造房，一九二六年改建，一九三〇年三月竣工，占地四千坪，樓高三層，水泥鋼骨構造，表面塗綠色，戰後，添建四樓，改爲淺褐色。

郵政、電信的業務，原來本是一家，稱爲台北電信局，一九三七年六月二十日，實施自動式電話之後，郵政、電信才分離爲郵便局、電話局。

⑫ 第三代「台北車站」，啓用於一九八九，是配合鐵路地下化興建。

⑬ 第一代「台北車站」，建造於一九〇五年，僅只使用了三十三年。

⑭ 日據台後，廢棄「大稻埕火車票房」，於一九〇五年興建近代化的台北停車場，這是這座火車站的近影。

⑮ 最初的台北車站廣場。

⑯ 第二代「台北車站」，建造於一九三八年，二年後完工，使用了半個世紀。

⑮

⑭

⑯

台灣銀行

日軍登陸基隆僅四個月，日人即由大阪中立銀行在基隆設置出張所（辦事處），辦理國庫業務及從事一般銀行業務。

⑰ 台灣銀行，完成於一九三八年，曾爲當代最優美的建築物之一。

⑱ 「法院大厦」蓋於總督府南側，代表著行政、立法權的「一體」。

總督府直轄的台灣銀行於一八九九年成立後，在同年十月一日，接管國庫業務，成了殖民政府的金融中心。

位於總督府北側的台灣銀行，一九〇三年是一幢木造建築，一九三八年始完成正面有希臘哥林多柱式的建築，壁體是由花崗石與人造石嵌砌而成，曾被評爲當時最優美的建築物之一。

法院大廈

法院大廈位於總督府南鄰，一九二九年四月改建，一九三四年四月竣工，同年十月三十日舉行落成典禮，建坪一、八三〇餘坪，耗資一百四十萬日圓；中央爲五層，兩側爲三層，外壁貼淺綠色小面磚。門窗及廊道均有優美的圓拱，莊嚴偉觀，充作高

⑲「公會堂」，建築在原撫台衙署址，內有黃土水所作的「水牛群像」。

⑳一九一〇年左右的撫台街；右方是今延平南路；左方則是今博愛路。

㉑「台北郵局」，今日原貌仍在，只是加高了一層。

等法院、檢察局、台北地方法院。

公會堂

公會堂舊址為清代台灣撫台衙署址，也就是日據初舊總督府廳舍；一九二八年，台灣總督府藉紀念日皇裕仁登基，開始規劃興建一座公用建築物，以資紀念，乃委由總督府營繕課設計，由井手薰負責。一九三一年拆卸衙署，同年十一月二十三日興工，歷經五個寒暑，於一九三六年十一月二十六日完工。

這一座風格和台北火車站同屬台灣建築史上淺綠色面磚時期的四層鋼筋水泥建築，基地面積為三千六百餘坪，建築面積達一千二百三十七坪餘，總建坪達三千一百八十五坪，工程費花費九十八萬日圓。

這座宏偉的民眾聚會建築，其外觀、內部現代化的設備，在日據時期是數一數二，與日本本土相較，亦只遜於東京、大阪、名古屋等都市公用建物而已。日本無條件投降，「受降典禮」選擇於此，一九五二年，中日和約也在這裏簽字。

戰後，公會堂改中山堂，是台北市民的活動中心，不過國府遷台初年，中山堂的功能甚多，一九五〇年到五九年，立法院會在中正廳舉行；第二、三、四屆總統、副總統在此行就職典禮，還有中樞開國紀念日典禮，也都選擇在此。如無這座「日本人的建築」，當年不少大典可要費腦筋了。「中華民國國民代表大會」目前會址，設在中山堂後段，原後段面臨中華路的花圃已改建成為大樓，成了國民大會秘書處。

㉒「鐵路飯店」，位於台北車站前，即今希爾頓飯店等一帶高樓之建築基地上，這棟華麗建築物毀於戰火。

鐵道旅社

這座日據時代的觀光級飯店，位於「台北驛」前方，即今希爾頓飯店一帶，建築雄偉，「內部裝飾及餐器都是很講究」，當年，比起日本本土的一級觀光飯店，毫不遜色，這座台灣人稱的「鐵路飯店」在二次大戰中，被美國軍機轟炸，夷成焦土。

菊元百貨店

一九二八年動工，費時四年完工的「菊元百貨店」，位於榮町（今衡陽路與博愛路交會處）。一九三二年十一月二十八日開幕，是台灣第一家百貨公司；擁有台灣第一部商用電梯；樓高七層，有「七重天」之稱，是和「台灣總督府」似乎同高的高樓建物，當年傲視全台；是「城內」繁華的象徵；戰後，接收納入貿易局，稱「新台公司」，後數易其主。

建築的歷史，歷史的建築

台北毀城夷廓後，日本人雖將行政中心設於台北，但是並非平衡地發展台北市的建設，一切以他們盤據的城內爲主，所以一幢幢的雄偉大廈，被規劃、建造在城內。而且道路的施設，也城內、外有別。

一九二五年六月二十一日，〈台灣民報〉第三卷第十八號，有如此評論：

「到過上海的人便知道，租界內的道路和租界外（卽中國界）的道路，實有天淵

㉓～㉕ 日據時代的博愛路，遠方爲北門。

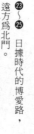

之別，不幸這種現象，我們也能夠在台灣的首都台北市發現。城內的道路，正如上海的租界內、城外（稻江、萬華）正好比上海的中國街道，稻江、萬華這方面，一下了雨，便泥濘水窟滿街道，不堪出門，唯城內則不然，當局這種不公平的路政計畫，我們無從而知，但知道他們失策罷了。」

不僅道路有兩種標準，送電也是一樣，雖然「同是點電燈，同是納同樣的電燈料（電費），但是總督、長官、內地人（日本人）上班、居住的城內就很少會停電，而

㉖「台北市榮町通」（今衡陽路）的「七重天」——菊之百貨公司，是台灣第一家百貨公司。

㉗台灣的近代氣象測報是日據時代建立的，這是當年位於「文武町」的台灣總督府專象台，也就是今天的中央氣象局。

大稻埕常常停電，只因爲大稻埕方面的送電用料，皆是城內換來。」（台灣民報第二卷第二十六號）。

公會堂還沒有計畫營建時，時人曾呼籲當局重視城外，他們說：「一個偌大的台北，又是台灣的首都，而一個公會堂也沒有，實在奇之又奇！我們早就倡其急要了。……然而這裏有一個問題，是位置的問題，我們是希望台北市公會堂的位置，要取一個公平的辦法，不要像總督府、台北醫院、公園，和其他一切官衙、公署，盡蓋在城內。」

當然，「凡事以日本人爲本位的台灣」，時人的建議，未能奏效，也因爲日本人另有野心的在「城內」建置，所以大正時期（大正元年即民國元年），城內的市街被譽爲「日本最新的城市」，城內的幾座大建築比日本重要近代建築也不遜色。

建築家李乾朗說：「一九〇〇年之後，台灣總督主掌建築工程的營繕課任用了一

㉘ 日本人在城內「建立」了執行政、司法權的建築，也建造了軍事機構—台灣軍司令部。

㉙㉚ 日據時代的「館前路」，一張是從博物館往外拍；一張是朝向往博物館拍。

批出身東京帝大建築科的技師，這些西方教育訓練出來的建築師與當時之建設政策配合無間，永久性的官署廳舍即出身於他們的手筆。所謂後期文藝復興式建築乃漸漸出現，這個新的形式是延續了歐洲的傳統，又稱爲樣式建築。一九一五年落成的博物館是一座里程碑，到了一九一九年總督府廳舍落成時，算是樣式建築之形式及美學標準，作了一個總結。」他又給緊接著台灣建築界的革新，做了一段詮述：「一九一九年至一九三七年，中日戰爭前的階段，是現代主義折衷主義時期。由於結構方式及材料之開發，有了革命性的演進，建築的表現更趨豐富。例如台灣大學及高等學校（今師大）校舍均是代表性作品，公會堂（今台北中山堂）爲此期之高峯。」

日本殖民政府的官廳，改換了滿清時代坐北朝南，而以「向北、向東」爲原則，這是以「北望日本」、「迎接旭日」的政治考量。今天的介壽路、仁愛路，即是表徵這種帝國意識的「都市中軸線。」

巡視了城內而今尚存的「殖民政府時期」建築，和走過當年街道布置，我們可以

㉛ 重慶南路的書市街，日據時代即由「台灣書籍株式會社開始」，這棟後來改稱「台灣書店」的建築物，於一九九〇年不復存在。

㉜ 新高堂書店被視爲「書市街」的終點，已被改建爲東方大樓。今東方出版社仍在營業。

明白，不僅建築風格賦予了台北市一個「西化」形象，也反映出當代的歷史的一面！我們知道「台灣近代民族運動」從醞釀、成長、茁壯，以致被摧殘，正是日本人平地起高樓的這段時間。

一九四五年，追隨陳儀來台，派任麻豆鎭曾文區區長丁名楠，對戰爭期間，遭受美機狂轟濫炸的頹垣斷壁的台北市城內建築，有如此的感言：「……類似這樣的建築

33

34

33 34 日據時代的重慶南路，時間約為一九二〇年代。

35 36 「三線路」，今愛國西路，係日本人拆除城牆而建的寬大馬路。

，當時內地各省都還沒有，這些現代的建築雖然透露了日本企圖永久占領台灣的野心，但也顯示了日本的氣魄和實幹精神，不可小視。」

城內街道，在汰舊更新下，「大漢」的遺風，很快地雲散了。由於「歐風」的吹襲，今日的重慶南路一段（本町）、衡陽路（榮町）、館前街（表町）、博愛路（京町），在日據時代，在「大和」風格中，也有歐洲的「身段」。

歐風建築　書香街道

重慶南路一段，是著名的「書市街」，有人說是台北市書卷氣最濃厚的街道，滙集於此大大小小的六十多家書店、出版商，成了台灣的知識訊息發布地。

「書市街」的歷史源於北邊西側的「台灣書店」和南邊東側的「東方出版社」；「台灣書店」在日據時代是「台灣書籍株式會社」，做爲殖民政府印製中小學校教科書的大本營，戰後，成了省政府的「教科書總批發所」，一九四六年改組為「台灣書店」。「東方出版社」則是「新高堂書店」，是當時大書店之一，戰後，由以游彌堅、林呈祿等為首的台灣知識分子「接收」，改組為「東方出版社」，曾出版《東方少年》雜誌，幾成了兒童書籍專賣書店。一段南北的這兩家著名書店，原建築都是「歐風」的，曾被列為紀念性建築，不幸難逃被拆除重建的命運。

重慶南路一段也是「閱兵大道」，好幾年的十月十日，隆隆的戰車聲、刷刷的擺臂聲、響亮的口號聲，在這條街上一陣陣的湧過，這一天的早上，也正是書市街難得全面歇業之時。

「城內」最主要的幹道—重慶南路也是「國府之道」，只是總統不「走」其路；兩位蔣總統是由中山南路轉介壽路驅車直入總統府，而李登輝總統則將官邸設在附近的愛國西路處，也不過此「道」，此路雖無「官氣」，但有「士氣」，畢竟讀書人喜歡來此逛街，而且買書後，如有時間，信步朝南走，幾分鐘就到了南海學園，漫步植物園，更可「修心養性」了。

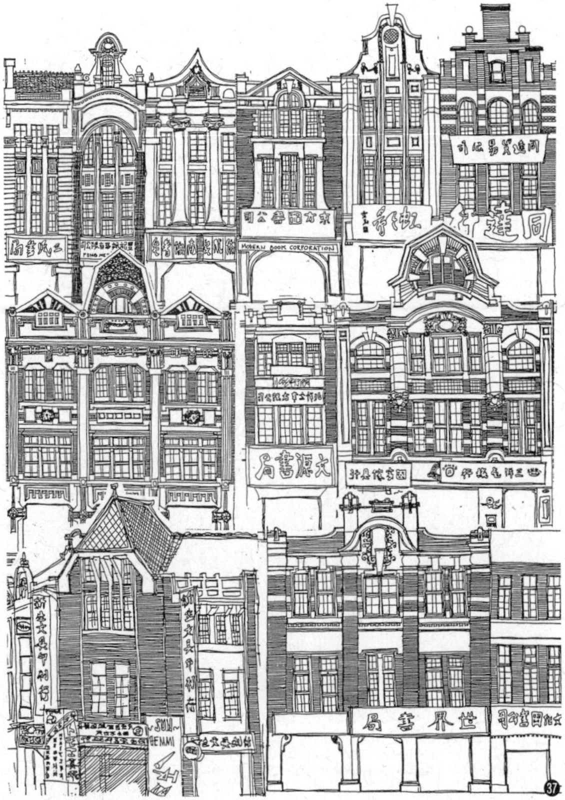

㊲ 一九六〇年代，美國台地(Mr. Felix Tardio)先生所繪的台北書市街景象。

西門町采風錄

「不到台北市，不知台灣的繁華；不到西門町，不知台北的熱鬧。」這句話，是禁得住考驗的。

西門町的商店街，是台北市消費市場的指標。

西門町的電影街，是台北市娛樂市場的樞紐。

西門町的舞榭樓台、西門町的委託商行、西門町的路攤餐廳……，還有肩摩轂擊的人潮、浩浩蕩蕩的車隊……誰能不說它是台北市華麗、奢靡、風尚的代表，名聞遐邇的西門町，如今雖有日薄西山之態，但是台北市鐵路地下化完成後，淡水河澄清之日時，西門町的東山再起，必然可以預期，那時候，相信它將又以一個嶄新的風貌，領導著台北市向更現代化邁進。

西門町的「町」，本字是念ㄊㄧㄥˇ，但因受台語的影響，約定俗成讀ㄉㄧㄥ了；西門町是日據時期「行政區域」的命名，日本人將地區分爲：市、町、村、字，工商區多稱町，農業區多稱村，台灣人顯然不知如何用台語去讀「町」這個字，於是「秀才識字認半邊」，想不到大陸人士來台後，也「入鄉隨俗」，跟著有邊讀邊，竟然讀做「ㄒㄧㄇㄣˊㄉㄧㄥ」了。

繁華商場　原是墓地

西門町之名源於西門，西門稱爲寶成門，是重脊歇山重簷式的城門；當初，日本人爲了興工修築縱貫鐵路新線及擴充道路，決定拆除台北城垣和城門時，「台灣總督府」圖書館館長中山樵得知消息，加以反對，並呼籲應保存城門，列爲古蹟，可惜當他的請願被當局採納時，西門早就蕩然無存了。台北城的五座城門——東門、西門、南門、小南門、北門，西門成爲唯一一座被日本人所拆除的城門；所以西門町有西門之「名」，而無西門之「實」。

一八八〇年代以前，現在所謂的西門鬧區，卻是一個「夜都市」——荒塚纍纍的公墓，公墓附近有一條大水溝，和一片沙質的蕃薯田。白天，偶有牧童來此地放牧，入晚後，人跡罕至，只有潺潺的流水聲和刮刮的寒鴉啼，其凄涼、陰森的景色可知。

台北城築成後，城內因係行政重鎮，發展很快，而有一八八〇年（光緒六年）開闢的「西門街」及稍後拓成的「石坊街」。一八八五年，劉銘傳創新市公司，招商建築市街，乃再闢建「新起街」，意謂新建的道路，由西門通往艋舺祖師廟，「西門地區」從此不再是「畏途」。

日本據台後，日本人將「城內」當做全台的軍政中心，大量的日本移民也漸漸盤據在城內，和原台灣人居住的地區——艋舺（萬華）、大稻埕，成了強烈的對比。

「城內」被較早來台的日本人住滿後，遲一步來台「淘金」的日本人，便在西門地區覓地建築房屋，他們清塚填溝，於一八九六年九月蓋起新起街市場，這是台灣新市場的濫觴，二年後新起街市場改建成八卦形的磚樓一幢（俗稱八角樓），左方是T字形平屋，一八九八年十一月落成時，曾開物產共進會，以資慶祝，這座八角樓就是

❶ 一九六二年抵台，擔任東海、中原、文化等大學建築客座教授台地先生(Mr.Felix Tardio)，他畫下了城內衡陽路一帶的建築，如果沒有中文招牌，會讓人誤認爲是歐洲某城市。

今日的紅樓戲院，連同魚肉蔬果市場，大家名之爲西門市場。

「八角樓」爲兩層樓，樓下販賣日常用品，樓上出售古董、舊書，據台大教授黃得時說：他的藏書不少是在日據時代購於此舊書舖。西門地區，成「市」後，日本人對他們的居處，原是墓地，心裏很不舒坦；爲了驅除邪氣，請了日本京都伏見區稻荷山的「稻荷神魂」——狐仙，來驅鬼鎮祟，這個小小的廟就是蓋在西門市場右側空地；穿和服，脚蹬木屐的日本人常來參拜，香火鼎盛，西門町的熱鬧，也因此起步了。

範圍多大　見仁見智

西門町的範圍有多大？誰也說不上來。

有人說是以西門圓環（即中華商場愛棟與信棟間，鐵路平交道的南側，以前塑有鐘樓，現在已拆除。）一千公尺直徑的圓形地帶爲準；其實，在殖民政府實施市制於

❷「石坊街」就是今天的衡陽路；街名：「石坊」，因立有「急公好義坊」，係獎勵艋舺貢生洪騰雲捐獻田地，以建考棚。

❸「急功好義坊」被移在新公園內，園內另有一座「黃氏節孝坊」。

❹一九〇八年落成的西門市場八角紅樓。

町名改正時所稱的西門町，只是約今中華路以西至康定路間之成都路兩側一帶而已，西門國小即在此範圍內，但是，民間稱呼的西門町，範圍就大得多了，以日據時期的町名來說，包括有築地町（因地勢低窪，填土而成故名。）、壽町、濱町、末廣町、泉町、新起町、西門町、若竹町……都是；當時住在這裏的日本人還組織個「西門會」。

以現在台北市的地圖來看，西門町的範圍應是東起中華路、西至康定路、南起成都路二段，北至漢口街，其中包括的有昆明街、西寧南路、漢中街、峨嵋街，和武昌街二段、衡陽路、寶慶路等；當然，這是戰後廣義的西門町，我們現在說：「到西門町去逛逛。」大概指的就是這一大塊的地區。

東洋情調　娛樂日人

日據時期的西門町是日本人的娛樂場所，所以當時的西門情調是東洋式的。

❺ 八角紅樓是近藤十郎設計，當代有如此市場，是了不起的建設。

❻ 戰後的八角紅樓，成了殘破不堪，今有紅樓劇院營業。

一八九七年十二月十九日，日本人即在西門町蓋了台灣第一座劇場——「浪花座」，地點就在今天萬國戲院舊址，「浪花座」後來擴建爲「朝日座劇場」。一九二〇年代，已有專演日本劇的「榮座」，電影院則有第二世界館（今昆明街太平洋飯店舊址）、新世界館（今新世界戲院）、芳乃館（今國賓戲院，以前爲美都麗戲院）、國際館（今國際戲院）、大世界館（今大世界戲院）、台灣劇場（今中國戲院），大家

❼

❽

❼ 當年榮町（衡陽路），路廣車稀，容得學生並列的走在馬路中間。（高樓即爲菊元）

❽～❿ 「榮町」的三景；「西門町」在說法上被延伸到此，今日的衡陽路還可以找到照片上的建築物。

以前所說的「電影街」即是指這個地方。

一九二六年到一九三二年，即日本大正末年和昭和初年，新世界館的後面小巷，有日人所稱的「片倉通」，林立了二十家左右的館子，壽司、佃煮、蒲燒、燒鳥等日式小吃應有盡有；附近又有日式的、西式的大酒家，西門町的繁華景象，更名不虛傳。難怪當時在台的日本人喜歡留連「西門夜店」。

王詩琅在〈西門町憶舊〉一文寫出：「日人在台北市的人口，充其量也不過祇是有兩三萬人，可是他們只在西門町就有這麼廣大的娛樂地區，這麼多的娛樂場所，來供這些統治者的消遣、享受，相反地台胞們的這種設備，不但相形見絀，毋寧說是太可憐了。」

戰後初期　暗藏春色

戰爭結束後，日本人被一批批地遣返，台灣人將西門町的攤棚，據爲己有，由竹搭慢慢改建爲木造，而且再加蓋半樓，供伙計打鋪蓋，但這些「半樓」卻成了暗藏春色的地方，那些陪酒的「半樓仔査某」，成了「醉翁之意不在酒」尋芳客尋樂的對象。大陸來台的人士們，也將之視爲買醉的地方，這是當時百業蕭條的社會中，一個很不正常的現象。以後，治安當局嚴厲取締了「半樓露店」，想趕走色情，但是此時社會的昇平現象已漸浮現，於是「純喫茶」（咖啡座）、浴室、酒館、歌場、舞廳又將「西門町」造成了一個五光十色的花花世界。

一九四九年，國府遷台，台北市政府爲了安置這些大陸來台的小商人，委託警民協會將從北門到小南門間縱貫鐵路兩側的空地，搭蓋了三列臨時棚屋，以安定他們的生活。這些隨軍來台的小生意人，以開設大陸各省口味的餐飲麵食營生，因爲生意不惡，而且歸期渺茫，於是違建越建越長，將台北站南下到萬華站縱貫鐵路的兩側似乎給占滿了，既不雅觀，又不衞生，成了台北市之瘤。

台北市政府爲整頓市容，擬訂了中華商場整建的計畫，終於一九六〇年春，將鐵路兩側的棚屋全部拆除，在東側建造全長一千一百七十一公尺的鋼筋水泥三層店鋪八棟，自北而南以八德——忠、孝、仁、愛、信、義、和、平命名，計有一千六百四十四個鋪面，是台灣最大的小商販商場，以當時的台北市來說，可以說是美侖美奐的百貨總匯商場；商人且利用商場樓頂架起高聳的廣告霓虹燈，入晚後，閃爍燈光，給台

9

10

⑪ 電影街的「大世界館」，攝於一九三七年。

⑫ 日據時代西門町的「新世界館」，前面的池邊有人在洗滌東西。

北增加了鮮豔瑰麗的天幕。

但等到中華路兩側高樓崛起後，中華商場就顯得不上眼了，加以火車長年通過商場，將後牆燻得黑漆漆的，住戶又將廢品雜物胡亂的堆積在那裏，更顯得不堪入目。每當北上列車將進台北火車站時，便會對台北市產生了一種先入爲主的雜亂印象，中華商場又再度成爲了「台北市之瘤」；鐵路地下化完工後，中華商場的存廢，成了市政建設的重大課題。

媽祖坐鎮　鬧區淨土

西門町寸土寸金，一分地都很難「得」，但成都路北側近西寧南路口卻有一座廟，稱爲台灣省天后宮，是台灣地價最貴的廟宇；位於西門町鬧區核心地帶的媽祖廟原來是日本人的弘法寺，戰後，失火燒燬；一九五〇年，信徒將原艋舺新興宮的媽祖金身，迎接安置，乃改名新興堂，後再改稱台灣省天后宮。

⓭國府轉進來台時，沿著鐵路兩側搭蓋的竹棚木屋，就是中華商場的前身；右上角是西本願寺。

⓮西門町「榮座劇場」，純爲日本人建築的劇院。

⓯西門市場尚未建造前的景象。

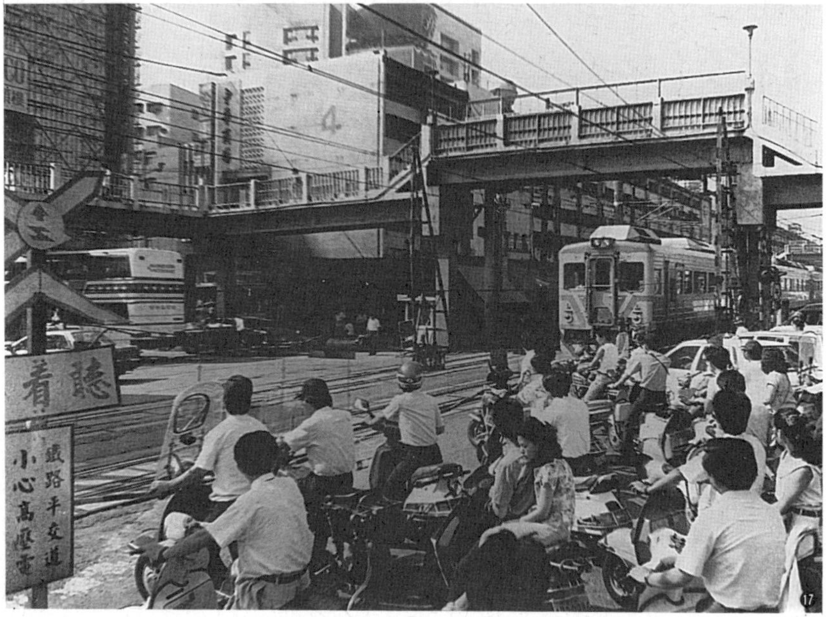

⑯ 安頓違建住戶整建的中華商場，曾有霓虹燈廣告，入夜後燈火通明。

⑰ 西門町的鐵路平交道，因爲鐵路地下化而不見了；火車貫穿西門鬧市，若干年成了「講古」。

新興宮原是艋舺三大廟宇之一，日本人在拓寬馬路時，將之拆除，媽祖金身和廟產暫存龍山寺，「新居」完成後，寄人籬下的天上聖母，才進駐此寸土寸金的現址；因此雖是新廟，卻擁有一七九二年（乾隆五十七年）的法物和一口百年無錫元和廠製造的大鐘，和頗具歷史價值的匾額多方。

媽祖娘娘居住在鬧市中，面臨著熙熙攘攘的衆生社會，而且是個沉淪的、爭奪的環境，想救苦救難的感觸必然良多吧。去西門町追趕新奇和時髦、享樂和刺激的人們，路過這一片「淨土」，他們心裏的感想會是如何呢？我們就不得而知了。

樓起樓塌　流轉不息

日據時期，西門町是日本人的天下；戰後，當他們要走時，將住屋、商店私相授受，不少和日本人有「交情」的人，無償取得了產權，發了一筆「光復財」，使西門町產生許多「新貴」。當然，也有人看準了西門町是塊可以淘金的地方，擁擠到這裏做生意。

國府於完成接收工作，爲加強節約運動和維護善良風俗，下令台北市所有飲食業，要改稱「公共食堂」，一時西門町大街小巷滿是公共食堂，「南國公共食堂」的營業項目是西餐、咖啡、西點；「嗎哪公共食堂」則以賣牛尾、牛舌出名。大陸各地口味的餐飲，紛紛以上海、北平、天津分店的名稱，在這裏開市，也有以標榜某大牌廚師的大名爲號召。西門町成了吃的天堂，即使吃不起這些高級公共食堂的消費者，也

⑱ 坐鎮鬧區市中心的天后宮。

不必望食興嘆，因爲中華路鐵軌兩旁的攤棚有低消費的「老山東」、「天津館」……等，供您花很少的代價，就能吃飽一餐。

有本事的人、肯幹的人，不難在西門町發跡，但是，也很容易被「逼」出了這個「日日求新、事事求變」之地；不少「大王牌」和「金字輩」的人物，「眼看他起高樓，眼看他樓塌了」，便是活生生的事例。

「西瓜大王」曾是西門町最風光的店面，門庭若市，賺的錢比誰都多，但是很快就銷聲匿跡了，有人說，「西瓜大王」是在一夜之間，輸掉了整個店面，但是後來的人頂了他的大王招牌，繼續營業，生意就是做不起來。

「金剪刀阿郎」是西門町純男師傅海派理髮店雷門理髮廳的老闆，他的手藝聞名全台，擁有不少老主顧，頭上要「挨他一剪」，還得等老半天呢。有一年，赫本頭流行的時候，他還破例做女人頭，賺了一筆；可惜，觀光理髮廳林立以後，他聞名海外的金剪刀手藝，敵不過有馬殺雞服務的半路出「師」的女理髮師。

以前，衡陽路、博愛路、成都路聚集了好多家生意興隆的上海式綢緞莊、皮鞋店、食品行，而今所剩無幾了。今天，高雄木瓜牛奶、台中蜜豆冰、台南担仔麵、基隆甜不辣（天婦羅），也已不像當初一窩蜂設店的時候搶市。近年來，西方食品業麥當勞、溫娣、寶來妮、德州炸雞，搶著登陸，想也不可能永遠占著一席之地，長江後浪推前浪，西門町此起彼落的現象，正是說明了「台灣無三日好光景」這句俚諺，還眞不虛假，社會的萬花筒是每日不停的在變化。

影院集中　一票難求

西門町在日據時代就是台灣電影娛樂事業的中心；戰後，盛況不減，尤其是武昌街二段，從昆明街到康定路，短短的五十公尺內，有樂聲、豪華、日新、台北……等十餘家戲院，「電影街」之名，不言可喻。誰能夠想像，日據初期，武昌街可是輕便軌道的用地呢！

台灣觀衆看電影的次數曾留在金尼斯世界紀錄大典上，那一年的統計是每人每年平均達六十六次；對有趕場經驗的人來說，這個紀錄還可能偏低呢；台灣的電影排有早場，這也是世界各地少有的現象。

電影院多，並不能代表娛樂事業的發達，正因爲台灣其他的娛樂發展不均衡，才有台灣這種「上西門町，擠電影院」的現象出現。

疲態雖現　必將再起

台北市往東區發展後，西門町各行各業的成長就受限了，而且還有急速衰退的現象，連獨霸一方的電影街也今不如昔了；西門町已不再如東區一樣，是高消費的地方了；有人說西門町衰態已現，勢必被淘汰，說不定會和那座消失的寶成門一樣，成了歷史名詞。

但是，使西門町起死回生的契機，正在進行和研議中；台北鐵路地下化後，西門町的重新規劃，將可有更寬敞的空間，來接納從車站出入的人潮；淡水河整治工程完成後，西門町更將成爲一個有「護河」的地區，而這條潺潺的河流，必是市民一個休閒活動的好去處。這些都是東區所沒有的條件。

然而，「重生」後的西門町，希望能夠擺脫紙醉金迷、尋歡求樂的形象，而成爲代表台北市活力、健康和希望的「更新社區」！

⑲ 中華路是台北市髒亂的「後窗」，鐵路地下化後的地下街將可改善容貌。

劍潭圓山敍舊

劍潭與圓山，四周的景色雖已無昔日秀麗，但仍是台北市難能可貴的休閒地區與遊樂園地；這一帶的風景線，名聞全台，今日如是，以前亦然。以地緣和史緣觀之，劍潭與圓山應該被視爲大龍峒的延伸地，雖則，一度被劃歸於中山區而不屬於大同區。

清同治年間，《淡水廳志》編撰完成，曾列了淡水廳風景最佳的八個地方，稱爲「北淡八景」。「劍潭幻影」名列其中，其他七景分爲「滬口飛輪」、「關渡劃流」、「鷄嶼晴雪」、「香山觀海」、「鳳崎晚霞」、「隙溪吐墨」、「指峯凌霄」。

劍潭依一八七一年（同治十年）纂修的《淡水廳志》所記是：「**深數十丈，澄澈可鑑**。」潭名何來？傳說紛紜，刀光不見渲染，但是劍影卻被說得有聲有色，而且源遠流長；民間盛傳的故事與國姓爺朱（鄭）成功，開台拓土有關，那是典型古早、古早以前的神話：

國姓爺驅走荷蘭人，繼續揮軍北征，有一天，來到劍潭南畔，欲渡河時，忽然狂風大作，白浪滔天，部隊無法上舟，國姓爺聞報係千年魚精興波作浪，怒不可遏，趕往潭邊，抽出腰中佩劍，擲投潭心，射殺水怪，立即風浪平靜，軍隊始安然渡過。

國姓爺擲劍的神話外，又有墜劍的說法，是說鄭成功在北部爲平定生番之亂，渡潭時不小心將劍掉落潭底中。由於擲劍的故事，顯然比較豪情萬丈，所以墜劍故事，口碑就遠遜於擲劍。當然，這是當時父老們反清復明的心理太強烈了，所以將國姓爺神格化，而雕聲繪影些故事，來襯托國姓爺實非凡人。其實，國姓爺驅荷復台，在台南規劃生聚教訓就夠忙了，況且不久就因病去世，根本沒有到過中北部來。

這一段的傳奇神話，還有個結尾呢：

國姓爺的寶劍，沉入潭中，並不是就此無聲無影，每到風雨交加或沒有月光的夜晚，潭底的寶劍就射出了光芒，使潭面亮如明鏡，沒有多久，一道一道的紅光閃閃出現，顯然是劍浮潭面，來往船隻如有不小心，從劍上駛過，即被削成兩半。因此，除

❶ 清同治年間《淡水廳志》北淡八景的「劍潭幻影」。

非把劍給撈了上來，否則沒有辦法破除禍害。

但是，取劍出潭，只有一個辦法，那就是要用粗糠（稻穀）做成繩子才能將劍給釣了上來，因此，大家給難住了。粗糠脆弱而粒小，如何製繩？有一個人，靈機一動，想了個妙計，他先將麥芽飴膏，搓成一條繩子，然後放在粗糠上面絞轉，使繩狀的麥芽飴膏繩黏滿了粗糠，於是他划船到潭心，將粗糠繩慢慢放入水中，不久有東西吃餌的情形，他趕忙拉了起來，寶劍果然上鈎了，當寶劍浮出潭面一半時，也許他太心急，也許惟恐劍又給弄掉了：竟伸出手去抓，就在要合掌那一剎那，竟然雷雨大作，那隻寶劍又給沉了下去，眼看即將到手的，卻給弄丟了，他好不後悔。不過，以後那隻寶劍卻從此再沒有顯靈作怪了。當然，故事如沒有這個傳奇性的休止符，今天，大家可能不會死心，一定會擠到圓山的基隆河畔，找找劍潭遺址，等待寶劍浮潭的奇蹟了。

其實，劍潭的劍緣，見之史料，竟然和國姓爺毫無關係，而是和荷蘭人有關；一七六四年（乾隆二十九年），《續修台灣府志》所引台厦分巡道所撰《台灣志略》一節有記：

「劍潭在北淡大浪泵社二里許，番划艋舺（即獨木舟）以入，水甚濶，有樹名茄苳，高聳障天，大可數抱，崎於潭岸。相傳荷蘭人插劍於樹，生皮合劍在其內，因以爲名。」

除了荷蘭人插劍於茄苳樹的說法外，還有《淡水廳志》所記「荷人遺劍」的故事：

「……每黑夜或風雨時，輒有紅光燭天，相傳：底有荷人古劍，故氣上騰也。」

劍潭古剎立山麓

劍潭北畔的劍潭山山腰昔有劍潭古剎，此剎在明鄭時代，是爲一間茅廬，奉祀觀音佛祖，至一七一七年（康熙五十六年），附近住民集資建一小寺，曰「西方寶剎」。《續修台灣府志》則稱之爲「觀音寺」，據一八四四年（道光二十四年）該寺重修碑記所云：

「有僧華榮者，奉大士雲遊至此，露宿古樹下。時未有村社，山多古樹，質時之鷄籠，甫跋涉，即有紅蛇當道，異甚，以筊卜，得建福地，構茅剎卓錫其中。後以大士示夢：淩晨有八舟自滬（滬尾，淡水也）之籠（鷄籠，基隆也）可募化，僧如言，果驗。因而靈聲四播，聞者爭樂赴功而廟成。」

榮華法師在往基隆道上，遇紅蛇擋路，又得南海普陀山觀音大士示夢，這自是建廟的一般說詞，至於他是否從八艘船主募得建廟基金，當年名聞全台的劍潭古寺的第一筆經費是否因此而來，實在也沒有考據的必要了。

❷ 劍潭古刹一九三〇年代的「遺照」，而今現址已無此廟，連潭也已非了：「遺跡尋荒寺，禪心證野僧」只有詩篇留存。

❸遷建後的劍潭寺，香火不盛，想是風水不佳之故吧！

劍潭寺的聊齋誌異

劍潭寺的右側山坳，墳墓纍纍，是一座年久荒蕪的亂葬崗，因之也免不了有鬼故事被人傳說。

有一位考生，名叫倚雲生，寄讀廟中，一個皓月懸空的晚上，他想賞月怡心，乃暫合書本，步入廟埕，此時四顧寂寥，寒風輕送，雖有孤單之感，但也自覺有明月清風相伴之趣，正陶陶然忘我之際，忽有一陣淒婉吟詩聲，劃破靜寂：

新愁緣怨送春歸，徙倚無聊幾夕暉；
十載光陰如一夢，遊魂時逐落花飛。

倚雲生好生奇怪，居然荒僻古剎，又時值夜半，會有此踏月吟詩的女子，乃趨前想問她個究竟，這位玄裳縞衣的女子被脚步聲所驚動，慌忙走避，倚雲生當然緊步急追，迫至潭岸，竟無身影，眞是不寒而慄，立刻返回齋舍，愈想愈害怕。第二天，將昨夜情景告訴住持，才得知十年前，有一位曾在淡水廳當過師爺的讀書人，因官場失意又有病在身，與他的獨女住在廟中，擬待身體好些再圖返鄉，平日教其女兒吟詩作對，這位讀書人因沉疴難癒，不幸客死異鄉，女兒無力扶柩還鄉，哀痛而亡，死後當地人將其父女埋葬於廟後，每值月夜，常見陰魂夜吟的現象。

這一類附會的鬼故事，可是昔日夏夜裏大人們最愛在大埕、亭仔脚（騎樓）說給小孩們聽的講古題材，由於事出劍潭古剎，所以也姑妄言之。

劍潭龜聽筊響

有兩句台灣的諺語典出於劍潭古剎：「劍潭龜聽筊（音：杯）聲」、「劍潭龜聽鵠」，是說動物很機靈的意思；筊、鵠爲禮佛的用具，筊是「神杯」，即卜吉凶用的筶筊；鵠是木魚，和尚誦經的打擊樂器。劍潭古剎，廟前有一座很大的放生池，善男信女放養了無數的大小烏龜在池中，信徒每次人參拜完畢，便將拜拜用的糕餅，散成一塊一塊，抛入池中，引來烏龜爭食，日子一久，這些烏龜在聽到擲筶筊聲時，知道拜拜將完了，就游到池中，伸長脖子等吃了，樣子十分可愛。

「劍潭龜聽鵠」則是說，和尚每天做完晨課，就開始餵龜，所以木魚聲將結束時，劍潭龜也懂得抬頭待食了。

一九二六年，日人迫劍潭古刹遷廟；該寺自被遷建於大直北勢湖山麓後，就一蹶不振了，後來日人認爲台灣神社（今圓山大飯店舊址）不夠大，欲將之升格爲台灣神宮，而將原址整建了一座花園，稱爲神宮外苑。戰後，有人向政府申請將劍潭寺遷回原址，但是未蒙獲准。

台灣神宮在現在的忠烈祠西邊，盟機轟炸台北時，中彈被毀；台灣神宮新建神殿在日人投降前一年（一九四四年）十月二十三日，有一座日本客機失事，撞毀在神宮，當時的這項徵兆，使台灣人相信日本帝國是一定會戰敗的。

圓山貝塚和大砥石

《淡水廳志》卷十三〈古蹟考〉：「八卦潭與劍潭相接，亦名石壁潭，側有巨石，將旱將雨，石罅俱格格作聲，或名爲鷄鳴石，又曰兩儀石。」八卦潭可能太近劍潭，被人與劍潭混爲一體，而不爲人注意，倒是陳維英的詩中有所提及。八卦潭南畔，有座小丘名叫圓山仔（即圓山動物園舊址），從前稱爲龍峒山，此處即爲大龍峒地理上的龍頭。

圓山仔的圓山貝塚和大砥石，是台北所發現的最重要先民遺跡與遺物址，乃考古學上重要的資料。據考古學家劉益昌說：「台灣史前史可以說是了解太平洋遠古史的一個起點。台北市的圓山遺址是了解台灣史前文化史最重要的關鍵遺址之一。」

台北盆地往昔是海水進出的大湖沼，先住居民形成部落聚居在湖沼的小島上—如圓山、芝山岩……等地，被發掘的古物，可證明先住民的活動範圍。圓山貝塚的貝層有兩處，一是在圓山西南部斜面，略與北淡鐵路平行之處；另一處在圓山北側，靠基隆河的西下方；日據時期，曾明定兩處爲史蹟。

貝層以一種大形蜆爲主而形成；並有鹽水貝、蛤、蠔等海棲類，羼雜其間；另有大量的玉器、石器、陶器和鹿角、鹿骨等加工物出土，證明當時的先住民以這些貝殼、魚類、獸類爲食外，並利用其殼、骨和石、玉器做成日常用具和裝飾用品；石器有石斧、石鏃、石鑿、礪石等等，陶器以淡赭色或淡赤土色居多，雖大部分沒有紋樣，但也發現有網目紋和籠目紋。

圓山文化涵蓋多個地區，係日本學者伊能嘉矩所發現，後經鳥居龍藏、宮原敦、鹿野忠雄、金關丈夫博士等繼續研究，而有此成績。

❹ 原立於圓山火車站前的「圓山文化遺址」；火車站將成爲台北市捷運系統的圓山站。

❺ 這塊巨石，一直被視爲是先民的遺物—大砥石。「無住生心」四句禪語，令我們深省。

❻ 「大砥石」的說明碑文，只是「劍花考古譚砥石，往往來語先嘆息！」（張漢詩）

圓山貝塚近遭人盜掘，才再引人注意，我們希望「圓山文化」不應僅是考古學上

❼ 一九三四年宮本延人所拍攝「圓山全景」；右邊可見臨濟寺一角，中間偏左的是地藏庵靈骨塔。而今那一片水稻田已是車水馬龍的中山北路。

的討論題材，而是每一個關心台灣文化的人，都要知道的史蹟。從圓山貝塚的遺物，告訴我們，四千五百年前即有人類在「台北」的地方生存活著，而且至少活了一千年以上了。

貝塚時期的先民，所用的砥石，於一九一八年被掘出，發現者是「台北醫學專門學校」教授宮原敦，當時座落於圓山的佛教寺院臨濟寺，因動工擴充院址，在削平南面斜坡時，在地下約一公尺半的地方，發現了這塊面積約四九五平方公尺、高九〇至一二五公分糊質砂岩的大砥石。

砥石即是磨刀石，先民靠著這方砥石，磨琢石器、骨器，因此表面布滿了大小不同的凹凸面，宮原敦爲謀保存這塊破紀錄的巨大砥石，呼籲當局妥爲保存，但是當局限於經費預算，而遲遲未決，後來，宮原敦得到他的姑媽兩千多元遺產，乃決定捐出做爲保存砥石的基金。

一九二二年，營建了一座鋼筋水泥的護亭，以保護大砥石；一九二六年，宮原和臨濟寺將之獻給市政府，以做爲公有物。

圓山大砥石而今下落不明，台北市文獻委員會所塑的兩塊文字說明石碑，只是聊備一格的裝飾物，目前一塊刻著「無住生心」四個大字的巨石，被認爲是大砥石，恐是一個「玩笑」而已。

❽大砥石的「所在地」—臨濟寺，還保留著唐代建築古風。目前不被列爲「古蹟」，希望不致被改建。

圓山動物園已不復在

台北市動物園遷園至木柵後，圓山動物園也將成爲歷史名詞了，這座台灣第一所動物園，創設於一九一五年，原是一位日本人私人所經營的小型動物園，後來才改爲公營動物園。

盟軍空襲台灣時，園方恐動物因空襲出籠傷人，而將肉食性及較具殘暴性的動物給電死；戰後，經過蔡清枝、王光平等人多年苦心經營，才有今日的規模。而今，台北市爲發展更現代化的動物園，已經擴遷至木柵。

或許若干年以後，人們訴說起圓山動物園，可能和貝塚及大砥石一樣，僅是存在於歷史上的片刻回憶而已。當年，筆者曾有「保留」圓山動物園的想法，將這座老動物園，成了專門飼養台灣產鳥獸的「本土動物園」，一來可以使「圓山動物園」歷史繼續存在，二來也喚醒民衆對台灣產動物的認知，只是人卑聲微，沒有人會注意的。

中山北路前段風情錄

台北市還沒有向東區發展前，「中山北路一、二段」是全台首善商業之區；此區觀光飯店、藝品店、金融機構、貿易公司大樓櫛比的時候，東區還是水田漠漠。而今，現代化高樓的數目，中山北路遠落於東區之後，而且也缺少大型百貨公司、電影院，但是光彩雖褪色，自有其「風貌」在；這條大道，仍睥睨台北市其他街道。

昔日的中山區，地約當劍潭山之南，縱貫鐵路之北、北淡鐵路之東，松山機場之西；境內有海拔三十五・六公尺的圓山、海拔一五三公尺的劍潭山等岡阜，基隆河部分流域也經過區境。

繁榮的象徵

中山北路前段，曾是台北市最現代化的一條「觀光大道」，也有「外交大道」之稱，來訪的國賓於松山機場下機後，由南京東路轉入中山北路，住進圓山大飯店。

南起忠孝東路口復興橋，跨縱貫線鐵路，北接中山橋，臨基隆河，是計分七段，全長八、五三〇公尺的中山北路「精華區」。

台北市道路，在戰後是以「中山南路」為經線，凡道路橫貫中山南北路者，以東稱東路，以西稱西路。有椰林大道之稱的中山南路，原為台北城東畔，沿線都是機關學校用地，屬舊城中區，從景福門起算有台大醫學院、濟南教會、教育部、立法院、監察院等建築。而中山北路過了「起點」——行政院，越縱貫鐵路後，便是繁榮的商業區了，然後一直迤邐到民族路口。

行政院大廈是大同公司的前身「協志商號」所承建的，於一九三七年八月興工，一九四〇年十二月竣工，歷三年四個月。這座基地總面積七千四百四十一坪的四樓建築，日據時期是「台北市役所」（台北市政府）。

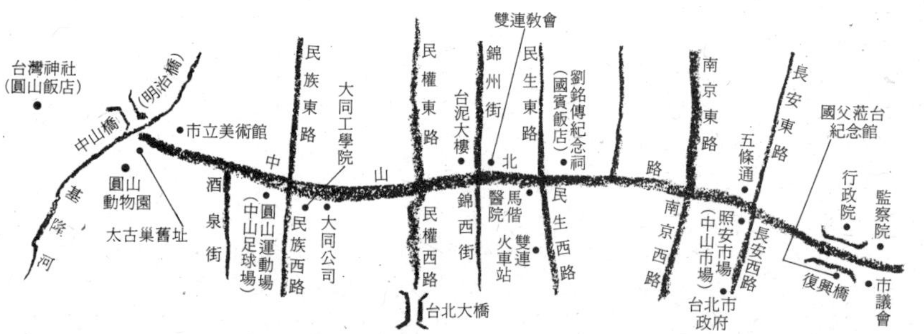

戰後，充當台灣省行政長官公署，循爲台灣省政府辦公大樓，省府疏遷至南投中興新村，原在總統府「上班」的行政院才駐進辦公。

中山北路的前身

從前，中山北路兩側，塘埔縱橫，良田阡陌；日據後，於一九〇一年建「台灣神社」，爲便利日本皇族及特使參拜，乃開闢「勅使街道」，寬爲十五公尺，當時仍有雙連埤橫阻於今馬偕醫院附近。

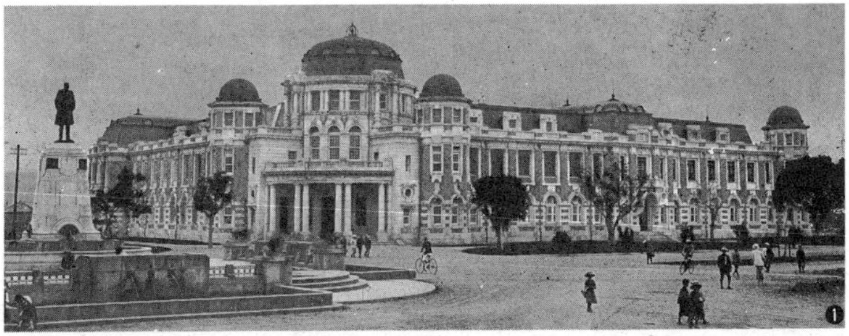

❶

2

❶中山南、北路的「分界」，現在是監察院與行政院相望；監察院是日據時代的「台北州廳」。

❷戰後，「台北州廳」前方銅像的日本人變成了戎裝的蔣中正，但是基座還是沒動；有噴水池的銅像在建造「天橋」時移走了。

一九三六年，「敕使街道」開始拓寬爲寬四十公尺；這條長三千零九十公尺，花費一百六十五萬餘日元設五線道路的「大道」，於一九四〇年三月竣工。兩旁各設二點五公尺的綠島，植有樟樹，人行道則種楓樹，是台北市當時最完備的道路；戰後，這條首善的道路，被改稱爲中山北路。

中山北路原有縱貫鐵路之隔，每當火車要通過時，平交道遮柵放下，人車爲之阻塞；一九五四年，始以新台幣四百零五萬元的經費，完成一座長三百七十三公尺的陸橋，時人稱爲「天橋」，正式橋名稱「復興橋」。

❸ 一九三八年興建的今行政院大厦，以前是「台灣省政府」；日據時代則是「台北市役所」，也就是「台北市政府」。

❹ 「天橋脚（下）」的青年服務社，鐵路地下化後被拆除，以前「國父史蹟紀念館」是「寄託」在裏面。

復興路橋下，北平西路路口處有「國父史蹟紀念館」；為日據時代的「梅屋敷」，乃孫中山第二次蒞台時，所居住的旅舍；位置因鐵路地下化的施工，稍有移動；從前它是在救國團的「青年服務社」之內。

讓車輛「升空」和讓行人「入地」，以免交通受阻，主要的原因，是當年蔣中正

❺ 一九四〇年代的中山北路，路面冷落車馬稀，當時稱為：「敕使街道」。

❻ 中山北路的陸橋，官方的名稱是「復興橋」；而民間的稱呼是「天橋」。

總統上班，車隊必走中山北路，從士林官邸到中山北路，不容有阻礙；圓山的人行地下道，會規劃、挖鑿得較其他街道還來得早，原因也是在此，這些「升空入地」，讓出幹道，讓「總統優先」而行的「市政建設」，均出自黨外市長高玉樹的任內。

五條通其來有自

從這座稱爲「復興橋」的路橋北端而下，便是長安西路；東段及它的北側，俗稱：「五條通」；日據大正時期，這裏是日籍達官貴人的居住地，中山區成爲高級住宅區，是以這裏開始的。五條巷道，條條相通，從前都是日式的平房建築，每戶前庭後院種有檳榔、椰子、棕櫚、緬甸合歡或油加利樹，顯得十分幽靜。由於建物、環境相似，走進了這裏的巷弄，如入迷宮。

「五條通」的西南，是中山市場，這座市場從前叫照安市場，照安應是詔安的訛音，因爲這個地方，從前叫做詔安厝，在多數泉州人的居處中有少數漳州府詔安縣的人，居住在此。

往前行，縱向的大道是南京東、西路；這條戰後開闢的大幹道，是通往松山機場（以前是國際機場）和麥克阿瑟公路（北基高速公路）的交通大動脈，也是奠定台北東區發展的通衢。

站在中山北路的南京東路口，可以遙望著名的大稻埕圓環；這個十字路口的西面，是所謂的第一及第二邱大樓；乃從前「台獨」的領袖之一和名震日本的「賺錢學」專家邱永漢投資所建，他放棄台獨運動，「歸順」返台後，展現了多金的身段，這是「回饋」故鄉的諸多硬體建設之一；邱永漢從前還是文學少年呢！

南京東路、林森北路一帶，昔稱「三板橋」，乃因人們利用三塊木板搭橋，跨過原有的一條大水溝。橋的對岸，是日本人的墳場，民權東路殯儀館還未建造爲喪家服務前，這裏的殯儀館，是台北市像樣的送葬處，從前有一句罵人的話：「到三板橋」，意思就是走到「奈何橋」。胡適博士去世，就是在此成殮發喪；舊日的葬儀場，成了今日的林森公園，園內岳飛銅像的基座，昔日爲某人的故地，我們可不必去知道了。

一片水田的南京東路，今日券商號子和地下金融機構、期貨集團密集，尤以三段附近爲冠，享有「台灣華爾街」之稱；滾動的錢財比昔日的稻穗還多，眞是不能「同日而語」。

回到中山北路，往前直走，再過去一點，便到了長春路口，東北隅是彰化銀行大樓；日據時期，此處是「養神院」，爲私立精神治療病院，後來遷至松山，戰後改爲台北婦科醫院。隔沒多遠便是國賓大飯店。這座「國際級」的觀光旅館是前台北市改制前第一位市長、台灣省省議會議長黃朝琴所創設；原址曾被規劃蓋一座劉銘傳紀念館，用來紀念這位在台灣進行「新政」的第一任台灣巡撫，可惜沒有實現。

過了民生路，便是雙連埤，雙連埤或寫作「雙連陂」，指兩座埤池，《淡水廳志》云：「雙連陂，在大加蠟堡，距廳北一百二十里，屬九板橋下。兩陂相連，灌溉田一百餘甲。」

淡北鐵路的雙連站，即是因此池塘而得名，它是大稻埕南北貨的轉運站，當年由廈門、上海、福州等地來台的船隻，裝載著紹興酒、五加皮酒、布匹、紅棗、火柴……等，小船直駛淡水河在台北橋一帶卸貨，大船則停靠淡水港卸貨，利用火車載運至雙連站，再由手拉車轉運大稻埕批發市場，當時此地即有店鋪，因此雙連是「中山區

CIVIL AIR TRANSPORT
CAT

THE MARUYAMA STADUM, THE SUBURB OF TAIHOKU.
臺北市圓山運動場
方約三十町のさころにして緑な敷きつめた美
ールドでめろ、炎熱の下に全島健兒の覇な競
壯快なり、さどしに廣きスタンドも溢ろ。

❼五〇年代後中山北路成了國府的「外交大道」；近民生西路口，從前有CAT航空公司，因載來台參加亞洲影展的貴賓發生空難而「關門」；近年來，仍有沿用「CAT」招牌開店，改成了「Coffee and Tea」咖啡屋。

」的商業發源地。

南北二埤相連的雙連埤，從前有人養殖鰱魚、鯉魚，因爲有人濫捕，才被填平；北淡鐵路廢棄後，雙連將成爲捷運系統的一個轉運站。

西北隅的馬偕紀念醫院，是一九一二年十二月二十六日落成的老醫院，有人以爲這所綜合醫院是台灣北部第一位宣教士馬偕所創立。其實不然，馬偕初抵淡水傳教，他接受了美國底特律一位夫人捐贈的美金三千元之後，以她逝世不久的丈夫馬偕船長爲名，在淡水建造了「滬尾偕醫館」，這所醫院於馬偕博士蒙主召歸後，關閉了五年之久，一九〇六年，宋雅各醫師將「偕醫館」重新開張，然後建議在台北的雙連購地，建造一所更大型的現代化醫院，乃有此惠及無數病患的馬偕醫院。

東側有雙連長老教會，是北部很有名氣的基督教會。跨越錦州街便是台灣水泥公司，這座辦公大樓，以前是台灣神學院的舊址。

今中山北路二段一一二號（日據時期宮前町九十番地），是中華民國總領事館。一九三一年，中華民國政府派了林紹南擔任駐台總領事，來到日本的殖民地——台灣「視事」。

中華民國退出聯合國之前，外交還挺風光的；中山北路也成了各國大使館的集中地，這也是中山北路形成了異國情調的原因之一。

美國人打韓戰、打越戰，美軍顧問團進進出出的「凸鼻仔」（老美）更加頻繁，尤其是越戰期間，美軍僥倖不死在戰場的，來台五日假期中，第一站便選擇了中山北路，造成了鄰近巷內酒吧林立，妖艷的吧女出入，成了台北市的胭脂巷。

工廠重地牛埔庄

中山北路跨越民權東、西路後，今日人潮擁擠的晴光市場一帶，日據時期稱爲「宮前町」，意思是位於「台灣神社（宮）」前方的意思；更早之前，這裏稱爲「牛埔庄」，俗稱牛埔仔，係以牛群放牧之荒埔爲名，那時還有一片墓園在此。日據時期，這裏工廠達數十家之多，是台北數一數二的工業區。重要工廠有一九一五年成立的生智鐵工所、一九一八年成立的台北鐵工所、共成鐵工所……等等；今天的大同公司，便是一九三九年林煶灶（尚志）在這裏創下基業，以前「大同」是承攬土木工程建築爲主的工程公司，稱爲「協志商號」。

❽ 日據時期全台學生運動會的台北市圓山運動場。

農安街口，十四層高樓的匯豐大樓，是黃純青的故居——「晴園」，以「三朝野老」自居的黃純青，是名詩人，晚年主持台灣修志工作，為台灣文獻盡不少心力。

大同公司的南側，昔日是劉姓的聚落，地名稱為：「下劉」，因為較其他劉姓人家，居處位於更下方的關係。

圓山運動場

經過了大同公司和大同工學院，在民族西路口，今北區海霸王餐廳，從前是美軍駐台時期的熱門飯店——「樂馬飯店」後，過了這棟大樓再無櫛比林立的高樓建築了，而是「圓山風景線」的開端。

走過民族路口，便是台北市專用足球場，它是日據時代的圓山運動場，面積廣達二萬一千六百餘坪，是昭和日皇在太子時代蒞台時，當局藉機興建。一九二八年一月廿四日開工，三月底落成，共耗費了九萬八千餘圓，是全台灣學校聯合運動會的使用場地，觀覽席可容納三千五百人。有四百米圓周的田徑跑道和四個網球場。那時有一首學童們都朗朗上口的童謠，即是以這座運動場為題目。

「一二三，王先生；賢（方言俗字有作『爻』）做田，拖手車，戴草笠，圓山仔運動會。」這座當時全台最大的體育場地，戰時被改為陸軍醫院，五〇年代，美軍第七艦隊協防台灣，成了美軍顧問團的用地，直到中美斷交，美軍撤退，才被空了出來，而得恢復為體育場。

足球場朝北近圓山處，為中日斷交前的日本大使館，不僅建築優美，庭園設計也十分考究，只是而今館毀庭廢。

走離民族西路，在東側樹蔭遮掩的人行道上，有一座聖多福天主堂，這座不顯眼的宗教建築，多看幾眼，有淨心脫俗的感覺。

離開了市廛，走進了偎山傍水之地，便是圓山了。

圓山動物園

圓山，舊志稱龍峒山，以山形似倒蓋的圓簞得名，因臨基隆河，有清時代，大龍峒士紳陳維英在此築「太古巢」，是林幽境清，巖石嶙峋之地。《台灣通史》的作者

❾ 原址改為「中山足球運動場」，因正逢飛機航道，影響裁判的哨音，被評為錯誤的設計。

連雅堂曾有詩云：「作史評詩且得閒，春光催我上圓山。」足見此處風景的秀麗。

圓山名聞全台，是因爲有「圓山動物園」的緣故，而今廢園，遷至木柵，眼見動物已去，柵欄成空，令人懷思。

圓山動物園奠基於一九一四年，原爲一位日本人大江氏獨資所創建，是小型的私設動物園，一九一五年五月，台北廳收爲官營，充實設備，始稱：「圓山動物園」，一九二〇年，台北施行市制，翌年（一九二一年），將之移交台北市役所（市政府）接管，改稱爲台北市動物園，但是民間仍慣以「圓山動物園」稱之。

⑩ 這棟歐式洋樓，將成爲美術家的「俱樂部」。

圓山動物園的總面積爲一萬三千七百四十五坪，飼養過不少奇珍獸類，但它在日據時期是以搜羅熱帶及亞熱帶的毒蛇著稱。戰時，台北市遭盟軍轟炸，園方爲恐猛獸走散噬人，將猩猩、獅、虎、巨蟒……等電斃，製成標本，這些動物遺骸，我們以前可以在標本室看到。

市政府決定遷建動物園於木柵前，筆者曾有不要輕易廢園之建議，圓山動物園七十幾年的歷史，得來不易，應該改爲「圓山台灣動物園」，成爲收養、研究、繁殖台灣本土動物的中心，甚至如日本奈良一樣，將梅花鹿「生態放牧」，和遊客打成一片，培養民衆愛護動物之心，惜乎，這個呼聲微弱，「圓山動物園」已成歷史名詞了。

圓山貝塚，是史前先民生活遺跡，日本人曾列爲「史蹟」保護，而今因盜採，和建闢遊樂園之議，「存亡」問題成了學界爭論的議題，想市政府會有周全的計畫，不會再讓貝塚「埋葬」在歷史深淵裏吧！

圓山以前還有一座筆塚，那是在動物園北面臨河的小山丘上，爲台灣日日新報社所建，石碑所刻「筆塚」二字，每字大約徑尺，這座和「惜字亭」映輝，勸人珍惜筆紙，頗饒意義。碑高四尺六寸，橫約二尺的碑座，可惜於戰後被毀。

動物園北面坡道下，基隆河南岸是兒童樂園；這裏以前是八卦潭，《淡水廳志》有記：「八卦潭與劍潭相接，亦名石壁潭。潭側有巨石，將早將雨，石罅俱格格作聲，或名雞鳴石，又曰兩儀石。」

圓山動物園的對面，原台北市第二號公園預定地，戰後是一個小馬場，商人招徠動物園的小遊客來此，騎馬過過癮。一九八〇年動工興建台北市立美術館，占地六、二〇〇坪，以四合院立體化，具交疊迴繞趣味的美術館於一九八三年十二月二十四日完工啓用，再爲圓山風景線添一勝景。

台北市美術館的北邊，將臨近基隆河畔有一間典雅靈巧的西歐都鐸式建築，稱爲「圓山別莊」，原係日據時代大稻埕茶商陳朝駿在一九一三年聘英籍建築師設計興建，戰後，歸台籍將領前立法院院長黃國書所有，一九七九年，美術館予以徵購，一九九〇年七月十五日，開放爲「藝術家聯誼中心」。

太古巢的傳奇

《淡水廳志》載太古巢爲：「在劍潭前，圓山仔頂，陳維英建。」其地點後人考證爲在「圓山之東畔，基隆河之西畔。」今台北市文獻會在中山北路中山橋之南、兒童樂園前側立碑，太古巢舊跡即在附近。

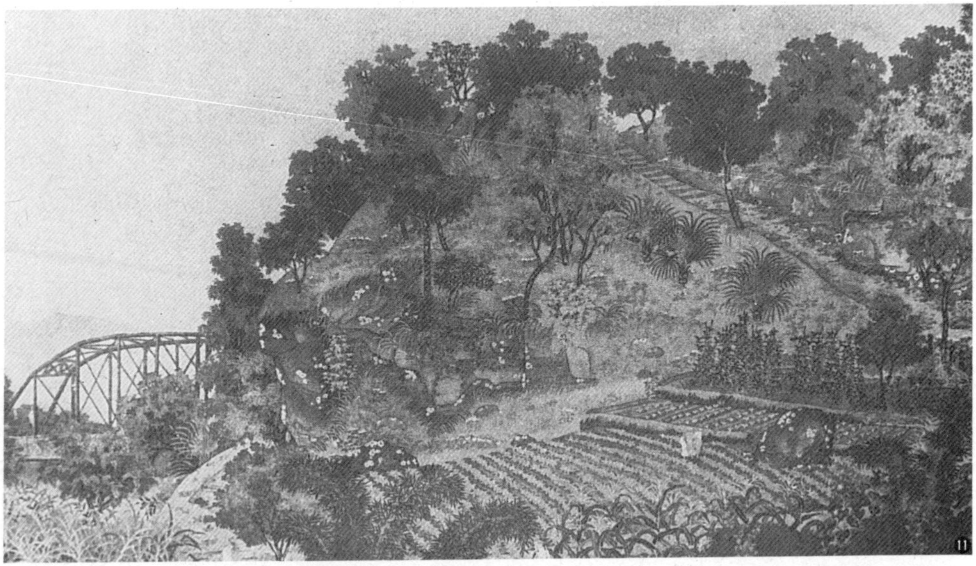

⓫ 郭雪湖所畫的「圓山附近」，此畫曾入日據時代第二屆台展，左下方可以看到圓山鐵橋。

⓬ 從前基隆河清澈，常有人垂釣，更有水上龍舟餐廳。

太古巢是陳維英晚年的別墅，他早年另有一間，係構建在獅子巖，齋名「棲野巢」。一般別墅，均題之爲園，何以陳老師偏愛取巢，這是有其原因的。據說：陳維英出生的時候，有一隻白燕飛在他家裏的堂上廻旋，而後悠悠然輕快的飛去，想是他懷想白燕與他有此之緣，因而以巢來爲別莊命名。至於民間傳說他是白燕投胎轉世，以

⑬ 初建時期的圓山大飯店，還沒有今日「瓊樓玉宇」的五星級飯店建築。

⑭ 圓山鐵橋是「北淡鐵路」圓山站到士林站必經的橋樑。

及在他去世的時候，那隻白燕再飛來盤旋，隨之墜死，自是無稽之談了。

太古巢倚山臨水，風景綺麗；連雅堂曾於一九二〇年攜眷遊此，曾詠七絕十二首，有「此間山水足嶔奇，石老林深位置宜。」之句。

太古巢在今日是中山區通往大直、內湖以及士林、石牌的要衝，而且變成了遊樂場所，喧嘩車聲、人聲，幾無寧靜時刻；我們僅能從陳維英的詩作，去追尋往昔空靈氣氛：

晴朝月夜最開懷，
風雨來時景亦佳；
竹戞琅玕泉漱玉，
梵音一洗古音諧。

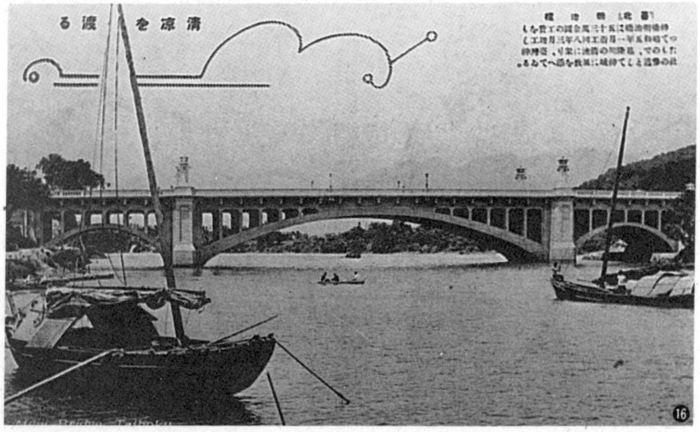

⑮ 日本人手繪的圓山風景線，當然他們強調的是「神社」。

⑯ 「明治橋」是台灣造型最典雅的橋樑，戰後改名為「中山橋」。

⑰ 美麗的橋樑，加上波光粼粼的基隆河。

晴月、風雨下竹聲、泉響、梵音，對他這種傾羨林泉情趣的人而言，不僅開懷，而且又有生趣。

> 月臨此地倍生姿，山靜水澄人醉時；
> 明月也耽山水趣，既斜欲落故遲遲。

不請自來的明月，不僅打扮得姿態萬千，來此赴會，而且也留戀此處勝境，不肯墜回。

> 隔一重江佛國開，劍潭寺隱碧林隈；
> 山僧日日通音間，故送鐘聲渡水來。

朗朗梵唱，鏜鏜鐘聲，此情此境，自然令人心曠神怡，洗去一切凡塵。

從明治橋到中山橋

中山北路的「前段」，過圓山後，須渡越基隆河，始通往「郊區」，一九一四年，河上曾建有一座規模不大的鐵架吊橋，是通往士林、大直、陽明山、淡水等地的通衢，因無法承受日見頻繁的交通負荷，一九三〇年，開始施工改建為鋼筋水泥固定拱形橋，歷時三年，始於一九三三年三月才告完工，橋長一百二十公尺，寬十七公尺，以磨光花崗石砌成高欄，配置青銅路燈，是典型日本風味的橋樑，其典雅、秀麗的外觀，可以說是當時全台橋樑之冠；此座橋樑當時命名為「明治橋」，是通往「台灣神宮」的「前站」。神社是奉祀征台皇族北白川宮能久親王的「神宮」。日本投降後，此奉祀日本「鬼神」的所在，自然被拆除，「神宮」的「鳥居」（石坊）以及各種石材，由畫家李梅樹廉價買得，遷至三峽，成了祖師廟的龍柱、建材。

「明治橋」戰後改名為「中山橋」；「神宮」原址改建了美輪美奐，號稱世界十大觀光旅館之一的宮殿式圓山大飯店。

士林、大直、內湖日益發展，中山橋為配合交通流量，兩側加以拓寬，具有特色的欄杆、路燈具被拆去，橋樑之美盡失，十分可惜。

中山北路前段的訪今探古，可以窺望台北市發展的部分情形，令人思懷古幽情；道路是交通的血脈，但也是喚起「鄉情血緣」的大路，您願放慢腳步，做一次尋古的探訪嗎？

⑱「中山橋」因是通往大直、士林的孔道，而加以擴寬，造型也因而破壞了。

饒有林園之勝的古亭

有「台北市文教中心」之稱的舊古亭區，面積爲六·六六三三平方公里，位於台北市西南部，新店溪北岸地區；本區面積雖不大，但因有台灣大學、建國高中、國立編譯館、南海學園，以及植物園、青年公園等設施，所以對囂塵彌漫的台北市來說，算是較爲寧靜、安謐的行政區。

穀倉古亭　隔離市廛

古亭區的命名，來自境內舊地名「古亭莊」，古亭莊涵括現在古亭區的大部分和城中區、大安區的一部分。據說，明鄭時已有泉人周阿戶（一說周賢明兄弟）拓墾。古亭莊地名的由來，有說是源自「鼓亭」，因爲鼓與古同音，當時，新店溪上游屈尺方面的「泰雅族」，常常偷襲莊民，大家爲防禦兇悍的「番人」，建造一座鼓亭，見有番人來襲時，擂鼓示警，以聚合莊民聯合對抗，以後，雖漢番和平相處，但同治年間，盜匪橫起，鼓亭示警的作用仍在。鼓亭設於何處，今已不可考了。古亭之名，源於鼓亭，可信度多少，不得而知。

另一種較可信說法是，先人移民墾殖，建造衆多古亭笨於此。古亭笨就是穀倉，上蓋如斗笠狀，外觀是圓形，以竹編壁，塗以泥土石灰；《淡水廳志》有內湖陂「灌溉大加臘西畔古亭倉」的記載，此「古亭倉」當必是「古亭笨」而名。

古亭是「城內」通往景尾街（景美）、木柵莊的必經之地，而且開發甚早，但是人口不多，從以前「人多必然廟多」的必然現象來衡量，整個古亭莊在有清時代，僅有寶藏岩、仙宮廟兩座廟宇，可以證之。

由於古亭是一片田野，而且離「城內」極近，第四任總督兒玉源太郎於一八九九年在此建有別業，名曰：「南菜園」；這座別墅落成時，兒玉曾邀約全島詩人一遊，藉以懷柔人心，當時曾將吟詠所得，編成：「南菜園唱和集」，這位統治台灣的日本武夫，也有詩作：

❶日據時代的「台北苗圃」，變成了植物館，這是台北苗圃的鳥瞰照片。

古亭莊外結茅廬，畢竟情疏景亦疏；
雨讀晴耕如野客，三畦蔬菜一牀書。

第五任台灣總督佐久間佐馬太的官邸，也位於今牯嶺街和南海路交叉郵政博物館附近；不僅二代總督的家居生活設在古亭，不少日本高官貴人宿舍也設在此區，如當時「台灣第一位博士」杜聰明，他的宿舍卽在今福州街郵政醫院旁；難怪，會隔離市廛。

戰後，「南菜園」曾是謝東閔的宿舍。

研究林業　建置林園

古亭區的植物園，是台北名勝之一，但不若動物園、新公園遊人如織，可能是大家認為此乃學術研究機關的關係。

植物園是日本人據台的第二年（一八九六年）就創建的；初名「台北苗圃」，一九一一年改稱「林業試驗地」，從事培植種子、幼苗，一九二一年再升格編制為「中央研究所林業部」；十八年後（一九三九年），取稱「台灣總督府林業試驗所植物園」，簡稱植物園，這是今日名稱的由來。

植物園面積約五萬二千坪，面積雖不算廣，但在市區內有此建置，也算難能可貴。植物園的土地，部分是以前艋舺大貿易商之一何家所有，日本政府徵收這塊土地時，何家雖答應土地轉讓，但一座祖墳，堅持不遷徙，日本人也沒有強令拆毀，所以荷池之畔有碑道：「好德故考炳南何府君佳城」的古墓一座。

奇樹異草、珍卉怪果遍布的植物園，不僅鳥語聲喧，而且有荷塘幽勝；園內曾有一座「亦亭」，所懸的楹聯雖字句平實，但是道盡植物園的怡人之處：

知己二三人，日遊亦可，夜遊亦可；
假我一兩屐，風到亭來，月到亭來。

南海學園　添增園勝

❷❸ 日據時代的商品陳列館前景與後景；這一棟建築物成了國府的「歷史博物館」。

國立歷史博物館今天珍藏的是歷史文物，日據時期擺置的是最新的商品。

「人們所以不遺忘植物園，是因爲有南海學園的緣故」，這句話實在並不虛假；因爲已沒有多少人會爲了尋幽探勝，來植物園一遊，多數是因爲參觀歷史博物館、台灣科學館、藝術館，而順道一遊；沒有南海學園，相信植物園是會很寂寞的。

植物園在日據時期的幾棟建築物是建功神社與商品陳列館、武德殿（設有柔道部

❹ 建造於一九二八年的「建功神社」，前有「神苑」，左方石柱的地方，後來蓋了「國立藝術館」。

❺ 「建功神社」的前殿，戰後被改爲中國官殿式建築，成了中央圖書館。

、劍道部、馬術部及網球場）……等。建功神社建造於一九二八年，是祭祀「領台」因公戰死、殉難的日本人廟宇，日本人走後，一度充當「台灣省國語推行委員會」會址，以及國語日報社社址。一九五四年八月，遷台的中央圖書館在此復館，建築物因不敷該館庋藏豐富圖書文典的存放，於一九六三年完成就地改建。而今，中央圖書館更遷館於中山南路新建的大樓。

歷史博物館就是日據時期的商品陳列館，戰後曾一度充當林務局員工宿舍，後收歸籌建「歷史文物館」，於一九五五年十二月四日開辦，第二年三月正式對外開放。創館之初，僅是木造建築，館藏文物主要係前河南省立博物館舊藏和日本歸還戰時所強奪之中原文物，對館中豐富的收藏來說，這座原以陳列商品的展覽館，顯得十分狹隘；記得，有一年一艘觀光豪華輪，帶了一批外國觀光客來此參觀，一位美國老太太就有感而發說：「收藏的古物，其歷史價值和精美造形，無話可說，只是一間號稱國立博物館，面積還比不上其老家所住的田莊，不免顯得寒酸了些。」當然並不是這個外國老太太的這句話，使當局決定擴建歷史博物館，因爲從此以後，博物館多方蒐集徵購，至於善士捐贈也愈來愈多，參觀的民衆更一再增加，於是一九五八年至一九六二年間，先後增建所謂國家畫廊、以及古物陳列室；更在一九七五年改建成中國傳統式建築，而成爲今日雕樑畫棟的面貌。

筆者就讀建國中學初中部時，適值植物園在大興土木的時候，因此我們曾戲稱植物園爲「築屋園」。在植物園籌劃南海計畫的是當時的教育部長張其昀，他除了「舊物」利用，完成了中央圖書館、歷史博物館之外，還建造了國立台灣科學館、國立藝術館、國立教育資料館、獻堂館等建築物，使這號稱南海學園的文化中心，各個館雖規模不大，設計囿於表示中國傳統，也不算富於創意，但形式具備，說是「麻雀雖小，五臟俱全」，也不爲過。只是，據說這些外觀尙稱宏偉的建物，幢幢都是違章建築，因爲當初都沒有辦理合法的手續。

植物園因被侵占爲建築用地，使其原有做爲調查研究台灣林業的功能大爲受損；因之，筆者認爲南海學園的聲名，既已凌駕原有的植物園，而以今日科技研究環境視之，今日植物園的格局、規模都已不備矣，不妨保留原狀成爲南海公園，而另在士林芝山巖或其他適宜地方，另闢一處廣大完善的新植物園，是想邁進現代化大都會的台北市，刻不容緩的必要建設之一。動物園都遷園了，留著一塊已不具爲植物園要件的植物園，是沒有什麼必要的。

❻ 建功神社前景。

植物園內尚留有一間清時代的建築物，便是今日林業陳列所，那是當年的布政使衙門，日據時期因原地興建公會堂（即今中山堂），而將部分建物遷移園裏面，算是植物園的元老級房屋。

植物園邊臨今和平西路一帶，清代爲荒埔，供作死囚的刑場，死刑犯經新起街（今長沙街二段）遊街示衆後，由西門押解至此，斬首正法，因此地名就稱之爲：「刣

❼今日的「南海學園」占去了植物館太少的綠地。

ㄊㄞˊ，殺也）人埔」，想不到林園之勝之植物園，還有此陰森森的地方！

文教中心　文人薈萃

日本人爲開發城外，於一九〇一年開闢城南幹道，戰後，這條植物園前的道路，取名爲：南海路。「南海學園」對面，是一幢紅樓，爲市立建國高級中學，在未實施九年義務教育前，設有初中部，是省立中學。日據時期，此校爲「台北州第一中學」，原只供日本人的子弟就讀，實施「日台共學」後，才有少數台灣學子得以進入此校；建國中學以一貫的優良傳統，成了台北市聯招的第一志願，和北一女齊名，諾貝爾物理獎得主丁肇中卽該校畢業生。

建國高中的西側是國語實驗小學，校址乃一九三一年二月，日本人創設的「台北女子高等學院」，以前就讀本校的，不少是達官貴人的子女。

建中東面，隔著泉州街口是美國在台協會文化中心，這座壯觀的新式三層洋樓，是日據時期於一九三〇年所建的台灣教育會館，戰後，改成了台灣省臨時參議會，當年論政的省參議員，有好幾位在「二二八」事變中喪命。一九五七年五月「劉自然事件」發生時，原在中山堂前的美國新聞處被毀，此處被讓做該處新址。

美國新聞處所舉辦最轟動的一件活動，是洪通畫展，這位素人畫家的第一次展覽，配合美國人的文宣報導，使南海路車水馬龍，盛極一時。

一九七八年，中美斷交，美國新聞處才改稱爲美國在台協會文化中心。

建中的對面行政院農業發展委員會，這一幢並不起眼的大樓，以前稱爲：「農業復興計畫委員會」，是美援的機構，由蔣夢麟博士領導，對戰後台灣農村耕作、生活的輔導，功不可沒，所推廣的「四健會」、「草根大使」等活動，仍爲人津津樂道。

由於農復會出入以美國人爲多，而且當年駐防美國的十三航空隊，也曾借用建國中學的教室爲宿舍，所以南海路一度有外僑區之稱；南海路行道樹以蒲葵爲主，葉大如扇，具有些異國風味。

練兵重地　青年遊園

古亭區還有一處公園綠地，便是面積三一〇、九四〇平方公尺的青年公園，目前為止，這個公園是台北市區內最大的公園，以大台北來說，也僅次於陽明山公園。

青年公園在日據時期是「馬場町」的一部分，此地在有清年代，東半部隸屬崁頂莊，西半部分屬加蚋仔莊（目前老一輩還是以「崁頂」和「加蚋仔」稱呼這二個地方）。

一八五三年（咸豐三年），漳泉「頂下郊拚」械鬥的時候，同安人據崁頂，築造銃樓，據以眺望新店溪畔中和莊一帶漳州人動態，以防止攻擊，日後漳泉械鬥不再，因為這是機鬪的場所，所以到日據初期仍為寬廣草埔，日本人將之闢為練兵場，供作部隊、騎兵操練的場所。練兵場，本地人則稱之為「陸軍埔」，因為日本人以每年三月十日的日俄戰爭勝利日為「陸軍紀念日」，是日，都要在此舉行盛大慶祝會，駐紮台北市的陸軍及各校學生都聚集參加盛會，並表演節目。

二次大戰期間，日本殖民政府將之開闢為南機場，今天，老台北市民還有以「南機場」來稱呼此地。

戰後，南機場的大部分被改建為高爾夫球場，一部分成為空軍眷村等用地；偌大一片綠地，僅供少數人揮棍活動筋骨，對寸土是金的台北市而言，是土地資源利用上的一種浪費，一九七四年四月八日，台北市政府正式接管，次年，開始分三期施工，一九七七年十月，這座設計以提供青少年活動為主體的青年公園施工。園內除了以兒童、青少年為對象的遊樂設施外，花壇、綠籬、花鐘、噴泉、綠廊、曲橋、水池、亭樹、草坪、綠蔭等景觀設施，亦無一不備，所以雖名：「青年公園」，但其利用價值上，稱為大衆公園也不為過。此台北市的一大「都市之肺」，惜因川流不息的遊客，不能發揮公德心，而且各機關團體經常借出舉辦遊園活動，因此，經常有人滿為患，不能讓人有遊目騁懷的感覺，是美中不足之處。

中華路二段末端入口，一直延伸到長泰街，有一條半月型的街，是為克難街，今日這裏的大樓國民住宅群，使人不再有「難民營」想像了；國府遷台之初，心存「反共抗俄」的「忠貞人士」，在這裏搭蓋簡陋的竹屋、草棚安居，集亂髒陋之大成，在一九六〇年代之前，十足是個落後地區。街名：「克難」，不是建築的「克難」，而是居民以「克難精神」為念；國府匆促遷台，財經困難、物資拮困，為使大家「共體國艱」，發起了所謂「克難復國運動」，號召憑大腦及雙手發揮克難創造精神，每年還選拔「克難英雄」表揚一番。離鄉背景的「忠貞義胞」，落足此處，形成一條長街，請求命名「克難街」，以誌克難興家、克難復國；最後反攻回去的「國事」問題，沒有成功，在台定居的「房事」問題有了成果，克難街的「時代意義」，不知會不會被寫在歷史裏，不得而知。

舊書店街　空留回憶

❽ 牯嶺街的舊書攤，曾是文人「挖寶」的地方，不少稀珍文籍留落在此，待價而沽。

北起南海路，東南斜迤至和平西路一段，東臨南昌街，西臨重慶南路的牯嶺街，清末稱爲龍口街，一九二二年，日本人改稱「佐久間町」。不少文人對這條街，有舊情綿綿的懷想，因爲它曾以舊書攤聞名全台。

牯嶺街的舊書業，起源於戰爭結束初期，當地的日本人被遣送回國前，整理家當，紛紛將值錢的古董、字畫、書籍等，拿出來販賣，想不到，這臨時的市集，在日本人走後，並沒有解散，而且有增無減，加以追隨國府的外省人，將由大陸攜台的字畫珍籍也拿來拋售，識貨的人，經常來此挖寶，牯嶺街成了舊書街，規模備矣！當年從何應欽將軍的官邸到廈門街，整排日本人留下有庭園之勝的宿舍圍牆前，有好幾十個專賣舊書的小店和攤位。

視書籍、雜誌爲累贅的人，常常會將以「本」計價買進的東西，論「斤」便宜的出售，經由「收古物商」（買舊貨的小販）之手，再轉進牯嶺街來，也有些爲人晚輩，不惜先人視爲珍藏的東西，將之輕易處理掉，因此也流落到這裏來。

牯嶺街經常可以發現「珍品」，買到一本書的作者題贈給某某人士雅正、賜教的書，是很平常的事；有時，會在書中讀到很精彩的眉批或註釋，更可能在一本書中發現夾著情書，或好幾枚未撕開的郵票，這種樂趣，不是買新書所可能享受到的。筆者不少藏書，即是從牯嶺街搬回去，研究台灣文史學者陳漢光先生的遺「書」，我即是以很低廉的價錢，向靠近廈門街一家舊書商買到的。

一九七三年十月，牯嶺街完成了全線路面改善工程，市政府當局以舊有書攤有礙市容觀瞻，強令遷往松江路光華陸橋地下室；如今，牯嶺街雖尚殘存幾家舊書攤，但風光不再，「舊書街」已成歷史名詞。

在林園之勝的古亭區，從前有著舊書攤這麼一個特殊景觀，更添增了文教中心的美譽，惜乎，今日舊書市集已經被遷至於光華商場，對愛書人和古亭區來說，都有股「迷失」的感覺。

渡船口岸　螢橋閃光

古亭的「渡船頭」（今中正橋畔一帶）濱臨新店溪，從前沒有橋樑，欲往今日的永和，要來這裏等「撐渡伯仔」擺渡；一九三七年，川端橋（即戰後的中正橋）竣工，旅客才不必搭船過河，「渡船頭」遂廢；通往渡船頭的要道，也就是今天的廈門街二十五巷，近和平西路北側有河溝，架座木橋，橋端多茅草，夏夜有閃閃點點的螢火蟲飛舞亂竄，小橋因而有「螢橋」之稱，而後，以「橋」名地，此地帶即稱「螢橋」。「北新鐵路」還在時，設有小火車站。今日，不僅此地不見台語稱為「火金姑」的螢火蟲，連台北市區，也難覓「螢光」了。

羅斯福路　大學之道

羅斯福路通往台灣大學，有「大學之道」諸稱。

這條西起中山南路、愛國西路口的幹道，行道樹栽種著大王椰子、榕樹、茄苳、欅、木棉、景觀頗為可觀，有清時代，它是沿瑠公圳岸修築的小道，所以從前由台北市區去景美多走水路。以後歷經拓築。然而在今師大路口以東，和路尾「台北帝國大

❾ 初闢完成的羅斯福路，高樓建築沒有幾棟。

❿ 日本人創辦的「台北帝國大學」，戰後成了「國立台灣大學」。

學」（今台灣大學）及水源地，在戰後還是寬僅十二公尺的路；一九五五年起，始分段拓寬爲四十公尺，當年修築這條幹道是基於「防空疏散」，因爲與海峽對岸中共政權正是對抗持續時期，那時還常有「不明飛機」侵犯台灣，空襲警報大作的情事。

由於，違建戶占據路面，而且居民不乏是隨國府遷台的「忠貞之士」，因此在拆遷過程中，頗費周章，還好台北市長高玉樹態度堅定，在合情合理合法下，解決了問題，得以完成這項當年被譽爲比修築萬里長城還要艱困的「浩大工程」。

羅斯福路，今日視之，沒有什麼了不起，但是在台北市改制前，政府財政經濟拮困的階段，實在是不得了的大建設，它也負起了「北新鐵路」被廢後，台北到新店的公路運輸功能。

石壁潭寺　奉祀觀音

寶藏岩原名石壁潭寺、觀音亭，位於羅斯福路四段一九六巷二十九號。寺當瑠公圳必經之處，寺廟興建與土地開發可以說休戚相關，以台北開拓來談，這一座台灣北部最早的觀音媽廟，應早在一七〇二年已建立；一八七一年的《淡水廳志》記：「石壁潭寺……康熙時人郭治亨捨其山園，與康公合建。」

本寺「爰於乾隆五十六年冬，置買水田……。」當年廟產涵蓋今日水源地，三軍總醫院一帶，所以有「觀音媽地」之稱。

這座比艋舺龍山寺還早的觀音廟，是重修龍山寺的福智和尙遺骨供奉之處。寺於一九二六年、一九六八年先後重建，古意無存。不過「四周環山，樹木鬱葱，而新店溪水縈洄如帶，景美仙跡岩之山色如畫，交相輝映其間」，此佛門聖地，還是值得一遊。

東西雙園　石竹絕跡

已廢的「雙園區」位於台北市西南端與舊古亭區爲鄰，北與龍山區（萬華）相接。這個昔稱「加蚋仔」的地方，因爲曾是台北的洩洪地，所以早先是一片無人居住的低窪沼澤區。

清初，福建同安縣人來此開墾，人數不多，炊煙稀落；初隸大加蚋堡下坎莊及擺

⑪台灣北部第一座觀音媽廟
—寶藏岩。

接堡加蚋仔莊；清末形成六村莊，即客家厝、堀仔頭、港仔尾、後厝仔、下莊仔、八張犁。日據時代，將本區大部分劃分東園町及西園町；戰後，將「兩町」合併稱為「

⑫台北仁濟院，位於今日大理街的巷內。

兩園」，名爲「雙園區」，面積爲五、二七〇九平方公里。

有清時期，今大理街是數條分割零落的道路，自東而西，分爲頂石路街、中石路街、下石路街、頂北厝街、滿花園街、印之街名，可知都是石頭小路。大理街是在一九五二年才舖成七二〇公尺的柏油路面，一九六〇年才再拓寬爲今日的寬度。

生活在台北「邊陲」的本區農戶，因土壤鬆浮，僅能種植甘蔗、梔子、茉莉、秀英（薰茶香料）。今中國時報社及其西，昔稱綠町，有日本人所設「台北製糖會社」，原係庄人楊埤所設糖廍，由楊碧山繼之，後爲日人收購。日據時期的大善人，有「乞丐之父」之稱的施乾，他設的「愛愛寮」救濟院也在這裏，收容殘廢、鰥寡孤獨的不幸者，是因爲這裏偏離「市區」。

一九三〇年代，因薰茶的香料滯銷，農戶乃改種蔴竹，所產竹筍，甘脆可口，而以「加蚋竹筍」享譽全台。

「竹」與「德」，在台語諧音，因此雙園區的十九個里名，均附以「德」字，如全德、立德、和德、惠德、興德、銘德、錦德……，頗有意思；然而聞名遐爾的「加蚋竹筍」，因竹園改建大廈，而使此台北名產，不能再在人們口齒留香，殊爲可惜。

一九八〇年夏，有位名叫岡村的日本大阪人，來到台北觀光，他說約七年之前，曾在台北被招待吃過一餐「加蚋竹筍」，永難忘懷，因此此次來台，想趁機大快朵頤，和家人一起享用，沒想到「加蚋竹筍」已經是「歷史名詞」，連台北人也都「不知也」！

不堪回「味」的，何止是「加蚋竹筍」的消失，台北市的蛻變，許多「傳統」逐漸的消失，令人有味同嚼蠟之感！

松山寺廟與青色山脈

松山機場，目前雖是國內航線站，但在桃園國際機場還沒有開放前，卻是台灣的國際空運門戶，擁有這座國際機場的舊松山區，位於台北市中央偏南，地當基隆河與大嶺頭丘陵之間，面積廣達二〇・七四七三平方公里，是台北市尚未合併鄰近六個鄉鎮，改制爲直轄市之前最大行政區。

地名源遠流長

松山，古名錫口，是凱達格蘭平埔族Malysyakkaw的遺址，此地漢字譯音多種，《裨海遊記》，《續修台灣府志》則稱「貓裏錫口庄」，更有「麻里則社」、「毛里即吼」、「麻里錫口」、「務里式口」的譯名。

「錫口」之由來，係以一七六四年（乾隆二十九年）余文儀《續修台灣府志》卷二規制篇番社條之「貓裏錫口庄」，刪去有沃野之意的「貓裏」兩字，僅稱不知何義的「錫口」爲本地地名。一九二〇年，日本人實施地方改制，將地名易爲「松山」，是純日本風味的名稱，據林衡道的說法是源自日本平安時代勅選「古今和歌集」的一首歌：「山盟海誓的我們，在此流淚而別，但願波浪不會吞噬整座松山。」

不過依黃得時的見證說，他在台北帝國大學文政學部舉辦的土俗學研究會，聽當時負責全島地名更改的內務局長水越幸一做專題演講，則另有如是說詞：「錫口二字，本係番語之音譯，原語有陰户或性交之意，以此作爲地名，頗感不雅，是故……決定更易之。奈何一時無適當名稱，乃姑以松山兩字代用。一俟全島地名更改告一段落時，再以適當名稱更替。詎料全島地名更改完畢後，正名仍付闕如，無已，乃以松山名其地焉。」

有「松山」之名，無松樹之實，難怪曾任錫口庄長的陳茂松有：「無松名概擬松

❶「不見碑刊錫口名」（黃梅生詩）；松山今已平地起高樓，已無農村景況，但是青山依舊在。

山，護植從茲莫等閒。」的詩詠了。

開發甚早的錫口

台北舊市區的開發，松山僅次於艋舺；一七四五年（乾隆十年），泉人沈用，進入此處，從事墾殖，繼而安溪籍民接踵而至，不數年，卽成聚落。一七五七年（乾隆二十二年），慈祐宮落成後，廟宇附近開始興築街衢，故云：「市廛之古，僅次於艋舺」。

一八一五年（嘉慶二十年），錫口市街已成艋舺至噶瑪蘭（台北到宜蘭）的要道，設有驛遞「錫口鋪」。

一八二一年（道光元年），《台北道里記》有：「艋舺以上乃東北行，錫口，有街市。」之記載，是窺知錫口是已有市肆之盛。

往昔基隆河河水充沛，有舟船之利，依山偎水的錫口是舟楫來往的重要渡口，當年進入台北平野的商船，常常在此夜泊，所以有「一流水過暝」的俗話。錫口免不得有了「港都風光」，成了達官富豪的銷金窟，夕陽西墜，斜暉脈脈的時候，此地舷船相接，處處絃歌。

同治年間，錫口茶肆酒樓、妓院賭場，林立江畔，加以這裏素以美女著稱，因此博有「小蘇州」的美譽。

一八九一年（光緒十七年），大稻埕到基隆段鐵路竣工，錫口雖設有火車票房（車站），但是基隆到台北間，客貨均以一車之便，互通往來，不再夜泊「小蘇州」，錫口沒有蒙鐵路之利，反受其「害」，加以基隆河床逐漸淤塞，影響航行，市況一落千丈，竟淪爲台北市的「郊區」了。

松山第一街

「錫口，有街市」；「錫口街」是今日的饒河街，饒河街長有六百公尺，西起八德路四段和撫遠街口，東至慈祐宮止；原擁有內湖、南港爲輻地的「鬧熱滾滾」松山第一街，因「港都」的沒落而衰微；戰後，名爲澆河街，後來去「水」從「食」，成了饒河街；更淪爲攤販集中場。一九七五年，饒河街拓寬，不過仍然沒有使街容煥新。

東區勃興後，松山車站的功能大增，而後，車站相對應的「慈祐宮」香火仍然鼎盛，於是有識人士乃有意「改造」饒河街，讓它重塑成一條有親切、活力的觀光街道。

於是，「饒河街觀光夜市」的規劃被提出討論，並付之實施。一九八七年五月十一日，「夜市」正式開幕，兩旁商店接納了攤販，以「共存共榮」的觀念，促使了「徒步街」的設立，成了逛街購物的好去處，只可惜，儼然恢復昔時風光的饒河街，誰去了解其「松山第一街」的歷史定位呢？

烏面媽祖宮

慈祐宮，俗稱「松山媽祖」，奉祀的是來自唐山湄州的「烏面媽祖」，該廟位於今八德路四段七六一號，係一七五七年（乾隆二十二年）安溪移民集資興建。

相傳，一七五三年（乾隆十八年），有一位泉州籍行腳和尚，法號衡眞，俗家名林守義，從福建侍奉湄州媽祖金身渡海來台，到處托鉢尋找安置分靈的福地，他走遍淡北，有一天，來到貓裏錫口，見社口坐北朝南，背靠九曲長流，似衣帶拖藍，前望四獸山峰，向獅伏虎，山川靈秀，鍾於一方，認爲此即爲福地，乃向當地士紳勸募，選擇鯉魚穴背水面山的佳地破土興廟。

慈祐宮復經一八〇一年（嘉慶六年）與一八二六年（道光六年）兩度重修，成了錫口地區住民精神的寄託，也是當地的官、民活動中心。

一九一〇年代後，慈祐宮因年久失修，剝蝕腐損，管理人陳茂松倡議整建，於一九一七年開始做全面整建，嗣以經費短缺停工，後由庄長陳復體繼其成。本廟楹聯頗多佳構，擇其二：

聖母普慈衷，海邦一體；
斯人皆赤子，錫口咸寧。

水德配天，海噬山陬，共仰湄州普濟；
母儀稱聖，津梁舟楫，咸欽淡北英靈。

每年農曆三月二十三日「媽祖聖誕」是慈祐宮舉行盛大祭典的時期，由洲尾、後山坡、中坡、五分埔、興雅、三張犁、車層、中崙、東勢、舊里族、頂搭悠、錫口、東新庄仔等十三庄輪值做東。

一如台灣的其他廟宇，慈祐宮也成了釋、道、儒的混合廟堂；右廡神龕所供奉的

2

養育神祇註生娘娘，一般註生娘娘都是配祀十二婆姐（又稱十二保母），六好六壞，各自懷抱一個嬰兒，以示生男育女，賢與不肖，憑求子婦女平日積德行善厚薄而定；而慈祐宮的註生娘娘卻有十三位，多了的這一位，人稱杜玉娘，祂原是當地的「產婆」（助產士），人稱杜姆，接生無數，從不收一文錢，這種爲孕婦義務服務的善舉，錫口人士感恩懷德，塑造一尊造像，和十二保母一起接受香火祭祀，成了別樹一幟的第十三尊保母。

兩位城隍坐鎭

慈祐宮鄰近有一座霞海城隍廟，雖然沒有大稻埕的霞海城隍廟名氣大，但也算是一座有知名度的「小廟」。

相傳，清末有一位同安縣下店鄉海邊厝人，渡海來台時，攜該鄉城隍廟之分靈，擇於錫口安身，且娶當地女人爲婦，遂將城隍爺供奉於女家，祈者求多有應，善男信女日多；後來，這位「唐山人」逝世，他的太太不敢自私，決定將神像獻給街民，大家感其誠，募貲於一九〇八年左右建造這一座霞海城隍廟，廟內有一副楹聯，足令做虧心事的人，心驚膽跳：

任爾爲非作惡，總欺了自己；
憑我辨冤察枉，曾錯過誰了。

松山車站的左側，也有一座供祀城隍的廟宇稱爲昭明廟，落成於一九二六年。座鎭的城隍原是城內撫台街台北府城隍廟其中一尊。日據初期，日本人施行市區改正時，擴充街道，拆毀原廟，松山隆安社代表者鄭江河、呂粒等人，不忍台北府城隍流落失「廟」，於是醵資建廟，奉移至此，廟有二聯，亦頗有警世之用：

善惡分兩途，願爾曹撫心自問；
陰陽無二理，惟有我執法如山。

昭顯知微，暗中作事難瞞我；
明察賞罰，正直無私祐善人。

永春陂嵐影波光

松山火車站南方兩公里的地方，即今松山路路尾處，便是四獸山，從前，四獸山下有兩座天然湖沼，內沼很小，只有兩三分地，外湖則有五六甲之廣，即「永春陂」，台灣人稱池塘爲「陂」，顧名思義，此因永春人來此開墾而得名。

「永春陂」嵐影波光，風景秀麗，白鷺、水鳥常聚此飛翔，更有遺世之感。遜清台灣巡撫劉銘傳，輒於政務餘暇，與僚友來此泛舟清遊，度此浮生半日閒，似仿浴沂舞雩之遺意；有云，劉銘傳嘗築別墅於此，惜其遺址，今不可得。

永春陂因流路阻塞，陂床淤淺，池面日漸縮狹，居民乃藉汀埔種蔬果，久之也在浮地耕作，更因山地開採煤礦，泥沙受雨水沖刷，使其面積減爲一坵田大，近年來，更被塡平，闢爲市立松山商職校址，滄海桑田，此亦爲例證。

❸ 有伏優虎、豹頭、天獅、象鼻之貌的四獸山一角，可鳥瞰松山市區。

❹ 永春陂曾是嵐影波光之處，今僅見一塊碑石，正是「獨對遺碑感慨多」。

❺ 四獸山絕壁，令人仰之彌高。

❻ 林江郁有詩：「四獸山陰路一條，春深野站雨瀟瀟」，山陰路上可見羅漢的塑像。

四獸山蒼翠起伏

四獸山以磊磊巨岩構造的山形，不經人工雕琢，而酷似四隻猛獸而得名，突於東方的山形似伏虎，南方則狀似豹頭，西側形狀宛若天獅，獅的西邊則有若象鼻；當年，市政府決定圓山動物園時，「虎豹獅象永春陂」曾被列為新動物園「排行榜」的考慮新園地點，可惜最後輸給了木柵，否則以四獸山近台北市東區之近，而且闢為動物園，可說「名副其實」，必可再成為觀光遊樂的新處所；不過因水源及缺乏平地，而拱手讓給了木柵，很是可惜。

山脈起伏，四峰比連的四獸山，登山步道林木蒼翠，是台北近郊交通便利的絕佳風景區之一，山麓新建「天寶聖道宮」，因規劃、設計未臻理想，而未能給此「世外桃源」之地，添增靈秀之氣，山腰有泥塑十八羅漢像，匠氣十足，沒有修行得道那種拔俗超塵的氣魄，此類塑像，不做也罷。

一九三一年二月，日據時期，「台北屠商會衆」曾在四獸山塑立一座「畜魂碑」，以為那些添入人類口腹的家畜召魂，感激牠們的「犧牲奉獻」，這可以說是人類唯一能對飛禽走獸表達的一種「仁心」方式，不過此「畜魂碑」曾因刻有昭和年代，戰後一度被破壞，還好一九七四年被再重立，不過，碑座四圍的小徑都被堵住了，而今，走近察看碑文都「行不得也」。

指筆雙峰對峙

離永春陂山徑大約三公里處，就到了海拔超過三百三十公尺的拇指山絕頂，拇指山又稱芳蘭山，這座山由台北市區望去，宛若往右手邊翹起的拇指得名。

拇指山頂，可眺望大部分的老台北市區，自古以來即為台北的最佳眺望台，且山徑野花布香，好鳥時鳴，因此成為健步登山者的最佳去處。山徑沿途有不少岩洞土穴，這些坑洞原是太平洋戰爭時期，日軍做為藏匿軍械和糧食之用，據說這些誓死如歸的日本戰士，準備在美軍萬一登陸台灣，據此打遊擊，和美軍再進行戰鬥；登臨山巔，有一奇峰，形如石筍，是拇指山的「指甲」，有稱之謂為大屯尖山的模型，從前日軍曾在此架設高射砲，以防禦來襲的美國軍機。

拇指山之東鄰，有高聳對峙之兩峰，高度與拇指山相差不多。狀似筆架，因之得

❼人類的良知未泯，他們爲添入口腹的畜生招魂，立了「畜魂碑」。

名筆架山。此山「老樹蔽日，山澗潺湲，百合杜鵑頗多，紅白相映成趣，懸崖絕壁之間，時見蘭蕙」，山巔可眺望台北盆地、文山諸峰和汐止以北等處，所以也是青年學子喜歡成群結伴攀登台北近郊名山之一。昔山隈村落，多以種茶爲業，所產製之茶，冠以「文山茶」，不過較正統文山茶品質稍遜。

松山區西南與大安區東端交界的六張犁一帶山丘起伏，人稱蟾蜍山，是爲台北市公墓，土墳壘壘，有礙觀瞻，是擁有不少青翠山嵐的松山區一大憾事。在「居不易」的台北市：死人也須爭地，當局實宜有更妥善的規劃，能使死者「安息」，才不致影響生者的活動空間。

六張犁公墓附近本有一座黃狀元墓，相傳這位黃狀元遊歷台灣時，不幸客死錫口，且不得歸葬，附近的人乃將他營葬此處；依民間信仰客死他鄉的人，陰魂不散，祭拜「有求必應」，而且傳說亡魂曾官拜狀元，因此信徒不少。

讓青山永在

一九五六年前，尚未利用美援貸款興修大幹道前，松山區沿公路地帶少數磚造樓房外，大多是木造或土磚造的平房住宅和農舍，以及烟囪聳立的工廠，台北市往「東」發展後，松山區很快的成了高級住宅區，高樓櫛比林立，所幸區境內的青色山脈，尚能保有「少變」的風貌；台北市的每一條河川，而今已被汚染得面目全非，我們實不忍再見這座青翠的山巒易「容」，讓它們巍然聳立，一如保存一鄉一地的故事，是我們的責任。

《卷二》新境素描

士林和芝山岩

舊士林・芝蘭街

台北市升格爲院轄市後，由原本的十區，合併了近郊的六鄉鎮，使轄區增爲十六個。十六區以士林區面積爲最廣，達六四・八七平方公里，較最小的建成區（後併入大同區）○・七六平方公里，幾達八十五倍。

這個台北第一大行政區，不僅擁有陽明山國家公園、天母公園、雙溪公園、芝山岩等名勝遊覽區，而且還有故宮博物院、中國文化大學、東吳大學、實踐家專、銘傳商專等學術、教育機構，名之：「士林」，可說名正言順；老台北人稱此地區爲「八前籃」，此乃「八芝蘭」之訛音，地名來源，可說源遠流長。

老士林係指位於台北盆地北部，基隆河東岸，劍潭山西麓的「八芝蘭」而言；原爲平埔族麻少翁（也有記載爲毛少翁）的社域Pattsiran地方，Pattsiran是土語「溫泉」的意思，因爲此地北部山地區，從現在的永平、倫等二里，至北投區大屯、泉源、湖山等里一帶，是溫泉地帶；更由於此地林木蔚鬱，乃有「八芝連林」或「八芝蘭林」(Pat-chi-Lan-nâ)的命名。一七四一年（乾隆六年），劉良璧修《台灣府志》時改稱「八芝林」，一七六四年（乾隆二十九年），余文儀《續修台灣府志》時，再改稱「八芝蘭」，後略稱爲「芝蘭」。一八七一年（同治十年），陳培桂《淡水廳志》，叫做「芝蘭街」。

古芝蘭街，也就是現在所稱的士林舊街。

士林地區是漳州移民所開墾，他們最早是住在石角（今岩山里、名山里及芝山里一部分）、芝山巖山麓一帶，形成較早的大聚落是在今文林北路與福國路美國學校附近，依潘光楷記：「士林舊街，古芝蘭街也。前清中葉，此地四通八達，集散地方土產，兼販運海魚，遠自金包里（註：今金山）、淡水、基隆或自桃園方面，負販者肩挑來去，當時不愧爲台灣北部物資集中地區；及至道光年間，台北商埠漸次宏開，河運之利用亦逐漸頻多，是時舊街之地點，已感不便矣。」

新士林・下樹林

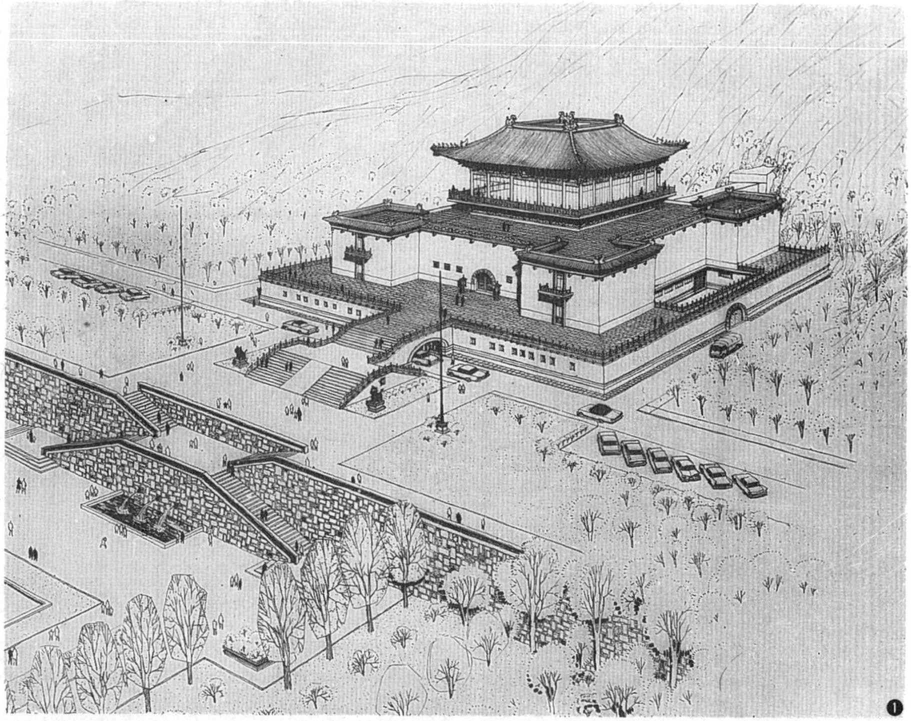

❶ 士林外雙溪的故宮博物院，這是最初的藍圖。

士林舊街並沒有因商業逐漸的發展，而滙成更繁盛市街，在一八五九年（咸豐九年）的漳泉分類械鬥，街市被大龍峒、社子方面的泉州人焚毀殆盡，一百五十餘年慘澹經營，毀於一旦。

舊街被破壞後，街民倡議重建，時縉紳潘永清力主遷地，獲得多數人贊同，乃擇於下樹林之處，另行建設新街，目前我們所說的士林，就是指「新街」這個地方。

下樹林，文獻上也有稱爲霞樹林，係因清代拓墾之初，此地樹木叢生而得名。現在士林人習慣上稱目前的福樹里爲下樹林，但是，當年下樹林應還包含「新街」在內。以後，「下」字被略去，簡稱作樹林，林字的河洛音有ㄌㄚˊ與ㄌㄧㄣˊ兩個讀音，取ㄌㄧㄣˊ音，則「樹林」與「士林」同音，筆畫簡省，又有「士子如林」的寓意，字義又佳，因此多數人據以爲士林這個地方的由來；但是否如此，不無疑問。至於，士林兩字始於何時傳世，說法紛紜，莫衷一是。研究台灣文獻的陳漢光在「士林地名研究」（刊載於《台灣風物》第四卷第五期，民國四十三年五月出版）一文裏面，即有二個不同說法：「（下樹林）最後又因『略』與『飾』的關係，而作爲士林，這名稱的實行，可能開始於光緒年間。」「這士林的名稱，可能是在同治年間（約三四年）建街以後所改稱的。」孰是，孰非，不能斷明。筆者再查詢《士林鎮志》，也語焉不詳。《台北市路街史》內士林區沿革，有如是說法：「**清末科名特盛，文風蔚起，諸儒士以地名欠雅，嗣後改爲『士林』，寓士子如林之意。**」再看《台北市發展史》，也有如是說法：「**清末寓意文人輩出之淵藪稱爲『士林街』。**」

但是，所謂士林街，乃日據時期的行政區域劃分的名稱，一九二〇年，始設士林庄隸屬台北縣七星郡，因此士林二字的命名由來，是否與其地文風有關，就令人要費一番心思去推敲了。

慈誠宮・潘家宅

「士林媽祖」位於大南路八十八號，稱爲慈誠宮，誠是「至誠感神」的誠，但經常被誤爲「誠」，稱爲慈誠宮（台北縣志也有此錯）是不對的。

慈誠宮初建於一七九六年（嘉慶元年）；故址在士林美國學校附近，爲大龍峒、社子方面泉州人所毀。由士林新街開拓者潘永清於一八六四年（同治三年）遷於今址創建。於一八八〇年（光緒六年）開基。今廟係改建於一九二七年，漳籍住民因「輸人不輸廟」，蓄意與台北泉人地區的艋舺龍山寺、大龍峒保安宮「比美」，不惜投下巨資。

慈誠宮建築不講對稱之美，左右兩邊各有章法，是一座「對場」（或稱「拼場」）的寺廟建築。左右各由兩位師傅設計、施工，工程進行中，不相協調。於是兩造各逞所能，展開技藝競賽，最後「合建」的廟宇，只好從「異中求同」去欣賞；「對場

❷ 芝山隘門，係漳泉械鬥年代所建。

」互比高下的痕跡，從「台基高低不齊；門臼大小不一；雀替厚薄不均」可以見之。

慈諴宮右前方對街，大南路一〇一、一〇三、一〇五，三坎店鋪爲潘氏家宅，潘永清爲建設新市肆，自建店鋪爲範，鼓勵大家仿建。潘宅前進（落）爲店面，中有天井、後進爲住屋。爲典型紅磚與土埆合砌斗子牆的台灣傳統店鋪建築。前落後門門額有題「第一戇窠」字句，後落正門門額則題「休管他人」，潘家以此示教子等，應有用心之處。

❸ 伊澤修二是日本政府派來台灣推行日語（當時稱爲國語）的負責人。日本人據廟設「教」，所謂「總督府學務部」，就是惠濟宮。芝山巖獨崎於一片沃田之中，難怪有「獨崎」之別稱。

❹ 「學務官僚遭難之碑」。六位「殉教」的日本人—因在台推行日語被殺的「六氏先生」。

反奴教・成聖地

至誠路的芝山公園，拾級而上，有石材所造隘門，原門有四，現僅存的西門，隘門門額上右上款爲「乙酉年」（註：一八二五年，道光五年），左下款刻「葭月書」係漳泉分類械鬪年代，漳人退守於此，防禦泉人攻擊的設施。

開拓初期，地域觀念的作祟，而發生了不惜生死的打鬪，生存競爭。如此激烈，先民的痛楚，實在是歷史教訓；咸豐年間械鬪的死者，有集葬的公墓設於惠濟宮附近，公墓題曰：「回歸所」，墓門刻有聯對：「回歸原有數；一所豈無緣。」

士林的芝山巖是日本人統治台灣時期的所謂：「教育淵源地」，也就是殖民政府推行「國語」（日語）的「聖地」，因此，以士林來取代八芝蘭、芝蘭，對統治者日本人來言，想必是期許這個地方爲會說日語的「其士如林」。

芝山巖，或作芝山岩，俗名圓山仔，或曰獨崎，嶺上有廟二座，東爲文昌祠，西爲惠濟宮；惠濟宮係一七五二年（乾隆十七年）鄉紳吳慶三所捐建，於一七六四年（乾隆二十九年）落成，崇祀開漳聖王。

一八九五年六月十七日，日閥在台宣布「始政」，七月卽調派伊澤修二爲台灣「國」（日）語傳習所的所長，假芝山岩惠濟宮爲所址，以爲進行奴化教育。日本人設「教」於惠濟宮，觸忤了台灣同胞的信仰，何況強迫接受日語教育，更爲台灣同胞所憎惡，難怪會發生反奴化教育的「芝山岩事件」。

一八九五年底，林季成、陳秋菊、胡阿錦等領導抗日民兵，密謀奪回台北，曾邀約八芝蘭人參與義擧，協攻台北城，十二月三十一日，大軍群集台北城下，和日軍展開激烈戰鬥。

台北城雖打得震天價響，但是，市郊的芝山岩卻毫不知情，第二天（一八九六年一月一日），適逢「日本仔過年」，「國（日）語傳習所」職員楫取道明等人，欲往台北賀年，行抵基隆河畔，見河中杳無舟影，卻遙聞對岸吶喊聲、砲火聲，此起彼落，知道事情不妙，急於打道回「校」，時八芝蘭抗日民兵，正撲向芝山岩，被他們遇著，大家爭相追擊，楫取道明、關口長太郎、中島長吉、桂金太郎等被斬於芝山岩下，硏井原順之助、平井數馬則被追殺，斃於舊士林畎邊；而後，抗日民兵一起擁至傳習所，搗毀教室的設備，並將日語教材和各類文件，一齊拿到開漳聖王前的香爐給燒了；復又殲滅來援日軍十六人。

陳秋菊等人所領導的反攻台北城抗日軍，被擊潰之後，日軍即派軍進駐八芝蘭，展開報復行動，他們迫令士林街「保良局長」潘光松等人交出抗日民兵，但不得要領，竟殺之洩憤。

日閥推行「國（日）語教育」，甫開始，就受挫，朝野震驚；日本內閣總理大臣伊藤博文，爲繼續推行奴化教育，於芝山岩撰書立碑，文曰：「學務官僚遭難之碑」復建神社，開闢參道，號稱爲：「教育淵源地」。

六位被殺日籍教師，亦被稱之：「六氏先生」，成了殉「教」偉人。一九一五年，當局甚至以「台灣教育會」名義，向全島募款，更逼迫士林人獻地捐工，修了新蹬道百餘級。台灣總督更明令宣布：每年二月一日，舉行祭祀大典，在台文武百官、學校師生代表，均參加祭拜；報章、雜誌屆時亦多發行特刊紀念，以崇其事。

戰後，這處被日本殖民當局視爲「教育發源聖地」的神社被毀去，改建立「芝山巖事件紀念碑」，以紀念台灣同胞反抗日本奴化教育的義舉。

芝山岩・眞士林

芝山岩是孤立水田中的小山崗，依林崇智言：「全山由第三紀之砂岩組成，其成因據測當在大屯山系未形成前，原爲海拔三百五十餘公尺以上山地之一部分，其後大屯山噴火，台北平原陷落深達一百公尺以上，頓成爲與海水溝通之鹹水湖，其時，在吾人的想像中，芝山岩無疑爲小島狀，聳立湖中，爾後，台北平原逐漸上升後，初爲淡水湖，後竟成陸地。」芝山岩山下的溪邊，以及台北近郊等地，曾被發現鹹水湖岸植物，即可明證台北平原曾是一片波光粼粼的大湖泊。

芝山岩，丘中植物多奇珍異種，爲生物學專家所重視，台灣特產者有四十餘種，其中八芝竹（矢竹）、八芝三叉蕨、台灣山紫蘇，且係在此地新發現之品種。

日據時期，「台灣總督府」曾指定芝山岩爲風景保安林區，列爲台北近郊自然植物的保護林；今天，此處雖列爲風景區，但來此一遊者，多爲觀賞奇石異岩：蛇蛤仔石、石象、石馬等而來，完全忽略了自然教育的教材，爲此，這些稀有植物，有被摧殘殆盡的隱憂。

圓山動物園，因爲要使動物和自然生態，能更緊密結合，而有遷建於木柵的大手筆建設；座落於南海路的植物園，而今也令人有格局愈來愈狹窄的感覺，遷移植物比動物遷居，更難萬倍，舊有植物園必要保存，但是，台北市迫切需要有一個更大空間的新植物園，我們何不認眞考慮去規劃、實行呢？士林已有幾所大專院校，再有一所林園勝地，必將因有「士」、有「林」，而更爲台北市添一特色！

❺ 芝山巖被日本殖民政府視爲「教育淵源地」，修道設祠，每年二月一日強迫台灣學生來此參拜。

台北溫泉鄉——北投

北投區位於台北盆地東北角，地當大屯火山彙竹仔山、大屯山、面天山等火山錐東南斜面至基隆河間。

北投之名，或云「北頭」、「八投」乃Patauw的音譯，據日本人考據是平埔族人「巫女」的意思，可能是此地硫磺煙霧迷濛，先住民認爲有巫神在，而以名之，不過，是否如此，不得而知。

西班牙人、荷蘭人占據北台的時候，聽說此地產金，都想發一筆橫財；荷蘭人曾派了一組三個人的探險隊到北投山區找尋金礦，他們的黃金夢雖然失落了，但是，卻發現熱流滾滾的硫礦地，不過，他們尚未及經營開採，即被鄭國姓給逐出台灣了。

一六九八年（康熙三十七年），浙江人郁永河奉旨來到了這蠻煙叢林，野草漫漫的地方採取硫礦；郁永河到北投，係溯行磺溪至毛少翁社，後翻越山嶺，才達到今日陽明山與北投間公路上的硫磺谷。

天母地名的淵源

郁永河走過的毛少翁社，就是今日的天母；有個以訛傳訛的說法，說「天母」這個地名是源自台語「聽無」。當年，美軍協防台灣的時候，老美高級軍官宿舍就設在天母地區，有位美國軍官想了解他們身居何地？以英語向當地一位老農問說：「這裏的地名叫什麼？」這位憨實的莊脚人，實在聽不懂他說什麼，很老實地回答：「聽無」，想不到這位美國佬自作聰明的，以爲他得到了答案，於是很得意的告訴同伴說：「我們住的地方就叫『聽無』。」大家信以爲眞，英語的「聽無」傳開後，台灣人爲了給他一個譯名，以「聽無」與「天母」的諧音，「天公地母」，滿好的，也就譯成了「天母」。

其實，天母的地名是源自於一位神祇——天媽；日據時期，當地的神棍勾結了日本神棍斂財，謀設神壇，於是搭蓋了一間小廟，供奉他們所謂的天媽，給人膜拜，日本人因看不慣「天媽」的「媽」字，乃改稱爲「天母」；「去拜天母」成了「去天母拜拜」，天母就成了這個地方的地名了。此廟後來被拆毀，但地名卻留了下來。

天母在日據時期，是個有鄉間野趣的小地方，從前有一家日本人經營的天母溫泉，而今，溫泉之勝不僅在天母無跡可尋，而且，近幾年來天母已蛻變成高級住宅區，高樓櫛比，今之視昔，滄海桑田，令人噓吁！天母的行政區域，被規劃爲士林，而非北投。

北投市街的開闢

郁永河短暫的採硫工作，並沒有給北投地區帶來繁榮；此處原爲番社，實爲化外

❶一九三七年「北投草山鳥瞰圖」；右上方爲大屯山，左下角即是「新北投火車站」。

❷北投的溫泉，煙霧瀰漫，頗有詩情畫意。清康熙年間郁永河來台有「崇岡湧沸泉」之句。

之地，因之，亡命之徒潛到這裏，私製火藥，乾隆年間，當局爲杜絕弊端，下令封礦，使這裏成了禁區，連小規模農墾都得不到官方許可，以致北投有長時間是蠻荒未墾之處。

一八八七年（光緒十三年）設腦磺總局後，北投的市街才漸漸形成，但是面積不廣，初闢的市面，也就是所謂「舊北投」；一九一九年，淡北鐵路在北投溪（磺港溪）之東「磺港後」建造北投支線，名曰「新北投驛」，此地乃被稱爲「新北投」。

不過，要探尋北投更早的開發痕跡，要到頂八投山區的十八分（今泉源里），這裏海拔約二百公尺，是泉州人詹、王、陳、曾、吳等十八姓，向先住民承購的土地開闢，十八分殘存的房子都由石塊砌成，古樸淳厚。

漢番劃界的石碑

因興建捷運系統，一九八八年七月四日北淡鐵路走完了最後一班列車，當年全線長二十一點二公里，設九個停靠站的北淡鐵路，士林往北的次一站便是石牌。石牌因有榮民總醫院、國立台北護校，而從鄉村小鎮成了人人知曉的地方；其實，目前我們所稱的實爲「大石牌」，將「唭哩岸」給併入了。

今日的石牌路，有清時期即闢有田塍小徑，東北行經唭哩岸至磺溪中游溪畔止，對岸爲麻少翁社，即今日的天母士林一帶。

「石牌」係「石碑」的意思，其地原由「番民」耕墾。一七二〇年代，有漳州人賴、魏、謝三姓來此地開拓，因侵占「番民」土地，時起爭端。一七五二年（乾隆十七年），淡水同知曾日瑛，爲解決漢番土地糾紛，乃立碑劃分漢番持業地區之界限，用以杜絕爭執；碑文爲：「奉憲分府曾批斷東／南勢田／園歸番管業界」；「漢番界碑」一共立了幾塊？沒有確切文獻查考，有云三座，或云五座。一九一九年《台北廳志》記存有兩塊，一在「石碑莊」，一在「磺溪莊」，石碑莊界碑原立於石牌火車站右前方，可能即今北新公園碑林中的那一塊，而璜溪莊的界碑，目前被移於石牌派出所的庭園中。

唭哩岸街開發早

石牌路以北，唭哩岸山、烏尖連山以南，西以北投溪爲界，東至磺溪溪畔，稱爲唭哩岸。往昔是舊淡水河向北投突出的彎曲地帶，形似內灣。《台北市發展史》有記：

「唭哩岸Ki Li Cān卽凱達格蘭平埔族語之Ki-irigan之譯音字。按凱達格蘭語與菲律賓塔卡羅克語諸多一致，菲律賓群島西北一海灣稱Bahialrigan其Irigan與唭哩岸似有類同之處。」

唭哩岸是漢人在台北地區最早的開發地點，《淡水廳志》〈封域志〉云：「淡水之開墾，以唭哩岸始。」台灣的開拓史，唭哩岸社是移民還未去開發大平原前一個典型的標本，林衡道在《鯤島探源》有如是的說明：「大凡台灣最早期的大陸移民來台的時候，都是進去番社跟番人雜居爲恆例。爲什麼呢？因爲在台灣，那些地勢高隆，背山臨流，立地條件良好的地方，早就已經被番社佔去了，像這樣的地方，因爲背後有山丘，颱風來時，有山擋著，房子不會被吹倒；前面有河流，有舟筏之便，而且，在這樣的地方，隨便挖水井就可以有水，燒飯用的薪柴，可以從後面的山中取得，是很理想的住址。」

唭哩岸街（今立農街），是淡北最早的市街，往昔商旅由台北入淡水，均經由此處，而且，唭哩岸且是淡水河船集的裝卸地和休憩地，所以繁榮一時，商賈富足，諺曰：「九萬二千七」，即是說此地的萬金富豪有九名，千金富豪則多達二十七人。

日據時期，淡北公路的關築不經唭哩岸街，北淡鐵路興建，也捨此地，且水道逐

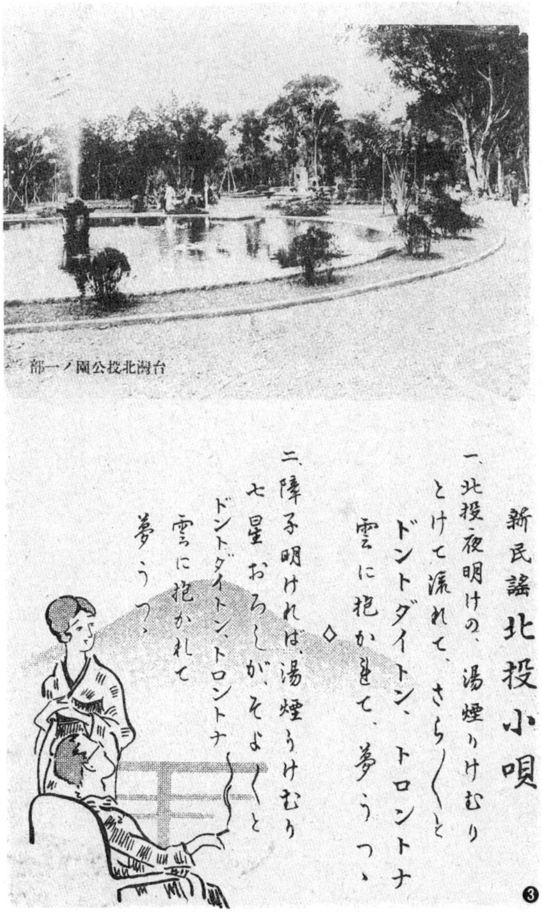
台灣北投公園ノ一部
新民謠 北投小唄
一、北投夜明けの、湯煙りけむり
とけて流れて、さら〱と
ドントダイトン、トロントナ
雲に抱かれて、夢うつゝ
◇
二、障子明ければ、湯煙りけむり
七星おろしが、そよ〱と
ドントダイトン、トロントナ
雲に抱かれて
夢うつゝ
❸

❸日本人喜好溫泉，北投自是「旅遊之地」；這是日據時代風景明信片，介紹北投公園；並編有「北投小調」，歌詠這個「溫泉鄉」。

漸淤淺改道，因之士林崛起後，唭哩岸便沒落下去了。戰後，始有第二街——吉利街的建立，此街名即是「唭哩岸」改爲諧音「吉利」得名。沒落的唭哩岸很快的已成歷史名詞，難怪蓋在此地「五人公」（五人合夥墾殖的種地）的榮民總醫院，大家都稱「石牌榮總」，連建築在唭哩岸山的陽明醫學院，也稱之「石牌的醫學院」。

北投溫泉的濫觴

唭哩岸的沒落，也與北投溫泉的開發有關。北投溫泉是由硫磺而來，清時郁永河來北投採磺，是做爲製造火藥之用；一八九四年（光緒二十年），有德籍硫磺商人奧里發現了此處的溫泉，當時大家都不明白溫泉的功用和價值，所以這位德國佬就獨享了此天然資源。

一八九六年，日本商人平田源吉看準北投溫泉具有觀光、商業價值，於是投資創辦「天狗庵旅舍」，這是北投溫泉旅館的濫觴。

北投溫泉正式開發則在一九〇五年，因日俄戰爭的日本傷兵，不斷被運送來台療養，統治當局乃於北投設置陸軍療養所，於是北投溫泉乃被大量採用。

北投位於火山彙集的大屯山下，所以溫泉是地熱生成，大致可分青磺與白磺，四季不竭。東瀛溫泉旅舍事業一向很發達，日本據台時期，他們的「建設」，當然也不忘於溫泉地區的開發與利用了。大和民族有男女同浴公共浴池的習俗，他們不顧被台灣人批評爲「有禮無體」，也將此陋習帶來台灣。一九一三年，日本當局以七萬圓日幣的大手筆，蓋了一間壯麗西式建築「北投溫泉公共浴場」，當時，在日本國內也少有如此壯觀的大澡堂。此後，星之湯、松濤園、新薈芳、沂水園、新秀閣等等溫泉旅館、酒樓，如春筍般設立，而使北投成了粉香脂膩、笙歌不斷的銷金窟。

三面環山，溫泉環湧的北投，有「磺泉玉霧」及「梵刹鐘聲」、「北投夜色」三大勝景；因此曾名登台灣八景十二勝之一，以及台灣四大溫泉區的榜首。

地熱谷磺泉玉霧

由舊北投換乘單一車廂的柴油火車，轉至新北投，是北淡鐵路的一大特色，這條支線僅有一點二公里，車程只有一分半鐘；可惜因捷運系統的興建，這段鐵路已被拆除。

新北投火車站前的北投公園，是北投溫泉區的中心，這座依著山勢，富於自然野趣的公園於一九一一年就開闢了。園中北端有北投溫瀑，此瀑布上了游池沼卽是北投溫泉的湧口之一，人稱「地獄谷」，當地人稱之爲「磺水頭」，又有人稱之「鬼湖」，其有如此恐怖的名稱，據說是有人誤踏谷底軟地，失足跌倒而被燙死；雖然，當局

❹「湯之町」（溫泉路）是當年的十二勝景之一。

❺一九一四年完成的北投溫泉公共浴場，規模不少。洪以南有詩：「浴之氣爽然」。

覺得「地獄谷」，給人一種怕怕的感覺，而以其水色微綠似玉，改稱「玉泉谷」，但是，遊客還是以瀰漫崖谷迷濛磺氣給人的一種神秘、詭異的感覺，所以還是「捨雅入魔」，習慣上仍稱「地獄谷」，近年來，才又改稱「地熱谷」。

高達攝氏九十度以上的熱泉蒸騰，雞蛋很容易被煮燙成熟，難怪很多人都來此利用地熱煮蛋、煮地瓜。

冬季裏，地熱谷因四周氣溫劇降，泉水蒸發遇冷氣流，化爲細霧，旭日初照，霧氣因光影產生無窮變化，有著如夢如幻的意境，此「磺泉玉霧」凄清、超凡之美，惜乎，少有人懂得欣賞這種不似在人間的神奇景致。

❻北投公園建於一九一二年，幽雅的林園，引人入勝。

梵剎鐘聲處處聞

連雅堂有詩：「溫泉滑膩山花美，相約湔裙上北投。」上北投「尋芳探幽」，想不到在今日竟成爲「有色」名詞，不無遺憾；其實艷名四播的北投，也有蒼林幽泉、山中古剎的「梵剎鐘聲」勝景。

頂北投的善光寺位於海拔一百七十公尺，住持是俗家名吳寶珠的淨尼，曾在日本京都大學，研習佛法；蓋廟成了「新興事業」的今日，這座山蔭道上的寺院，令人有超凡脫俗的感覺。

法藏寺離善光寺不遠，這座尼庵，一塵不染，令人淨心諦視；寺中有一口大鐘，有「不動鐘」之名，據說，太平洋戰爭時期，日本當局要徵收它鑄造槍砲，但是費盡辦法，就是無法將它卸下，此鐘有靈，不肯淪爲殺人軍需品，一時傳爲美談。

頂北投還有一座玉皇閣，係日據時期日蓮寺改造，這座道觀附近有巨石、松林、山泉，頗有遺世的幽境。

新北投站北約四公里，海拔三百公尺的十八份山中有法雨寺，係大同公司創辦人林尚志捐資建造；離寺僅半公里有大慈寺，有柑園、桃林，每逢陽春時節，桃花怒放，美不勝收。

新舊北投交界，有中和禪寺，茂林奇岩，富林園之勝，寺後有一道曲徑，可登石尖連峯；高度爲一六四公尺，適於攀岩練習的軍艦岩，即在此處，另有一突兀巨石，狀似豬頭，名曰「豬頭石」；更有趣者，另有三大巨巖，形似三位老僧打坐，當地人稱「三頭陀石」，傳說，它原爲一整塊巨石，有一天，一陣暴風雨，雷電交加，轟然

❼ 來往新北投與舊北投之間的柴油火車，僅有一節車廂，今已不再有。

❽ 北投法雨寺，如此石砌，不見雕樑畫棟的寺廟，今已不復多見。

一聲，巨石裂開，跳出三位穿著袈裟和尚，騰雲昇天而去，從此巨石變成了如今模樣，此類姑妄言之的傳奇，可更增添探幽人的情趣。

溫泉道上，斜陽送晚，梵刹鐘聲傳自深山幽谷，聲聲迴盪，漫步山陰，名利何物？恐怕都不知曉了。

當然，北投的名刹古寺，還有不少，如普濟寺、安國寺、慈雲寺、靈泉寺、妙光寺……等等。

蒙羞的北投夜色

「北投夜色」會被列入北投三景之一，想這是「北投之所以爲北投」的緣故吧！畢竟「食色」是人類的本性。一如其他有山林之勝的風景區，北投夜色原也應是屬於深閨怨女型，充滿神秘，寧謐之美，不幸，從日據時期，它就被嚴重污染成「溫柔鄉」了，前幾年，北投的溫泉浴還曾在國際間被渲染成台灣觀光的特色。

有人說：「北投的生趣，是從入夜開始的。」當璀璨的晚霞給大屯山作最後裝扮後，北投「夜生活」的序幕才開始被拉開，鶯鶯燕燕，紛紛「飛」入山中，有一種三百六十行外的所謂「限時專送」，應運而生，摩托車成了接運這些打扮妖艷應召女郎的交通工具，穿梭在山道上，「限時」送往各家飯店旅館；一九七九年，政府廢娼後，北投的溫泉旅社生意曾一度蕭條過，但還是死灰復燃。

近年來，不少觀光級旅館，林立山區，將山色布置得燈光燦爛，來此買醉消魂的人們，他們沈迷在流行歌曲的聲浪中，眞不知今夜何夕？

「到北投去玩玩如何？」這句話近年來已被視爲超出正常應酬的題外話，往往給人一種醉翁之意的詭異感覺，北投這個溫泉鄉，會淪落爲溫柔鄉，成了特種營業場所，對此旖旎風光的風景區，應是很大的羞辱。

當局曾費了不少心血，想將這距台北市中心僅十二多公里的北投，建立爲老少咸宜的度假休閒勝地，但是色情不除，一切的設施必然是枉然的。

台北未開闢之前，是沼澤處處、瘴癘重重之地，北投地區提供了漢人在台北初闢的第一個落足地，歷史意義不凡，《台北開拓史》的第一頁便是從北投地區開始寫的。」如果這個歷史教育，給下一代的認識是：「哦！那個燈紅酒綠的北投。」那是多麼不幸！如何拂去北投蒙上的塵垢，是大家的責任。

名山勝景話陽明

陽明山原名「草山」；《台灣府志》載：「草山，以多茅草故名。」在未開發爲風景區前，可以想像山區是一片白茫茫的菅芒（茅草）。今日，台北的耆老還是慣以「草山」稱之，說：「去草山看櫻花！」

陽明山不是指一座獨立的山峯，而是海拔四百四十三公尺的天然谿谷，因此稱爲「陽明山區」，比較「名正言順」。張其昀在《陽明山新方誌》序說：「陽明山爲山岳群之總名。」此乃「泛陽明山主義」的主張，不足視爲「常態」的看法。

陽明山區是大屯山系的一部分，位於台北市區北側，南俯台北盆地，北以面天山、大屯山、小觀音山、七星山、五指山等連線，與大屯山火山群北麓毗鄰。

被遺忘的魚路

從台北市區上陽明山，主要兩條公路，一爲從士林到「前山」，一爲從新北投到「後山」；陽明山還有一條盤山越嶺的公路，可以直達台北縣的金山鄉，風景線極美，這條「陽金公路」未闢之前，有著一條徒步山路。

金山鄉、舊名金包里，從古就是個小漁村，當地的魚貨挑運到台北來販賣的行徑山路，被稱爲「魚路」，和「茶路」是「異曲同工」的「產業道路」，皆有名於一時。

從前舟車不發達，而且開闢的道路有限，因此抄捷徑，是節省路途和時間的好方法，金包里的漁民捕了魚之後，連夜趕路，挑著魚，越大嶺、經山豬湖這條捷徑山路，到八芝蘭（士林）、大稻埕趕集。全程二十餘公里的「魚路」路線，約相當於今陽明山區菁山路及鄰近山谷小徑。

漁民以魚易錢後，再循原路回金包里，休息一天後，第二天再「討海」（出海捕魚），然後，再上「魚路」，來台北求售，周而復始，辛苦可知。

以後，日本人建造了金包里到鷄籠（金山到基隆）的輕便台車，當時漁民就不再走「魚路」，而得利用台車將魚獲運往基隆，再轉運到台北大稻埕來。「魚路」古道，是探幽尋古山徑，值得走一趟！

從嶺頭到永福

士陽公路係一九〇三年（光緒二十九年），日本就舊道拓築，從今中山北路五段

❶ 日本畫家吉田初三郎所繪「草山溫泉鳥瞰圖」，右下角為台北盆地，遙望上方的大屯、七星諸峯，山中「德抱」便是草山風景區。

，東轉福林路，接仰德大道、格致路、陽明路，即達陽明山區。我們從這條「今道」做「訪古尋今」的探訪：

從芝山岩下順著三十度許的山坡北行，沿途相思林夾道，經過三個大轉彎後，到達華興中學；仰德大道一段轉彎處之南，舊名「石角」，以多大石得名。

仰德大道二段起點巷內，有「台灣神學院」，神學院原在雙連（今中山北路台灣水泥公司）爲遠離市塵，而遷上陽明山區，此地稱（嶺頭），俯瞰山下，平疇千里，「嶺頂之頭」，倒也名正言順。

從嶺頭上行，至莊頂路間，昔稱「莊子頂」，原爲農地及原始林木區，能得此名，想必是先人建有村莊後而得此名，今日有百餘戶高級別墅，不少外僑擇此而居。

過「基督教浸信會」而上，爲「永福里」。「永福」之名，可能寓意爲「永遠居住之福地」，必爲來此開墾的先人所留吉祥地名；「永福里」包括「莊子頂」和「拔子埔」二處小地名。拔仔爲番石榴的台語，從前此處必有一大片的拔仔林。

位於石閣山下的「永福里」，依文獻記載：「康熙末年，閩人楊君略、鄭兼兩人合資經營果園，桃苗選自漳州，年復一年繁殖，面積竟達一百六十公頃，果實甘美，年產四十多萬公斤，從此『士林桃』名聞遐邇。」士林桃而今未再有所聞，倒是「草山柑」（橘子）有點名氣！

華岡與紫陽

轉由沿街歐美式一層鄉野別墅的愛富二街，經華岡路是爲「山仔后」，此地位於四百二十一公尺大崙尾山的「山之後」得名。「山仔后」自一九六二年春天，中國文化學院（今已升格爲大學）在此建校，該校創辦人張其昀以「美哉中華，鳳鳴高岡」來命名校區，想不到，一所學校所在地，竟成了一地之名，今日年輕人都說「華岡」，而不言「山仔后」了。

私立中國文化大學的建築物，全係仿中國古代宮殿式建築，由盧毓駿教授設計，誠如該校大成館所懸的一副聯對：「承東西之道統，集中外之精華。」這是張其昀白手創校的「理想」，理想的實踐，當然不是一蹴可幾，不過學校規模已備，予陽明山添一勝景，是不爭事實，不過瓊樓玉宇，當不止僅予人「高處不勝寒」的感覺吧！

從華岡北上，是爲菁山，這座位於七星山之東的小山，因紀念宋儒朱子（朱熹）

❷ 草山貴賓館，是日本達官貴人的休閒之所。

之紫陽書院，被改名紫陽山。

紫陽山爲外雙溪與紫明溪的分水嶺，均爲基隆河之支流，注入於淡水河；紫明溪原名「磺溪」，又是以紀念朱熹、王陽明而更名。經紫陽山、陽明山莊（國防研究院），可抵海拔一一二〇公尺七星山西坡之中山樓，中山樓係建成於一九六六年十一月

❸ 草山溫泉公共浴場。

十二日，是規劃設計新店花園新城的建築師修澤蘭女士的傑作。

草山的開發

日本人因發現溫泉，而決定開發峯巒層疊、林木華滋的草山。首先建立一座大型露天溫泉浴場，接著設衆樂園，後來梅館、貴賓館、鄉野別墅等也相繼設立。

一九二〇年，台北到草山的道路初闢；一九二九年開始有定期公路車行駛，一九三五年，更在這條山徑道路鋪上了柏油路面。當年十二月二十七日，「台灣總督府」成立的「台灣國立公園委員會」公布台灣設立三個「國立公園」，面積八、二六五公畝的「大屯國立公園」卽爲其中之一，草山卽在此範圍內，不過日本人的「國立公園」，僅限於規劃階段，後因他們掀起戰爭，而未實現計畫。

戰後，一九四九年七月十四日，國府設「草山管理局」，並轄士林、北投二鎮；後來爲紀念「明朝王陽明的戡亂精神，與知行合一（學說）」，於一九五〇年三月三十一日，易「草山」爲「陽明山」。從此，此深具草根性的鄉土地名，有被遺忘的感覺。有關「草山」被易名，有個傳說，是說蔣中正來台時，選擇居於此處，不願有「落草爲寇」之譏，而要求更爲「陽明山」。

由於陽明山有總統的別墅和休息所，所以商業氣息難以侵入這個風景區，得以避免和北投一樣的被污染，這是陽明山能眞正保有山野情趣的原因。

易名香山的紗帽山

從中山樓西眺，首入眼簾的是青蒼翠綠，宛若一頂紗帽的紗帽山，此山之名，亦不能倖免，被改爲香山，是紀念廣東省香山縣而更名，孫中山先生的誕生地翠亨村，隸香山縣，爲紀念這位「建國之父」的故居，香山縣被改爲中山縣，而陽明山區的紗帽山，卻改爲已成「歷史名詞」的香山，令人有矯枉過正之感。

紗帽山爲大屯火山群之一的火山錐，略作半圓的山形，直徑約一公里，最高點六四三公尺。

紗帽山山坡多相思樹及楓林，入秋後，山景最佳；紗帽山西側有一小村，名曰湖底，山麓有一所湖山國小。投陽公路卽繞過紗帽山的南邊而行。

櫻花裝飾花季

陽明山的氣溫，較台北市爲低，竹子湖年平均爲十八度，鞍部則爲十六度，比台北市平均近二二度爲低，因此成了「避暑勝地」，不過上「草山」的人，多爲選擇在花季而去。能享「避暑」好處的人，除了當地居民外，多爲建有別墅在山區的達官貴人，一般人還是不想選擇赤炎炎的暑天上山的。

陽明山原僅有竹子湖的緋寒櫻，明治末年到大正初年，引進了吉野櫻，以後再栽種其他品種，最大的一次植櫻運動是一九四〇年（昭和十五年）的所謂「紀元二六〇〇年一萬棵櫻花運動」。是由植物學者和林業專家規劃進行，當年北部中學生每逢假日，便舉行登山植櫻活動，而奠下了陽明山櫻花林的規模，此項活動雖有「大和櫻花情結」的政治意識，但是政權畢竟是不能恆久的，今天的櫻花並不爲大和民族綻放。

陽明山的花季在二、三月間，春霧繚繞中櫻花怒放、杜鵑吐艷，花海人潮，不知是人看花，還是人看人。

陽明山的霧社櫻，早在十二月底就開花了，接著南方澳櫻於一月底怒放，再來就是竹子湖櫻，到了花季，從日本移植來的吉野、大島、八重櫻才加入點綴濃妝的陣容，「花季」主要是賞櫻，可惜櫻花凋謝很快，還好「滿山紅」的杜鵑花，給了陽明山一個較長的花團錦簇的盛況。

陽明山之有「滿山紅」，係一九二五年日本人山本義信將易生易長、花色多、花朵大而艷的平戶杜鵑七個不同品種，種到草山來，這種平戶杜鵑也成了台灣最常見的杜鵑品種。

陽明山可以說是公園、花卉、瀑布、山泉構成的大花園，目前遊客所到的爲前山公園、後山公園，而園內亭台樓榭、假山石道，布置得可說有條不紊，該如何漫步、該如何觀賞，都規劃得有板有眼，而且花木栽種整整齊齊，給人的感覺是人工味道太濃。

前山公園，即爲「草山公園」，更名爲「中正公園」，園內楓樹最多，深秋時節，最宜觀賞。後山公園又名「陽明公園」，陽明公園被視爲陽明勝境之區，有光復樓、大花鐘、小隱潭、陽明瀑布等風景。

陽明公園，係以日本富商山本信義的私人別莊「羽衣園」，爲基礎擴建，一九六三年，更由煤業鉅子李建興兄弟捐出三公頃餘土地，而具今日規模。

大屯火山群

沿陽明公園後面小坡而上。卽爲七星山麓，七星爲大屯火山群的最高峯，《台灣府志》記載：「七星山七峯錯落，圓秀如星，故名」其實，係因山頂有七個鐘形穹丘得名（見石再添：《陽明山新方志》〈地形篇〉）。七星山海拔一千一百二十公尺，

❹ 清光緒年間詩人張棟樑詩詠草山：「群峯環崎兩溪間，形勝天然出宇寰」。此照爲今陽明山國家公園的大屯山麓。

❺ 陽明山竹仔湖的梯田，視野頗佳，令人心曠神怡。

爲一成層錐形火山，原有火口湖。

大屯火山群爲綿延台北盆地北邊的火山群，連七星山在內，共有二十九個山峯高出一千公尺，七星得冠，依次有竹子山（高一千一百零三公尺，惟主峯不在本區，其第三峯則在北端附近。）、大屯山（高一千零八十一公尺）、小觀音山（高一千零七十二公尺）。

七星、大屯高聳入雲，隆冬時節，偶會爲雪白頭，成了大台北地區人們的賞雪聖地，陳維英有「屯山積雪」之詩，詩詠此「淡北八景」。

豐年瑞雪積峰頭，爲兆磺溪歲有收；
遠望芙蓉無限白，教人錯認玉山浮。

蓬萊米發源地

陽明山環山道路，繞「森林公園」，沿路有多條產業道路，是種高冷地蔬菜地區，以甘藍菜爲主，包心菜次之，此一帶地區昔稱「竹子湖」，這裏尚有老舊的石造平房。

竹子湖盆地，爲昔日火山堰塞湖盆，今已乾涸，由於湖底土質肥沃，且可避東北強風，所以堪稱山中沃洲；高居六百五十公尺以上的水田盡闢，土地的高度利用，使之形成了陽明地區較大散村之一。目前，有農戶整爲花圃，以栽培天竺牡丹、唐菖蒲供應台北鮮花市場。

「蓬萊米」是別於「在來米」（本地米的意思）的一種新品種稻米，它的發源地就是竹子湖盆地；當年日本人希望在台灣建立他們的「米倉」，由於他們只吃慣「在來米」，於是興致勃勃的想另培植合於「大和民族」口味的米稻；他們從日本各地引進的稻米品種，但都很難在台灣生長，因爲日本緯度高、溫度低，而且日照時間短，難怪才會水土不服；在似乎要放棄這個計畫時，無意中在草山有所發現，一處山坡水田中有一些已經熟黃而稈子比較短的日本種稻子，於是恍然大悟，知道在何種環境下，才能適合日本稻米栽培。因此，在竹子湖等地區試種，後來，經過了多次改良及推廣，終於使這種「新米種」能播到平地來。

此米種原有命名爲「新高米」、「新台米」之議，一九二六年四月，日本伊澤多喜男總督在第九回日本米穀會上，正式將之命名爲「蓬萊米」。

推廣蓬萊米的功勞者磯永吉，戰後，政府還繼續借重他的長才改良稻米。當他呈請退休返日，政府特贈其三餐足用之蓬萊米至其辭世，以酬謝他的功勞，這段頗具人情味的故事，實有必要在竹子湖豎立紀念碑，以誌其事。

為大台北留一片自然

陽明山「升格」為台灣地區第三座國家公園，在大家的觀念裏還以為賞花的那個地區就是「陽明山國家公園」了，其實這是以偏概全的見解，完全受「泛陽明山主義」的影響，台灣北部的這一座國家公園是以台灣最北端的富貴角北海岸與台北盆地間，涵蓋了大屯火山群的全部地域，面積廣達一萬一千四百餘公頃，豈是小「陽明山公園」，所能含括。

「陽明山公園」有太多的人工造作，「陽明山國家公園」則不容再有人工破壞，一切應該以自然景觀、生態來展示，在大台北地區幾乎難得再有一片淨土的今日，留有一個完完整整的空間，是非常必要的。

台北市的湖光山色

「湖」，「瀦水之大陂」也；而台語「湖」，並不是只指聚水而通河的地方，也有「盆地」的意思，「內湖」的意義是「在內方的盆地」；內湖區的區名由來，源於地名「內湖庄」。

這個庄名，最早見於一七六四年（乾隆二十九年）《續修台灣府志》。

「內湖」之名，令人有波光粼粼、鳶飛魚躍的湖泊勝景影像之感，況且「內湖」有山有水，是個能稱山水之勝的地方，倒是名副其實的台北市內的「湖泊之區」。

內湖景觀的今與昔

內湖區，面積三一．六一三二平方公里，位於台北市中部偏東北；東與汐止鎮五指山相接；南瀕基隆河，與南港區、松山區相望；西與中山區爲鄰，北以碧山頂與士林區爲界。地理位置與地理形狀依《台北市發展史》記載爲：「地當大屯火山彙東南斜面至基隆河之間，境內西北側有大武崙丘陵盤結，高度約在四百公尺以下，其向西南伸長之末端突起者即劍潭山；東南側爲基隆河北岸的氾濫平原。」

本區部分原爲新里族社散居之地，里族係凱達格蘭平埔族社名之一的譯音字，這群先住民原生活於基隆河南岸的「錫口」（今松山區），後來，渡河移至北岸，稱本地爲「新里族」，而原址就稱爲「舊里族」。

漢人開發本區，依一九五〇年間，所掘出的一個骨罈，刻有康熙年代銘文，因此，可推論開闢的時間當在康熙之際，不過此段開拓期沒有文字記載。依林衡道的說詞，客家人先進入內湖開墾，後來被漳州人給逼走了，這種「客人」是原「主人」的說法，不見於官方所修志書。

《台北市路街史》記載本區的開發如下：

「內湖區原爲山胞新里族社散居之地，因地處偏僻，又靠近內山，故其開發較台北中央地區遲。據志書或古契所載，乾隆六年（西元一七四一年）時，開發士林區的何士蘭來此開墾，主要開闢今洲子、港墘、內湖、紫陽、碧山、大湖里一帶，卽內湖西半部緊臨士林區；乾隆二十年，續有大佳臘堡業户林成祖前來開闢里族之野，約今

❶ 大湖公園，有「台北西湖」之稱。

湖興、石潭、週美、葫州、五分、內溝里，卽今內湖東半部，不數年間，所有荒地開拓完竣。漢人越聚越多，其中以林、郭、謝三姓爲大姓。」

春盡翠湖寒

內湖區境內有碧山、開眼山、忠勇山、鯉魚山、白鷺山、金面山、大崙頭山、大崙尾山等等山脈，也有「五分埤」（已被填土建成東湖社區）、「觀音埤」，「內湖大陂」及「大湖」等瀲灩的兩個湖泊。

「內湖大陂」簡稱內湖，位於內湖路二段一六五巷，占地達二十餘甲，屬七星水利會管轄。此密閉型大湖，湖面似鏡，景色宜人，時常有不少人岸邊垂釣。內湖四周原只有復興戲劇學校、再興中學、內湖國校等教育機構，近年來，大興土木，湖邊已矗立好幾幢十幾層高的建築物。這些住宅大樓當年預售所推出的廣告詞是「坐擁人間仙境」；打開門窗，放眼一看，山水盡收眼簾，確是「都市叢林」內難得的景色，只是，湖光山色，有此礙眼建築，實在煞人風景。陂北的碧湖山莊，是中央民意代表社區，本爲一片翠綠山色，因有這麼排排的花園洋房，自然景觀隨之破壞無遺；青山會爲雪白頭，而今，卻「爲屋禿頭」，不無令人遺憾！

「大湖」又稱「十四分陂」，位於成功路五段，也就是現在號稱面積十三・一一公頃的大湖公園；大湖面積原來寬廣達二十五公頃，本來是台北盆地中唯一僅存的湖

❷ 建於「山之巔」的開漳聖王廟。

沼環境生態區，棲息著好幾十種候鳥和留鳥；有小鸊鷉、紅冠水雞、花嘴鴨……等水禽，也有綠繡眼、小彎嘴畫眉、大冠鷲……等陸禽。春夏之交，總會有成千成百的白鷺鷥棲息，寧謐、安詳、似眞似幻的美麗景色，令人有遺世的感覺，但自從於一九七九年「大湖公園」建造完成之後，已是「春盡翠湖寒」，大湖部分遭土塡實，生機被犧牲了。

大湖公園設有錦帶拱橋、二層樓閣等，以中國林園風格來設計，而且以「維護自然景觀」來規劃，但是，人工的造作，「鳶飛魚躍」的勝況，再也「不似往昔」。建築商在內湖蓋屋，每每以鄰近「大湖國家公園」來打廣告，眞是令人慨歎！人們曲解「國家公園」的意義至此，難怪，談自然生態保育，如說「天書」矣！

碧山巖上的傳說

內湖最老的廟宇，應數位於碧山巖之巔的開漳聖王廟，所以也稱「嶺頂聖王公廟」。碧山一帶翠嶂屏空，恍若天然城寨，漳州人建廟於山頂，是爲了防止泉州人攻擊焚燬他們的「聖廟」；士林的芝山巖、新店大坪頂的開漳聖王廟，也莫不位於山上。從前，漳、泉械鬪，火拚得十分厲害，畢竟，漳州移民在台北盆地是屬「少數民族」，處於弱勢，所以吃了不少虧，那時，只有泉州人可以仗恃人多勢衆，在平地上蓋廟。

「開漳聖王廟」今天是龐大的鋼筋水泥建築，毫無美感，這是破壞古香古色的舊廟，而改建所謂的「富麗堂皇」宮殿式廟宇的結果；大廟後面有一座石室小祠，孤寂地躲於蒼苔黃葉之中，其實，這才是開基的聖王廟。

「開漳聖王」俗稱「聖王公」，是唐朝人陳元光，因此也稱「陳聖王」，祂是感化土黎、開疆闢地的先賢，配祀有輔義與輔信兩位將軍。

相傳，內湖初闢，有一位姓黃的漳州人，帶著由漳州開漳聖王廟求來的香灰，來到碧山尖峯，懸掛在一塊神石上，飄然離去，不知所終。有一天，「聖王公」顯靈，將懸掛香灰的神石，一分成三，中央的一塊，即是聖王的化身，而左右二石分爲李將軍、馬將軍化身。日後，居民絡繹不絕的上山膜拜，有求必應，黃、郭、林、簡、鄭五姓，共同發起在該處建了這座石建小廟，以安神靈。

如此「講古」，顯然是爲了掩飾在「山之巔」建廟的不得已苦衷；漳州人絕不好意思說爲了怕泉州人挑釁，而往山上蓋廟。

❸ 傳說是「開漳聖王化身的神石。

更有一個有趣的傳說，是有一回漳泉械鬪，漳人節節敗退，逃入碧山，泉人乘勝在後緊追不捨，突然，山腰上山石鬆動而滾落，阻止了泉人追殺，於是，漳人感謝天助，在該處建廟報恩。如此之說，還是找些理由，說明「開漳聖王」之所以沒有在平地「立身」，是如此的緣故。

擴建的碧山巖開漳聖王廟，依《台灣寺廟大全》記載，係創建於一八〇六年（嘉慶十一年），一八八六年（光緒十二年）改建；《台北市發展史》則記爲「嘉慶六年（一八〇一年）始就原基擴本廟，咸豐十一年重修」。

金龍寺爲台灣文藝立石

內湖還有幾座梵刹，隱於崗陵之中，另外也有涓涓瀑布、造形獨特山石在離廟不遠的岩壑之間，構成了探幽訪勝難得的風景線。較著名的有一九二四年創建的圓覺寺

❹ 金龍寺的「台灣文學紀念碑」；「鐵血文人」吳濁流生前在此留影。

、一九二八年創建的古月禪寺，以及戰後一九四五年創建的太陽堂廟以及次年(一九四六年)所建的金龍禪寺。

金龍禪寺的住持和《台灣文藝》創辦人「文化托缽者」吳濁流，交情不俗，因此寺前立有巨石，中嵌大理石，鐫刻丙辰荷芳(一九七六年十一月)吳老的最後詩作：

潛伏湖中幾萬年，乘時另化享香煙；
興雲昔日飜滄海，隱介今朝締佛緣。
碧水無波空色相，青山明媚快神仙；
應知塵世炎威甚，何不為霖濟大千。

金龍寺樹立的「台灣文藝紀念碑」，刻有歷屆「台灣文學紀念獎」得獎人的名字和作品名稱；為現代文人勒石傳名，誠屬不易。

筆者有個想法，如果金龍寺能出資塑造對台灣文學有所貢獻的先賢塑像，分布於廟埕四周，成為一座「文學家雕塑園」，那麼前來「朝聖」者，可不只是愛好文學的人，必也能吸引觀光客來此一遊。因為，那將是「台灣第一座文學樂園」！相信，這項工作，值得去進行，無論如何，比那些造形不夠莊嚴的十八羅漢水泥塑像，要有意義多了。

幾年前金龍寺，曾和陳永興醫師所主持的《台灣文藝》，舉辦「文藝營」，聚集了一些愛好文藝的青少年朋友，生活在梵刹內，作為期數天的文藝講習活動；可惜因故僅此一次，未能按原計畫，每年舉辦一屆，甚為可惜。

太陽堂原立廟在現今松山區五常街，當時，日本人以微少的補償費強制征收這一塊土地，因此拆去了李建發家族世業的十三間房屋，包括賴以營生的碾米廠和這間精神寄託的大廟堂，李建發乃將太陽堂移至內湖，他在新廟周圍有一處煤礦，靠其收入，經營此廟。

太陽堂主祀「太陽公」，太陽公紅面怒目突睛，充滿著陽剛之氣，有兩位童子配祀，一為綠臉捧劍的劍童，一為粉面捧印的印童。神祇的來源，據李建發表示，百年前，他五代先人李水來，自福建泉州遷台時，奉祀而來。據說：太陽公係太平天國時代，洪秀全因藉耶教抗清，不能盡收民心，乃有利用天地會八卦教以為反清復明的組織，而天地會即祭祀太陽公。「太陽堂」信徒以「下港」(南部)的台南、高雄一帶居多，因此，又有如此的說法：明鄭在台，本於農曆三月二十九日奉祀明朝時的「末代皇帝」崇禎，歸清後，轉化拜祀太陽公，以示追懷代表光明的「明朝」。民間傳說，不是歷史，必有牽強附會的地方，僅能姑妄聽之。

磚窰的故鄉

內湖的土質好、無沙粒，所以是製造磚瓦的好材料。日據時期，磚瓦窰廠極一時之盛，高聳的大煙囱處處林立，尤以西湖里爲最。當

❺ 昔日是磚窰之鄉的內湖，今製磚廠多已荒廢。

地人常以台北城牆所用的磚瓦即是內湖的產品而自豪。內湖生產紅瓦外，還生產較爲堅固耐用的黑瓦；黑瓦是先將紅瓦燒好模型之後，再用燒到通紅的煤炭覆蓋加壓悶熱而成。因所用時間較多，成本也就較高。據生產黑瓦的德旺瓦工廠的主人顏德旺表示：黑瓦的製作技術乃日本人所傳，是先在松山生產後，再傳來內湖的。

內湖的磚瓦產品，是由北勢湖庄之西側西湖村內湖（併台北市後，易爲西湖里）的渡船頭爲集散中心，利用基隆河的河舟運到各地出售。那時的船隻都是帆船，有單桅、雙桅。

因爲台北市不容有黑煙污染天空的大煙囪存在，所以，一九七六年左右，內湖磚窯廠不再生火，全面停產。而今，殘存的幾管聳天的煙囪，兀自矗立在深可及膝的草叢中。西湖渡船頭的「碼頭」，一九七九年蓋了一座媽祖廟；「渡船頭」後來還一度有渡船載人來往上塔悠。現在，人們已不復利用此交通工具了。

白石湖的一段往事

因碧山巖命名的碧山里，昔稱「白石湖」，「湖」同大字名的「內湖」一樣，不指湖泊，同是「盆地」的意思，因山多白石，由此得名。白石湖曾是古戰場，惜乎這段抗清的歷史，似乎已是煙消雲散了。

一七八七年（清乾隆五十二年），以「天地會」高舉抗清復明旗幟的林爽文，在台灣南部進行武裝革命，並建元「順天」，給清廷很大的壓力。

當時，淡北林小文響應彰化林爽文、鳳山莊大田，糾衆起義於柑林陂，與清軍纏戰；後來，因清軍大舉增援，林小文被迫退，率部困守白石湖，欲據天險，以伺機再起，無奈淡水同知徐夢麟，以圍堵切斷補給，而後下令猛攻，終於生擒了林小文，解送官廳處死。

林小文抗清做最後殊死戰的地點，在今日金龍寺附近；以後，曾在此掘出兩門鐵鑄巨砲，想是當年林小文所掩埋，他們可能想再遁走山區，爲免武器淪入清軍之手，乃予掩埋；日據時期，日本人將此掘得巨砲，運至台北市以廢鐵處理，使此抗清歷史證物，未能保留下來，殊屬可惜。

內湖的開發滄桑

內湖三面環山，一面臨基隆河，昔日全依賴水運。據耆老說：一九一三年，雖有大稻埕至上塔悠及內湖至梘頭間行駛鐵軌的台車，但是在一九一八年即廢去，以後，有人在梘頭及港墘間，經營馬車載客，也因乘客不多，難以維持，僅數月就歇業。

內湖的開發雖然很早，但是，因交通開闢較遲緩，所以一直是偏遠寒村；日據中期，始有北勢湖、梘頭、港墘較爲熱鬧；北勢湖含今日西湖里和洲子里，因產磚瓦而繁榮。梘頭是現在的內湖里，地居內湖中心，後設行政機關而帶動地方繁榮；港墘併入山脚後爲今港墘里，因係內湖的貨運港口，而成最熱鬧的市街。

筆者在學生時代，去內湖郊遊，須坐公車先往大直，然後再轉車，當時開往內湖的公車班次極少，都要算準時間，否則乘興而去，同來錯過班車時，可要敗興而返了。那像現在因有北安路、南湖大橋、民權大橋，而和市中心連成一體。

內湖區一直是台北市人口密度最低的行政區。因爲，還是「鄉」的時代，它的公路必經過大直、士林才能到達台北圓山，而大直曾經是海軍的「管轄」地區，限制「開發」，以至於影響內湖。經過了長達十五年禁建，自從被規劃爲中央民意代表的社區後，接著，也開放給民間與國宅處大興土木，近年來，更是幾步就是一個工地。建築商爭奇鬥艷的廣告招牌、樣品屋，似乎告訴我們，內湖將不再是樸素、淡雅的「鄉姑」了；她已邁步走近「繁華都市」的行列了。

「青山依舊，綠水常流」，是都市人尋夢的境地。內湖的山明水秀，在目前的「高度開發」中，亟需予以搶救，否則「山水」將被破壞無遺，無疑的，我們需要以有系統、有規劃的「建築景觀」來襯托、相映內湖的「風景線」。

平隴多栽稻，高崗半種茶；
繞林沙岸遠，傍水竹籬斜。
啼鳥巢深澗，垂藤綰落花；
書聲聽隱隱，深處有人家。

前清詩人林占梅的這首「過內湖庄」之詩所描繪的風光，雖已不再，但是，我們還是希望內湖會是一個「鄉村都市化、都市鄉村化」的地區。

蛻變的「黑鄉」——南港

「台灣北部有南港，南部有北港。」是爲人所津津樂道的地名趣談。南部的北港在雲林縣，有北港媽祖廟，是善男信女膜拜的宗教聖地；北部的南港在台北市，有中央研究院，是學者專家嚮往的學術殿堂。南北倒置的兩「港」，還都不是「港都」呢。

其實，台北市的南港區，原稱「南港社」，位於淡水江（今淡水河）的支流基隆河南岸而得名，當時，南港社的對岸有「北港社（在今汐止）」，南港和北港的對稱，是因河的兩岸的關係，所以算是名正言順；另有一說：南港是在基隆港之南側，故以名之。因此，以台灣的南北，來開「北港在南部，南港在北部」的「南轅北轍」的玩笑，是不知南港名稱來源的緣故。

北港社的「亡滅」很早，一六九七年（康熙三十六年）來台採硫的郁永河所寫《裨海記遊》，已見不到北港社了。不過北港社的所在地——水返脚（汐止）和另外一個港口錫口（今松山），還都很繁榮，獨南港社已成爲寒村了。以後，他的名稱，因行政區劃分的關係，經過了如下的演變：南港仔莊、南港仔街、南港街、南港鎭，以至今日的南港區。

南港區，面積二二·二四四〇平方公里，位於台北盆地東陲、台北市的東南部；東以大坑溪與北港縣汐止鎭河相望，西與松山區相臨，南則以大豐、四分、麗山各里山地與台北縣所屬石碇、深坑鄉和木柵區爲界，北臨基隆河與內湖區隔水爲鄰。

南港的開發

《台北市路街史》記載南港區的發展史如下：

「南港區原爲山胞盤據之所，據傳西班牙人占據台灣北部時期，爲便利統治，曾修築從鷄籠，經汐止、南港，而達台北平野的道路。雍正九年（註：一七三一年），

❶ 南港四合院的傳統民宅，如今南港地區已經漸漸成了高樓。

福建布政使張嗣昔的文書中稱該地爲『民番雜處』之區，足徵漢人已入墾。而有組織的大量拓墾則延至乾隆初年（註：一七四〇年左右），當時前來開闢者多爲泉州籍人士，其姓氏有詹、陳、闕、楊、李、柯、潘、王、劉、謝、何等，乾隆二十九年時（註：一七六四年），建有『南港仔莊』。」

南港「有組織的大量拓墾」，黃得時所撰《台北市發展史》——疆域與沿革篇，有更進一步的說明：「據傳乾隆初年有泉人詹姓武職人員曾屯營地，後從事墾殖；初闢時曾稱『南港三重埔莊』，其位置卽今日的南港火車站一帶。在乾隆二十九年續修《台灣府志》中，已見「南港仔莊」之記載，同治年間已發展成「南港仔街」。……

❷ 南港的茶園，生產的包種茶聞名全台。

在日據時期屬內湖庄之一部，光復後，分出為北縣南港鄉，民國五十七年，台北市升格為院轄市後，隸北市南港區。」

從農田到黑鄉

南港原為農業區，平地種稻米、番薯，山坡地則栽果樹、茶樹，名聞遐邇「南港包種茶」，即是南港的特產。以農立「鄉」的南港，從前也盛產煤礦，有礦坑多處，因此有運煤小火車之設，不過，因煤層較薄，礦區已經荒廢多年。

劉銘傳興築北基鐵路，雖經過南港，但是有清時期，北部交通以水運為主，南港在當時雖在今大坑溪南港橋一帶，也有「港仔口」做為輸出入港，但是帆檣來往遜於汐止和錫口（松山）。至於南港得鐵路運輸之利，則在日據時期。

這個農業鄉村，因鄰近地區磚瓦業興盛，也投入磚瓦的生產，而有了窰廠和高聳的煙囪；南港所生產的「文化瓦」（黑瓦），是北部營建業的搶手貨。

南港在沒有完全洗褪農業經濟的色彩下，走向工業化脚步，卻一日一日地加快，戰後的發展，更為神速，設立工廠總數，一度高占台北市工廠數的六成；每天，工廠開工，南港的天空，吸盡了黑漆漆濃煙，因而有「台北黑鄉」之稱。台肥南港廠、啓業化工廠、南港輪胎廠、僑泰興麵粉廠……是其中規模較宏大的，近年來，新興的電子工業更是遍布區內每一個角落，也因此有人名之為「台北市的工業區」。

學術的殿堂

中央研究院是全國最高的學術殿堂，成立於一九二八年（民國十七年）六月九日。遷台初期，流離失所，從大陸搶救出來的古物、圖書，一時無從安置，乃暫時被存放在桃園縣楊梅鄉的兩座鐵路倉庫，部分單位則安身在台灣大學。一九五〇年（民國三十九年），始得中華教育文化基金董事會補助、美國洛克斐洛基金會捐款，開始復院計畫，很順利地在南港舊庄購得二十二公頃九百八十六公畝的土地，而在一九五四年完成第一期工程。「台北黑鄉」能得此學術研究重鎮，眞是南港之幸！

旅美的胡適博士，他的老太爺胡傳曾任「台東縣太爺」，台灣是他的「第二故鄉」，他擔任中央研究院院長時，南港成了他生命旅程的最後一站。他的晚年，可以說是「南港人」，這位國際聞名的學人，和當地居民打成一片，他關心鄰居，照顧老幼，甚而也參與了舊庄國小的興建。一九六二年二月十四日，胡院長在主持院士會議時，因心臟病猝發，在該院元培館別世。一代學人能得市井鄉人敬弔、懷思，如此哀榮

❸ 中研院中西合璧的民族研究所。

，相信和他的學術成就的「定位」，具有同樣價值。胡適博士出殯當天，南港人曾主動爲他舉行路祭，而且，他下葬的中央研究院大門外的舊庄山麓土礱埔墓地，還是由南港人李福人先生所捐贈的。

土礱埔還有甲骨文權威學者董作賓墓園，有一年，筆者選擇胡適忌辰，前往胡適墓園，有不少的北京大學校友也前往祭拜，胡適的夫人江冬秀女士在旁答謝，當時，我站在小丘上，有個想法，如果土礱埔能做爲「學人墓園」，讓一些學術界高人（不是名人），安息於此，多好啊！

英國西敏寺教堂有「詩人之角」，營葬不少著名詩人，成了人們膜拜勝地，如果，台灣也有個學人歸身之處，應該深具意義吧！

我的學人墓園構想，當然只是幻夢；幾年之後（一九六八年），「胡適紀念館」管理委員會，提出了美化墓園的計畫，決定擴建爲公園，依著丘阜的天然地形設計的胡適公園，於一九七四年二月落成。可惜，當時，想以這座公園襯托這位學人風範的庭園設計，並未實現。

胡適紀念館

領導群倫的「中央研究院」，目前共設有近二十個研究單位，因爲研究所的單位，必然是有增無減；所以近年來大興土木，各研究所的建築物，無不求新、求好、求美，例如民族研究所的建築物就是融合中與西、傳統與現代風味的建築，頗足觀賞。

中央研究院傍山近水，院內花木扶疏，不失爲「知性之旅」的好去處，可惜，各研究所的圖書館和展覽室並沒有對外開放；不過，胡適生前所住的「院長宿舍」，是供人自由參觀的。

胡適博士主持中研院時的起居處，沒有因爲他的過世，而被移做他用，在他美國朋友出錢贊助下，一九六二年十二月十日成立了「胡適紀念館管理委員會」，這位一代學人在台灣歲月的住所，得以留存。紀念館不僅保存了原來的風貌，也沒有改變原來的陳設，僅後來在右側添建一棟二十五坪的陳列室而已，樸實無華的建築物，給人一分親切好感。

紀念館展出的物品，有胡適博士的著作、手稿及信札、照片、用具、紀念品、藏書，其篤學、平實、勤奮、求眞的精神，可以從這些遺物中，一一去印證。

山豬窟和土礱塗

中央研究院還沒有在台復院前，貫穿此地的道路稱爲：舊庄路，原爲運煤產業道路：中研院設立後，乃將舊庄路前段（即今胡適公園以北）另名爲研究院路，而後段沿用舊名，稱爲舊庄街，研究院路一帶，於一九七四年，新劃出一里稱爲中研里，以前是轄於舊庄里內，而舊庄里在日據時期，分爲南港舊庄和山豬窟，所謂山豬窟，可以見名生義，昔爲山豬群棲的谷地。今天，我們實在難以想像，這裏會是野性奇大的山豬出沒之處。

胡適墓園一帶，山勢如蛇，因此，老地名稱爲蛇仔形，胡適公園所在的土礱埔，又稱爲土礱塗，昔爲荒埔，土礱是舊式的碾米機的台語名稱，此地之得此名，是因爲土質紅色，爲製做土礱的好材料。

土礱埔相鄰之地，有灰埕頂，有清時代，李氏先人在此建有灰埕，煉製石灰而得名：南港名舉人李文元即營葬在此。

李文元，字風扶，中法之役，曾爲提督章高元寫移檄稟奏，著有《存眞堂雜稿》十餘卷，光緒二十八年福州刊刻；可惜，他的著作，在台灣知者不多。

南港三重埔

南港初闢，現在的南港、北港、三重、中南、新富等里，地分荒埔三段，所以稱之爲南港三重埔莊。此地昔時最風光的小地名是「港仔口」，望名生義，可知是有清的南港港口。帆檣林立的情況，已不復見，港仔口在今天大坑溪南港橋一帶，今天僅存幾家老店鋪而已。

三重埔陂水源所在，因在後山坡莊之東，故稱前山；開圳設水汴，引水灌溉，流經今圓山拱橋附近之處，是第一個水汴之所在地，人稱「汴頭」。

三重里今南港綜合醫院一帶，稱「公館仔」，因爲昔時有南港聞人詹本之公館在此而得名。

南湖大橋下，有採用圓窗的公寓一批，這裏叫圓窗仔，源於日據時期，有李姓大厝，大厝的窗戶採用了圓形。大厝在幾年前已被拆除，建地興建公寓分售，建築商還懂得保存「古意」，特別採用圓窗設計，我們不能不說，這是很有人情味的懷古做法。

偏遠的麗山里，因位於松山山峰之後，昔稱後山，它的小地名，都與「山、水」有關，如虎形山、濕水仔、大尖、坑頭、溪底、過溪、頂湖、下湖……等是。

老地名，都有一個小掌故，甚至一段大故事，然而，隨著地方耆老的凋零，這些鄉土味濃厚的地名，將不復爲人所提及，尤以「小地名」更是如此。今天，我們都是尋著路、街、巷、弄，找地方，如果，你還想以古老地名問南港的小朋友，想他們會以爲你是美國作家華盛頓・歐文筆下睡了好幾年，大夢方醒的李柏，而「笑問客從何處來」了呢。其他如後山坡、東新莊子及大坑……，在這些「大字」地名下還有很多、很多的小地名，不能再予細談。

未來的南港

幾年前，如果到南港，走進了巷道，經過的地方，不是小方畦菜圃，就是東一堆「歹銅舊鐵」，西一堆廢棄輪胎、破毀家具，你會覺得這那算是台北市呢？

南港從前有三害——河水氾濫、空氣污染、交通不便；因此，台北市改制時，有人認爲併入南港會是市府的「負債」，而非「資產」，但是，蛻變中的「黑鄉」使南港區耳目一新，淹水嚴重的向陽路、研究院路二段地區，因排水設施的加強以及基隆河沿岸堤防的加高，已獲改善，未來基隆河截彎取直計畫實施，河川整治成功，水患的問題應可獲得紓解。污染空氣的工廠，因環保政策的實施和地價的上漲，已陸續他遷，廠房建地有些已經規劃爲社區建地了，殘存的大型工廠，黑煙的製造，已受管制，而且預期在東區快速的發展下，工業區變成商業區，應該指日可待。

台北市鐵路地下化的周邊工程之一——南港新站，將代替華山站的貨運功能，但新站仍不放棄原有的客運，所以南港在北基段的角色，將更形重要。

台北市最長的道路——忠孝東路，它的六段、七段是貫穿南港區的要道，由於地緣上與松山區爲鄰，而且和未來副都會中心——信義計畫區也甚爲接近，在松山區一地難求下，南港區的地價因而看俏。

南港區，不再是黑頭烏臉的鄉下孩子了，它已趕上了時代的列車，但是，它既然擁有一個學術園區，我們還是不希望商業氣息過分地侵入本區。南港的綠意，絕不能變色，否則，有一天，中央研究院就要被市塵和喧囂包圍了。

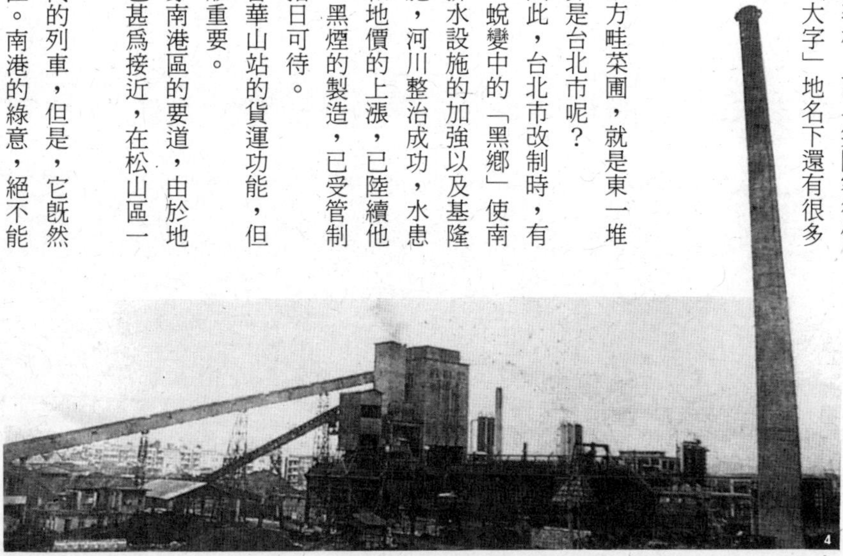

❹擎天的煙囪，曾使南港成爲「黑鄉」。

以「景美」自許的景尾

由台北「發車」的鐵路運輸，以前除縱貫線外，還有淡水線和新店線；「淡水線」即北淡鐵路，決定拆除時，大家惋惜不已，認爲不僅是一條交通動脈的消失，也是一種情感脈動的休止。然而，一九六五年三月十五日，拆除「新店線」（北新鐵路），當時，懷舊緬昔的聲浪，就沒有那麼大了，而且，現在也沒有人再有興趣提及「遊碧潭，搭火車」這一段「歷史故事」了；因此，將來你對後生晚輩說：「當年我去紅毛城、淡水海水浴場是搭火車的。」他們或許也會以爲是亂蓋的！

「北新鐵路」興建於一九二一年，存在台北市長達四十四年之久，全長爲一〇．四公里；這條單軌鐵路係由「台北鐵道株式會社」所經營；日據時期，共設十四站，由萬華爲起站，有馬場町、古亭町、螢町、水源地、公館、景尾等；收歸省有，停靠的車站減爲九站，站名是和平、古亭、螢橋、水源地、公館、景美、十五分、七張、新店。原爲配合煤礦開採運輸的「新店線」鐵路，對景美、新店兩鎭及暗坑、烏來等地產物的開發運輸，貢獻不少。最後，因不堪營運累累虧損，爲減少省庫負擔，決定拆廢，改由公路局營運。

山明水秀的新店碧潭，是台北市郊難得的消暑勝地，遊客如織。在北新公路未闢之前，去新店最便捷的方法，是從萬華車站搭「新店線」火車；列車過了公館，離開台北市區，到台北縣的「景美」站時，大家就開始準備下車了，因爲馬上就到新店了。

景美，從前是「地廣人稀」的市郊，台北市改制後，發展迅速，從一九五〇年全鎭僅八、七七五人到目前已突破十萬大關，而成爲「市內」的一部分；但是在台北的各行政區中，還算是「低開發」的地方。

源自灌溉的梘尾

舊景美區位於台北市南端，面積六點六〇八〇平方公里，東與木柵區爲界，南臨新店市，西以中和市爲鄰，北接古亭區。此區北有蟾蜍山（或稱爲拳山、公館山），東有景美山，西南臨東景美溪，西有新店溪；以前是典型的農業區。

景美，地名的源由，來自舊名：「梘尾」；「梘」是架在地上，用以通水灌溉的木管，一七六〇年（乾隆二十五年），郭錫瑠鑿成「瑠公圳」，自大坪林引水，經大木梘、溪仔口，再經挖仔內，過小木梘到公館街後內埔，分爲三條，灌溉台北地區今古亭、大安、松山、中山等一千二百餘甲的農田。圳道爲早期農業時期，非濱河地區居民的用水所賴，這種水利工程的重要性，不言而喻。

❶ 水利灌溉用的「梘」。昔日供應台北千頃農地水源；今日羅斯福路四段、新生南路、北路部分地域，從前都是圳地。

郭錫瑠所鑿「瑠公圳」，架設跨新店溪的輸送用水的涵管，從新店大坪林寶斗厝「梘頭」，延伸至此；「梘之末端」所在地，後來形成街市，謂之「梘尾街」；有關「木梘」的形狀及構造、尺寸較詳細的記載，見於C・Imbault-Huart所著：《台灣島之歷史與地誌》，有如此說明：「在距艋舺外東西約有兩小時行程的大村落景尾，……他們建了一條木製的水槽，用一連串堅固的，長約十公尺的木樁架在河上；槽有三面，係用相當厚的木板造成，用一些楔子連接著。槽的內部敷上一層油灰，這樣便不致漏水；槽深約一公尺半，寬約兩公尺半；四十七根木樁把槽支住。水從景尾引到艋舺，再從艋舺引往大稻埕。」

日據時期，「梘尾」，易名「景尾」，因「梘」與「景」音近似。爲何做如此更換，不得而知，想是「梘」字，僅見之於像「康熙字典」這類收字較廣的辭書，是一個艱澀字，所以日本人不喜歡，不無緣故吧！

林衡道在《鯤島探源》對「景美」的來歷，另有他的見解；他說：「景美，原名境尾，後改爲景尾，……境尾此名之由來，乃是清乾隆時，泉屬安溪的移民在此地區開墾，以此處爲盡頭，故名。」以移墾到「境頭」（頭，極也。）所以稱「境尾」的說詞，並不見於官方文獻，且所謂「以此處爲盡頭」，並不盡然，因爲，移民繼續向東開拓，木柵便是他們開拓史的「下一章」。

有關「景尾」這個地名，使筆者想起了一句台語的謎猜來，謎面曾考倒了不少人，即「賣魚免用秤——猜台灣一個地名」；不用計重，論「尾」出售，揀尾買賣的交易，謎底即是「景（揀）尾」也。

「景尾」改爲「景美」，是在戰後一九五〇年時，當初，景尾初由深坑鄉劃分，分鄉設鎮時，當地耆宿林佛國以「景尾」名稱不雅，尾者末也，不僅使人有「景色最差」的感覺，也有令人「窮途末路」的印象，乃建議改名爲「景美鎮」，他的巧思，大家一致贊同。不過，雖易「景尾」爲「景美」，台語的讀音還是「景尾（馬）」，不讀「景美（米）」。

安溪人開拓景尾

景美區的「開拓史」，依《台北市路街史》的記載如下：

「景美區在清代時隸拳山堡（註：拳山，台語讀拳頭母山）轄內，古代爲霧里薛社及秀朗社山胞散居之地，康熙末葉，漢人自台北平原南下開拓，雍正七年（一七二九年），曾有粵人廖簡岳入墾拳山之野，與秀朗社起釁，死傷百名，十二年（一七三四年），泉州安溪移民進闢拳山，驅粵人而有其地，在一片原始林木北端建一村莊，曰「林口莊」（今羅斯福路四段水源地、公館一帶），以爲開闢者的根據地。」

安溪移民在「林口莊」建立橋頭堡後，繼續向東進行開拓。

安溪先民的開拓史，是一部源遠流長的「史詩」。從景美、木柵、深坑信仰的神祇，可以了解。

西元八七四年（唐僖宗元年），黃巢亂起，民不聊生，河南光州高、張、林三姓族人，爲另謀生計，決定離鄉背井，遷徙入閩，他們翻山越嶺，涉水而行，歷盡艱辛；每遇困難，大家都向隨行恭奉的保儀尊王，虔誠請示，而使一行平安到達閩南安溪，定居後，爲感謝庇佑他們的神祇，擇地建廟以祀，廟曰「集應」。

安溪是福建泉州不靠海的縣，山多田少，也因此他們再興往外拓殖的意願。

二百年前（乾隆初年），高、張、林三姓族人後裔，更以台灣做爲他們「海外」謀生的「新大陸」，乃相率渡海遷台，大家爲求旅途平安，仍供奉保儀尊王，以求庇蔭，來台後，開墾北部地區，子孫繁衍各地。這些安溪移民後來分居拳山（今文山區，即包括木柵、景美、新店等七鄉鎭）、滬尾（淡水）等地。也因此這些地方都有集應廟，奉祀保儀尊王了。

保儀尊王，又稱「翁公」，在台語是祖父的意思，可見安溪人對祂是如何的崇敬。

景美高姓的「集應廟」，原建於咸豐年間，位於今景美國民小學操場，臨景美溪邊，因年久失修倒塌，一八六七年（同治六年）遷建於現在的景美街三十七號。

「集應廟」的神祇，據景美人的說法，所祀是死守睢陽城的張巡和許遠；張巡是保儀大夫，許遠是保儀尊王。其實，其他地區對「大夫」及「尊王」封號究竟誰屬的說法，和景美人士並不一致；所謂「國士無雙雙國士；忠臣不二二忠臣」，世人並稱張巡、許遠爲「雙忠」，想二人也不會對他們「封號」的混淆，有所在意了。

台北市的所謂「南區大拜拜」、「古亭大拜拜」，便是景美「翁公」的祭典；「迎翁公」的迎舉靈駕之日是在農曆五月十二日，然而，近年實行所謂「統一祭典」，給改在十月二十五日了。

至於，保儀尊王「翁公」的誕辰何時，我們從集應廟內的一對聯柱，可以得知應爲二月初二日。

「月逢二日逢二神心不二；
保此疆儀此疆王壽無疆。」

岩留仙跡傳神話

景美山上有方大石，石上留有紋理，長三寸至五寸之間，狀如脚印，因歷經日曬雨淋，到底是天然形成，抑或好事之徒所刻，見仁見智，互有說詞。從前，相傳爲有一位神仙雲遊至此，留下此脚痕，所以稱爲「仙跡岩」；此類神仙下凡，留下「到此一遊」的所謂仙跡，各地都有，而且還會編造一個神話故事，來加強其「可靠性」，諸如十八羅漢聚會之處、八仙下棋之所，見怪不怪，不足爲奇。

「仙跡岩」可能爲加強宣傳「效果」，便附會說是呂洞賓曾來到了這裏，踩上了

❷ 景美沒有「古蹟」，只有「神蹟」，景美山上的仙跡岩廟。

這麼一個脚印。可能是爲了想沾木柵仙公廟之「光」的緣故吧！因爲地緣上是相接近的。

一九四六年，地方人士募捐經費，在岩下蓋了仙跡岩廟；和木柵仙公廟一樣，主祀孚佑帝君呂洞賓。入夜，登仙跡岩廟遠眺，南台北、中和、新店地區，萬家燈火，一片輝煌，令人目不暇給。

仙跡岩風景區，前山、後山有長壽路、登仙坡、凌雲路、明遠台、逍遙嶺、御風亭、慈善亭、根抱石等風景；是久居市廛的人們，舒展筋骨、調養身心的好去處！

景美還有一處「古蹟」，那是建於一八三八年（道光十八年）的萬慶岩，該廟建於景美溪與新店溪支流交滙處的「溪仔口」，主祀清水祖師（安溪蓬萊山清水岩佛祖），是安溪人與永春人信仰的「鄉土神」。

另有一處已成爲「無形古蹟」的是原景南里石岩上的「石門宮」，所奉祀是盤古帝王，此廟建於一八三九年，較萬慶岩僅慢了一年，一九八二年，因拓寬木柵路，這間已有一四三年，祭祀「開天始祖」的古廟被毁；據云，廟前有對楹聯，係寓居景美的舉人高選鋒所題：

石印足痕滿盤聖跡；

門經手鑿亘古神工。

據云：從前「討番」或入深山伐木，禱求每有所應，因此香火頗盛。台灣奉祀盤古帝王，從前除此廟外，別無所聞。

萬事興盛的萬盛

景美，在有清時期，分爲萬盛莊與興福莊（十五分莊）；日據時期沿襲之。

「萬盛」爲昔深坑莊的大字名，寓意萬事興盛，其地理位置，「位於台北市南部偏西。南臨景美溪，西臨新店溪、仙跡岩；包括了景美區西部、羅斯福路五、六段兩側和蟾蜍山之南至景美溪一帶」地區，它包括今景南里、景東里、景行里一部分的「景尾街」外，還有下列小字號的地名，其深具鄉土氣息的「土名」，不僅令人有親切之感，而且對源遠流長的「鄉野傳奇」，也可領會大概；擇其數個「據點」，介紹如下：

蟾蜍山下，新店溪畔，今師範大學分部校門以北一帶，係乾隆初年，安溪人陳玉壺所開闢，地當大加蚋堡與山胞通商隘口，其處名曰：「公館」，地名來源有二說：一是墾首在此築有公館，以徵收佃戶租穀，一是移民至此建關公館，以與「番」（山胞）易物；孰是孰非，各有所說，或許二種情形都是「源由」。不過，景美人稱之以「下公館」，因爲，東南方另有「頂公館」，即公館街一帶，以爲「頂」、「下」有別。

今景後街原爲霧裏薛圳圳道的一部分，舊稱「圳後」，即是此水圳的後面的意思；霧裏薛圳因一九〇八年拓寬木柵路，圳道被廢，乃改以瑠公圳水道灌溉。

今師範大學分部校址，從前是桑樹園和綠竹林，盛產桑葉與竹筍聞名，曾設有蠶業實驗所和一家潤華紡織廠，其地昔稱：「下溪洲」。今景美溪與新店溪合流處右側沿岸，叫「溪仔口」；溪仔口對面溪中，有二處大沙洲，分別名以「頂溪洲」及「下溪洲」，頂溪洲原種有數甲蕃石榴樹及桑樹。戰後，有人遷徙於此，以採砂石爲業，後爲整治河川，以利洩洪，溪洲被剷平。「下溪洲」原僅部分與景美相連，後因溪水乾涸，遂與景美連成一體了。

瑠公圳，在現在萬盛里萬盛街彎曲處，稱「挖內」，這是台語「河川彎曲地方」的意思。

瑠公圳於萬盛街與羅斯福路五段交叉處，沿著蟾蜍山麓北折導水入台北，從前因設有調節水量的水閘，所以，這個地方叫「斗門頭」，因爲水閘台語就叫「斗門」。

還有幾處的小地名，與拓墾的先民有關：

景美國小南側，舊稱「竹圍仔內」，因爲從前是高姓、陳姓家宅，種有成排竹叢爲圍牆，一九三九年，日本人在台實施加強戰備時，爲防止台灣同胞密謀抗日，恐竹圍會成了隱藏之所，乃藉防治霍亂爲名，下令剷除全台各街市竹圍；「竹圍仔內」，成了「有名無實」。

志清國小旁的王厝：昔稱「王五常」，乃清代有位王名費渡海來台，定居景美，他胼手胝足，在此創造了「新天空」，王名費有五子，分以仁、義、禮、智、信五常命爲五房的代稱，鄉人乃以「王五常」稱之。

今萬瑞里台灣電力公司台北變電所一帶，係由林、周、陳三姓於乾隆年間即來此開拓，他們子孫定居於此，因此以「三塊厝」稱之。

福建移民興福之地

興福莊在景美區的東半部，其寓意是福建人興福之地，《台北市路街史》記爲：「地爲蘇興存者所闢，故曰興福。」這種說法，爲人所不足採信。此地又有「十五分莊」之稱，乃乾隆年間福建移民蘇興存、高貽椒等十五人來此合墾，各持其股的緣故。

辛亥、懷恩兩座公路隧道的鑿通，興福莊和外地的交通，改善不少。

興福莊有四個名穴，即虎形、耙形、獅形、猴形，都是以山勢的形狀形似而命名。「虎形」在興隆國小後，居民爲蘇、高二姓；「耙形」位於興隆市場後，有許家祖厝；「獅形」在興隆公園景美山下，有劉厝；「猴形」在辛亥隧道出口，居民爲高姓。另有警察學校對面的「蜈蚣牙」，以山勢如蜈蚣吐牙得名。

「猴形山」內，低窪小山谷的地方，稱「貢生坳」，因其地產權爲台北周貢生所有。興隆路三段有「中瓦厝」，因以前這裏多爲茅草屋，僅有一間瓦屋居路之中，一屋獨秀，得了此名。

其他有兩處因產業關係而得名，一是「蜈蚣牙」後，因前有燒木炭之窰，而得「炭窰」之名。一是興旺里十一公墓旁，日據時期有翁阿合，設廠製茶，人稱爲「翁厝」。

「古地名」大都有一段歷史、緣由和掌故，令人產生不少鄉土情懷，只可惜人們已逐漸忘記了，「今地名」不少被改得「面目全非」，令人感嘆！

景尾期成「景美」之區

安溪人在景美落戶後，胼手胝足的繼續開拓今新店、木柵、深坑等地，他們在文山地區栽種的翠綠茶園，成了台灣三大名茶之一的文山包種茶。包種茶的供應，促使大稻埕的「茶市」，更加興盛，安溪人的血汗，是台北商業發展的灌溉資源之一。

景美原來地小人稀，戰後，增加不少「外地人」。大陸撤退時，江西省保安團團長鄭執慶率領部屬來台後，多數人擇此定居，所以有不少的江西人，興隆路二段還有「江西會館」。

景美因地理環境所限，建設一直趕不上台北市其他行政區域，而且堪稱「景色美麗」的風景區，也不見有所增闢，實是「美」中不足之處，期望「景美」能加速建設，成了名副其實的「景美」之區。

人文和自然交疊的木柵

台北市升格改制，擴大市區，「南區」併入了原爲市郊的鄉鎮——景美和木柵；木柵面積有二五・六七八平方公里，距市中心十公里，距景美也有二・八公里。

木柵區的名稱由來，取自舊地名「木柵庄」；爲從前入墾的漢人，在現在的保儀路木柵農會、開元街一帶，設有木製柵寨，以禦「番」侵而得名。

本區位於台北市東南隅，東臨北縣深坑及石碇兩鄉，西與景美區爲鄰，西北銜大安區，北接南港區，南與北縣新店市爲界。

木柵區三面環山，景美溪流經其間，呈東西走向帶狀平原；北側爲南港山脈；南側爲伏獅山山脈。

寒村木柵的開發

木柵的開發，依一九八一年修《台北市發展史》記載爲：「雍正七年（註：一七二九年），曾有粵人溯新店溪而上，與平埔族秀朗社人衝突，被殺害者達百餘人。後來訂合約，築霧裏薛圳，逐漸拓成耕地。至乾隆元年（西元一七三六年），郭錫瑠築瑠公圳，引水於新店溪後，始有泉州府安溪移民入墾，逐粵人並與番人爭地，迅速闢地成村。」

與《台北市發展史》同爲台北市文獻委員會所修，一九八五年出版的《台北市路街史》，對於木柵的開發，紀錄則不盡相同：「漢人在木柵之開發始自雍正初年，而以乾隆年間爲最盛，雍正二年的霧裏薛圳水源，即導自木柵溝子口鯉魚山脚，逮該水圳開鑿完成，景美區之開闢亦告成功。於是爲求發展，泉州移民乃轉向木柵，與土番爭地，或承購荒埔，乾隆二十年時，所有荒地均開墾完竣，一片綠作，生氣蓬勃。」

兩種文獻資料，纂修相隔僅四年，前者提及了粵人開拓之功，後者卻未記錄，而且年代互異，何者可信？令人茫然。不過木柵地區的開發與景美互爲「一體」，則是信而可徵的事。

有清一代，木柵屬淡水縣文山堡轄域；一八九五年，日人入據時，隸歸台北縣文山堡；一八九七年，改屬台北縣景尾辦務署；一九〇九年，屬台北廳新店支廳木柵區文山堡；一九二〇年廢廳置州，廢支廳爲郡下，再改爲台北州文山郡深坑庄；國府於一九四五年十二月改隸台北縣文山區深坑鄉；一九五〇年三月爲適應地理環境，撤廢文山區署，深坑、景美、木柵分設鄉鎮，成立台北縣木柵鄉；併入台北市後，成爲市管轄的十六區之一。

木柵路是從前景美、木柵間的幹道，拓寬而成的。右濱景美溪的四段八十二巷是僻靜古巷，昔有「驚某巷」之稱，有此「古風」，實應名以「大丈夫巷」爲宜；有一

❶ 日據時代的「文山勝景」，木柵位於左方。

❷ 集應廟門前的張巡廟騎，馬匹的造形卻和日本人所塑的戰馬近似。

句俚諺：「驚某（太太）大丈夫，撲（打）某豬狗牛。」所謂「家醜不可外揚」，而往昔這裏的家長卻以懼內揚名，可見他們不以爲怕老婆是見不得人的。

木柵本爲「寒鄉」，一九五〇年，獨自設鄉的時候，才一、五九二戶，人口不過九、五二二人；併入台北市時，也不過六、九〇〇戶，人口三一、六三三人。但一九八一年後，已突破七萬，近年來，由於各項建設的配合，發展一日千里，人口已接近十萬大關，令人刮目相看。

安溪人的守護神

福建泉州府安溪移民由艋舺往東開拓，今日松山、大安、古亭、南港、景美、木柵，可以說是他們胼手胝足所開闢出來的。這些移民的守護神是張巡和許遠，二位神祇是唐代名將，安祿山叛亂時，死守睢陽。張巡於糧盡時，殺愛妾，以餐兵士的歷史故事，諒必大家都知曉。安溪人尊崇張巡爲「保儀大夫」而許遠是「保儀尊王」。

安溪高、張、林三姓移民，原在景美立有集應廟，供奉保儀大夫與保儀尊王，木柵開墾完工之後，高姓住民部分遷往北投，而張姓則多數留在木柵，成了當地第一大姓。

張姓在木柵安居後，決定爲他們自認的祖先張巡，興建廟宇；於是，在今保儀路菜市場後，蓋了一座「張姓」集應廟，從景美集應廟分靈，而原景美的集應廟，就成了「高姓」集應廟了。

一九一五年，張姓集應廟再「分家」，於今忠順街，又興建了一座供奉張巡的忠順廟。民間俗稱「保儀尊王」爲「翁公」，因此集應廟又稱「翁公廟」，保儀尊王是驅禾苗蟲害的神祇，保衛疆土的名將，爲什麼會成爲稻禾的保護神，不得而知。

集應廟香火綿延，「林姓」也不落人後，在一九二一年，於景美萬隆建造「林姓」集應廟，而木柵的「張姓」集應廟又分靈深坑、坪林、石碇等地，張巡的英靈，在安溪人的群落中，可以說無所不在，精神長相左右。

張巡因有殺姨太太，以饗部屬的事蹟，所以，據說不少「大某」（正室），心「嚮往」之，如果有了委屈，常常來拜拜，是否屬實，姑妄聽之。

❸安溪人供奉「翁公」的集應廟匾額。

誠則靈的仙宮廟

木柵動物園，今日名聞遐邇，但是，以前人人所知曉的，卻是木柵仙公廟。

仙公廟就是指南宮，位於猴山坑上海拔二百三十公尺，一九六〇年開闢環山公路，可以直達，以前得攀登分成二十三個段落、多達一千一百八十五級（一說：一千一百九十二級）的石階，因此除了「朝聖」外，蹬道而上，是練習脚力和體力的好場所。登高俯瞰，遙望白雲蒼狗，正如該廟的一幅爲人傳誦的對聯：「且拾級直參紫府，乍回頭已隔紅塵」，給人一種出塵、超俗的感覺。

指南宮的由來是這樣的：有一位鄉人聽說艋舺（萬華）玉清齋雕刻店自雕一尊八

❹ 指南宮的石階聞名全台，朱漢清「猴山疊翠」詩題：「香火南宮盛，層巒石徑回。」

❺ 指南宮正殿，高選鋒有詩：「文山山上指南宮，不與尋常佛寺同，壁峭峰高雲路近，林深樹密石門通。」

仙之一的孚佑帝君呂洞賓像奉祀，十分靈驗，乃請求另雕一尊，迎回供祀於景尾（景美），稱「朊風社」（一說係淸光緒八年時，淡水知縣王彬林迎奉）。後來祈求、膜拜的人漸多，乃有建廟之議。一八九一年（光緒十七年），經邑紳張德明奔走，於今址蓋一小刹，一九〇四年（光緒三十年），略加擴充，至一九二一年，向各地募得鉅金，乃大興土木，完成了建地達一千一百二十坪崇宏壯麗的廟貌，蜚聲全島，成了台北近郊名勝。

仙公廟的威靈顯赫，可以從設有不少的「仙房」（祈夢室）得知；祈夢，台語稱：「運夢、睏夢」；想得到呂仙祖指引的善男信女，可在廟裏祈夢一宵，從夢裏得到「答案」。「祈夢室」規定男女分隔，夫妻亦不例外，據說，十分靈聖，民間流傳了不少到仙公廟運夢的傳聞，難免有牽強附會的說法，不過，如果各案加以分析，不乏

❻ 日據時代，參拜指南宮穿著「唐裳」的台灣人。

❼日本畫家吉田初三郎所作「仙公廟」。

耐人尋味之處，眞是可以用誠則靈去解釋了。仙公廟，所以稱指南宮，其原因在此，但人生指南，祈求神明，也太消極了吧！

據說，呂洞賓是一位善於嫉妒之神，見不得凡人卿卿我我，因此，對前來遊覽的情侶，會「蓄意」拆散，所以未婚的男女，以不上指南宮爲宜，這是北區大專院校校園間約會的禁忌。

指南宮的廟產不少，擁有十幾公頃良田和十幾公頃畑地，而且平日善男信女的「添油香」（捐獻金）也不少，因此也辦些濟苦救貧的慈善事業；從前，最爲人津津樂道的是，免費供應菜桌（齋飯），據說，以前山下政治大學的窮學生，經濟困難時，常來廟裏「白吃」，以解一時之困，不過廟方還是被吃怕了，不得不通知該校訓導處，表示不歡迎不速之客。

指南宮規模日漸發展，近年來在右邊山腰建造一座中國宮殿式六層高的凌霄寶殿，供奉玉皇大帝；另外，還繼續施工的有大雄寶殿、大成寶殿和本殿的重建，將來必成了儒、釋、道三教合一的宗教聖地；猴山坑又有觀光樂園、鳥園之設，社會的多元化，使宗教也趨向多元化的現象，想必也不是什麼不可以的事，只是僅在硬體——蓋廟上投資，而缺乏在精神上的配合，是令人遺憾的事！

指南宮的「廟會」很多，慶典行事表，排得滿滿的，從農曆元月一日至元月九日的「玉皇禮鬪法會」開始，可以說每個月都有呂洞賓盛會，其中當以五月十八日孚佑帝君成道紀念日（有謂這天是呂洞賓的生日，但據「東遊記」載：呂洞賓的生日是貞元十四年四月十四日）爲高潮，總之，經年累月，香客、遊客們絡繹不絕地上山，雖不爲趕熱鬧，也都能看到猗歟盛哉的熱鬧場面。

觀光茶園千里聞香

一八九六年，也是日人據台的第二年，張迺妙、張迺乾（福建移民來台的張家第五代）兩族人，從福建安溪老家引進了十二株茶苗，試種於今木柵區指南里樟湖的山坡地，成了台灣觀音茶栽培的濫觴。

鐵觀音是烏龍茶中的珍品，屬於半醱酵茶，茶葉呈球狀捲曲，綠中帶褐，喝起來甘滑厚重，略帶果酸味，鐵觀音茶樹種植，據說始於清乾隆年間，其名稱由來，翻查《茶藝》書刊，記載如下：「二百餘年前，有安溪松林頭村鄉人魏蔭者，信佛。每晨必恭送清茶一杯上山，在一寺中敬觀音佛祖；一天清早，忽見山岩上有一茶株，即為鐵觀音茶的『初苗』」。

木柵終年濕潤，素有「雨前濛濛終不雨，雨後濛濛終不晴」的氣象俗諺，安溪茶樹，移此環境，正合天時、地利，加以細心照拂的「人和」因素，難怪，木柵鐵觀音成了名茶；一九二六年，此茶參加「共進會」比賽，獲得了特等金牌賞，名聲更響。翌年，張迺妙擔任茶葉巡廻教師，他爲推廣鐵觀音，再內渡安溪洽購千餘株茶苗來台，使木柵茶圃，擴大到阿泉坑、待老坑、坡內坑一帶。

戰後，台灣經濟疲困，茶價不振，許多茶農禁不住利薄打擊，紛紛改種其他作物，只有指南里數家篤實茶農，堅守「崗位」，繼續培育茶苗於不凋，待經濟起飛，飲茶風氣日熾，茶價看好，木柵鐵觀音的種植，再度受人注意。

木柵鐵觀音，年採春茶一次、夏茶二次、秋茶一次，共四次；從前，指南里產業道路未開闢前，茶農必須挑擔運茶到山下出售，辛苦可知。

❽ 木柵觀光茶園，「鐵觀音」是木柵的名產。

台北市農會於一九八〇年實施「提高農民所得，加強農村建設專案計畫」，特別增列：「觀光農園設施改善計畫」，當時台北市茶園計有一百六十四公頃，木柵區就占了大半，而鐵觀音又馳名中外，乃選定木柵茶區，創辦了觀光茶園。

當時，共有五十三戶茶農，七十二公頃的茶園，參加了「觀光茶園」；農會依產業道路沿途編號，並在農宅及茶園掛示範牌。市府爲便利離開市廛，到此踏青的人們，在政大前的指南路，設有小型公車直駛觀光茶園，給腳程有限的都市人，不少的方便。

茶農的住處以前都是就地取材的石砌屋，目前殘存不多，大多改建二層樓房，而且現代化家電用品，無一不備，但他們好客的古風依然，對於遊客，不論是否向他們「交關」（購買），都會敬奉香茗招待，予人有「茶香處處好農家」的溫馨之感。

木柵貓空目前雖有茶莊展示中心，但格局小氣，如果能在此蓋專業化大規模的「茶葉博物館」，並保存殘存的富於拙趣的石屋，則與觀光茶園連成一個觀光風景線，那必然使台北市多一個知性的旅遊去處。

木柵是台北市的「農業區」，早於一九一九年時，就成立了「木柵農會」，目前八百公頃農田，除栽種鐵觀音茶樹外，綠竹筍也是木柵名聞遐邇的特產，其他尚有落花生、甘薯、橘子的生產。

遊仙公廟的人，在攤販區，還能買到木柵一些別地少見的名產，如土法止血用的金狗仔毛、老一輩洗衣服用的茶箍和補血強身的黑糯米。

動物的新樂園

「木柵動物園」成爲台北近郊的好去處，是近年的事；當年，張豐緒市長決意將圓山動物園遷園，千挑百選，選擇了木柵頭廷里，是鑑於此處陵谷起伏，沒有巨石險壁，氣候適宜，水源充足，而且土地徵收的阻力較少。

頭廷里是昔「坡內坑」的一部分，地名「坡內」，係取自內湖陂，意即位於內湖陂內側的山坑，所謂內湖（非台北市內湖區），係自台北盆地而入，景美溪東西狹長的河谷平原，其三面繞山間的盆狀山地，形狀似湖，因而得名。內湖陂又名霧裏薛圳，由溝仔口、鯉魚山腳築陂，鑿穿石門引水，過梘尾（景美）街至公館，再導入台北盆地。其取水之地，即今試院里舊小字溝子口一帶。

動物園的西北邊山麓，昔稱「頭廷魁」，原名頭前溪，係一七四四年（乾隆九年），泉州人高培全開闢，以莊前有溪得名，東南邊爲猴山坑，顧名思義，係山形似猴

❾ 木柵茶農挑著茶葉下山販賣。

得名。這些老地方，今人已多不知矣！

新動物園未來的美景看好，將來捷運系統完成後，這些新風景線，勢必添增更多人潮，我們希望園內的綠化工程要加速，使遊客徜徉「叢林」的感覺，如此，方不愧爲「東亞第一動物園」的美譽。

書香與茶香

木柵雖以山水取勝，但卻也是個「文化區」，它除了擁有最高的考銓機關——考試院外，還有政大、世新兩所大專院校，以及好幾所「明星」的中、小學；一個原本蔽塞的寒村，因爲辛亥、莊敬隧道的鑿通，已和市區連成一氣，十幾層國宅的萬芳社區，更使木柵有著更新的面貌，然而，水患、水土保持不良卻帶給木柵不少的困擾和危害；除了寄望克服這些自然因素的災害外，對於原有人文景觀——書香與茶香，不僅要保存，更要推展，使木柵成爲人文和自然景觀交疊的好去處！

台北最後一塊綠洲

一九八八年七月十六日，北淡鐵路的列車跑完了最後一程，終於以八十七高齡，光榮退休。北淡鐵路走過台北市區五花八門的「後窗」，走過山水秀麗的淡水河岸，大家也知道它還穿過「碰空」（隧道），不錯，這一座北淡鐵路惟一的碰空就在關渡；台北市西北到此為界，過了關渡的竹圍站，就是台北縣了。

墘竇門邊淡水隈

關渡，以今日狹義的地名而言，是指台北市北投區關渡里，但是，從前的關渡，還包括了現在淡水鎮竹圍里的大部分。

關渡位於台北盆地西北角，是淡水河出海口的東岸，有大屯、觀音二山餘脈延伸至此，形成峽門，山壁峻峭，排岸對峙，頗為壯觀。

關渡，早期文獻記載，名稱甚多，有干豆、干荳、江頭、墘竇、甘答、肩脰……等十來個名稱，都是諧音字，一般學者的說詞是平埔族語的譯音。

一六九七年，郁永河來台開採硫磺，他的船隊駛進淡水河口時，他描寫道：「前望兩山夾峙處曰甘答門，水道甚隘，水急廣，記為大湖……。」

一八六〇年，「北京條約」簽訂，淡水也被列名為通商口岸，三年後，有「東亞鳥類第一人」之稱的英國鳥類學家史溫侯也來到這裏，他看到了一片台灣最大而且最完整的沼澤地帶，就是關渡。

一七三二年（雍正十年）吳廷華有「社寮雜詩」：

墘竇門邊淡水隈，溪流如箭浪如雷；
魁藤一淺風搖曳，飛渡何須蟒甲來。
（詩有「番人架藤而渡，去來如飛」之註。）

❶《淡水廳志》的「關渡劃流」版刻。關渡潮音有「拍岸疑沈陸，隨風似鼓琴。」（黃春亮詩）之勢。

入墾漢人，沒有像番人「架藤」渡河的膽量，而蟒甲（小舟）也有不便之處，因此移民日多的時候，乃有官渡碼頭的設立，「官渡」與「干豆」音似，與「關渡」也諧音，因之而得「關渡」之名，此說可信度如何？卻不得而知。以河口兩岸青山夾崎，有「關山難渡」的氣勢，名曰關渡，也名副其實了。

「關渡門」為淡水、基隆兩河滙流之處，每逢海潮上湧，和兩河激盪，水成三色

❷《諸羅縣志》干豆門上方可見靈山宮。

，傳爲奇觀，其「分潮」勝景，詩人詠吟爲頌：

第一關門鎖浪中，天然水色判西東；
莫嫌黑白分明甚，清濁源流本不同。（陳維英・詩）

南北安瀾頌禹勳，而今渡口各成紋；
誰將素練中拖界？卻把回潮兩道分。
二水蒼茫含皓魄，雙條縹緲暗斜曛
莫嫌欲濟無舟楫，幾度津頭思不群。（黃敬・詩）

重重關渡鎖溪雲，潮往潮來到此分；
練影東西拖燕尾，濤聲日夕助犀軍。
舟人放櫂中流急，估客鳴鉦隔岸聞；
我欲測蠡參水性，由來涇渭不同群。（林逢源・詩）

「關渡分潮」（《淡水廳志》板刻作「關渡劃流」），清代將之列爲淡北八景之一。三色潮湧，映著觀音山倒影，片片漁舟，飄漾水上，點點海鳥，飛翔空中，青山碧水，美不勝收，尤以抹染晚霞，景色更佳。然而，此分潮勝景於一九六四年，因實施台北市防洪設施，鑿寬關渡門，將自然環境生態破壞，加以一天兩次的海水漲潮，上游挾帶的泥沙，冲入河口，有機物也影響及「分潮」的功能，使「關渡分潮」勝景不再。

關渡峽門被人工炸去大半後，洞戶大開，五股地區因海水倒灌，成了湖泊區，使原有世居該地的農夫，不得不「改行」爲漁民，人爲造作，受此「天譴」，實非始料所及。

北有關渡媽顯靈

從前有一句俚諺：「南有北港媽，北有關渡媽。」「媽」指的是「天上聖母」媽祖，這句話是說主祀媽祖的北港朝天宮和台北關渡宮，聞名全台的。

關渡宮舊稱「靈山廟」。據該廟發行的簡介，述及建廟源流說：「關渡媽祖立廟始於清順治十八年（公元一六六一年），由福建籍臨濟宗派下和尚石興者，從福建興化府莆田縣湄洲島媽祖廟分靈，恭請二尊媽祖聖像渡海來台，經滬尾（註：淡水）進港入干荅門，由於干豆象鼻穴與三朝（潮）勝景毗連其間，山明水秀，乃擇此立廟，

❸ 關渡的「江頭」；「自昔普陀吼，而今關渡鳴」（黃寶珍詩），但如今潮音已不復聽聞。

❹ 關渡宮香火愈來愈旺，近年來一再擴建，元宵燈會更吸引人山人海的觀光客。

名曰靈山天妃宮。」

如此說明，有可能為自說自話，因為當年鄭成功才剛剛率衆轉進台灣，想主事人必為「爭取」該廟是台灣的「媽祖之祖」，而執此言。因為一六六八年，唭哩岸始有「慈生宮」，一六八六年始有新莊「慈祐宮」奉祀媽祖。

較可信的建廟年代應為《諸羅縣志》卷十二〈雜記志〉載：「（天妃廟）在淡水干豆門，（康熙）五十一年（註：一七一二年），通事賴科鳩衆建，五十四年重建，易茅以瓦；知縣周鍾瑄顏其廟曰靈山。」所謂「易茅以瓦」，當不能推斷該廟所稱康熙五十一年前就有茅屋的天妃宮在「干答門」。

靈山廟最早係建築在山上，這是不符合媽祖廟建廟的常規，因為媽祖廟一向都建築在水濱，想必當時因為害怕大水的緣故；不過經過數年觀察，關渡並不淹水，乃往下遷移到近水的山麓，以利乘舟而過的香客，因而也符合了媽祖擇水而「居」的原則。

❺關渡媽「有名聲」，北港媽「上出名」；關渡宮和朝天宮，一北一南，名震台灣。

關渡媽祖的傳說

「關渡媽」的靈驗，有不少傳說，民間所流傳的建廟神話，是以前台北耆老向晚生小輩所津津樂道的故事。

有一天，村裏一位長老夢見媽祖向他託夢說：「這間茅屋小廟，年久未修，應該加以改建了，希望由你擔任建廟的發起人，至於新廟擇於何處？會有明示給你；建材一定要選用鷺山的木材。」

翌日，長老特往媽祖廟，一見神像已經不見了，十分驚慌，他和鄉民四出尋找，終在今日的廟址找著了，於是，大家覺得這是關渡媽祖自擇的吉地，便發動募捐，可是建廟經費龐大，非一時可募足，但是，因恐曠廢進度，決定次第進行工程，乃派人前往內湖鷺山購買木材，出人意料的是木材行老闆竟說：「不日前，有個年輕女子前來採購大批的木料，說明是興建媽祖廟所需，而且已經付足了訂金。」更令人驚奇的是，木材行將木料備妥，準備雇工運送的前夕，刮了一陣強風，下了一陣豪雨，將木材全給捲走沖失了，木材行老闆很苦惱的跑去告訴長老，說他的貨交不成了，想不到，長老反而謝他信用可靠，交貨迅速，原來那堆失蹤的木材，已經整整齊齊的放置在工地上。

媽祖顯靈，協助工程進行的消息，於是不逕而走。

這類神話，並非全然「無據」，我們似可從康雍年間遊台的漳浦陳少林所著：《諸羅外記一卷》發現一些原始憑證，該文記：「康熙五十四年，千豆門重建天妃宮，取材鷺山，值西風一晝夜而達。」關渡是淡水、基隆兩河滙流之處，洪水的漂流物，很自然的會飄流到那裏，於是「值西風一晝夜而達」這段話，供好事者編造了這麼一段可愛又富傳奇性的媽祖顯聖故事了。

關渡宮右側有玉女宮、延平郡王三將軍廟、黃帝神宮，臨河鄰立，值得一遊。

沈落海底的慈航寺

關渡宮背後山腰，原有一座慈航寺，也稱飛龍寺，因鑿寬關渡門而被炸沉水底。

慈航寺建於一九一四年，原係關渡一家規模很大的船行老闆宅第，他選擇江干興宅，一來有舟艇麕集之利，二來可享受風帆海鳥旖旎風光；不料，日本人興築北淡鐵路開通以後，淡水河的舟航，幾乎全被取替，使他生意一蹶不振，遭此衝擊，令他有盛者心衰，諸行無常的感覺，於是，頓悟人生，不願再在利場追逐，乃將家居捐出爲寺。

慈航寺前有一堆壟土，據說是填井的遺跡，相傳，鄭成功派軍攻上北台時，荷蘭守將下令棄守，惟其女不願離去，待鄭軍迫近，她懷財寶投井自殺。

以後凡有謀財者掘遺物，必吐血暴斃，因之無人敢有貪念，一位福建鼓山遊僧，雲遊到此，聽此異事，爲其念經超度，並令人填平此口古井。從此，再無怪聞發生。

慈航寺附近還有江頭炮台遺跡，那是一八八四年（光緒十年），中法戰役時，爲防法軍犯台，提督孫開華所建造。

江頭炮台、慈航寺、荷蘭女墳，甚而「關渡先生」黃敬故宅，都因拓寬關渡門，而被炸沉水底，成了歷史無形遺跡了。

關渡先生——黃敬

「關渡先生」黃敬和士林曹敬，時人敬稱其：「二敬先生」，黃敬是咸豐貢生，於莊中設私塾，課教鄉民，平日束脩收入，悉添購書籍，有人勸他置田養老，將來還可以遺留子孫，他說：「我以書籍留給子孫實在勝於良田十甲啊！」他著有《經義類字編》二卷及《易經編論》、《古今占法》各一卷、《觀朝齋詩集》一卷等；惜逝後均散佚，一九五一年時，鄉人陳鐓厚曾努力編輯他的遺文，得詩數十首而已，但也未付梓。

黃敬有勸學篇十則：

古聖賢，惜光陰；惜光陰，一分值得百分金。那堪枉卻千千丈，誤了白駒沒處尋。

從今後，莫錯過；莫錯過，烏飛兎走疾如梭。年華隨水滔滔去，亟向中流挽急波。

天未明，讀古經；讀古經，千秋事業炳日星。須從疑處方能悟，未能熟時不可停。

日將午，讀詩詞；讀詩詞，古調新吟件件宜。有暇還當臨晉帖，穿殘鐵硯一片錐。

日伺暮，讀古文；讀古文，百家子史甚殷勤。省些無益閒言語，多閱奇書廣見聞。

夜未艾，讀佳篇；讀佳篇，摘取名家時更研。誦到精神團結處，燈花吩咐好加鞭。

或課藝，練氣機；練氣機，雕龍繡虎任揮毫。筆花總入勤儒夢，柳汁不沾惰士衣。

多閒戶，少嬉遊；少嬉遊，世態蒸人氣易浮。執袂拍肩相追逐，春場馳鶩起風流。

遲一刻，缺一功；缺一功，學業不能腹笥空。我這數言當木鐸，諸生莫作耳邊風。

宜勉力，勿徘徊；勿徘徊，人人盡是棟樑材。眼前多少龍門客，那個不從燒尾來？

此十則「勸學篇」實宜請耆老題碑，立石於關渡的風景線上，一來可補償今人毀去黃敬故宅的愚行，二來可增添觀光景物，且有激勵世人之意，何不爲之？

自然生態的淨土

關渡未併入台北市前，確是一個近山陬海的小村，充滿漁村、農村的情趣；台南女詩人蔡碧吟所詠的詩，正是這個小鄉村的寫照：

豢鴨童歸又放牛，菜花幻出短籬幽；
數間老屋疏林外，門對一灣溪水流。
榕陰疊疊竹蕭蕭，出水秧針綠意饒；
幾簇人聲喧渡口，半江夕照賣魚苗。

改制後的台北市，計畫好好規劃面積達七百公頃的關渡平原，以期成爲台北的副都市中心，但是，爲台北市留一塊大自然生態保育的淨土呼籲，使關渡的「開發」，勢必重新做一番深思熟慮了。

關渡東北有大屯山群，西有林口台地，觀音山抱峙著，成爲阻擋寒冷東北季風的

❻ 關渡大橋，北投鐵路的列車已跑完最後一程，等著捷運系統接棒。

天然屏障，秋季候鳥南飛台灣第一個補給站便選擇在關渡，春季候鳥北返飛離台灣，最後覓食站也選擇在關渡，根據台北市野鳥學會的統計，台灣曾記錄到的四百一十一種鳥類，關渡地區就出現過包括鷺、鷸、鷗、鴨、及鷹……等達二百餘種。

一九八一年春，有一位熱心鳥類的張根巽先生把將關渡設置鳥類保護區的建議函，寄給當時的台北市長李登輝，市長批交建設局研議，經過該局與學術機構、民間團體的研討，於一九八三年公告了「關渡水鳥保育區」；兩年後一九八五年十月五日，更名為「關渡自然公園」，計畫將一百十五公頃的自然公園劃分為生態保育區、野鳥區、休閒區，這項大手筆，盼能使關渡成為鳥類的伊甸園，也為台北市創造出一片有益民衆身心健康的綠洲。

從前來關渡的人，多半是為膜拜關渡宮的香客；一九八三年十月三十一日，建築歷時三年半的關渡大橋完成通車後，再給關渡增添了勝景，這座亞洲第一座全焊接法做成的橋樑，係由「有心」設計聯結東西兩半球——「白令海峽大橋」的林同棪博士精心傑作，其三座拱橋併合的雄姿，可列為台灣最美麗的橋樑之一，吸引了不少遊客；相信，關渡自然公園完成後，將更有吸引人到此一遊的魅力吧。

附錄：台北市法定古蹟一覽表

編號	類別	名稱	等級	所在地
1	祠廟	艋舺龍山寺	第二級	廣州街二一一號
2	祠廟	大龍峒保安宮	第二級	哈密街六十一號
3	衙署	台灣布政司衙門	第二級	南海路植物園內西側
4	牌坊	周氏節孝坊	第三級	北投豐年路一段三十六號門口
5	關塞	芝山岩隘門	第三級	士林至誠路一段三二六巷二十六號
6	牌坊	黃氏節孝坊	第三級	台北新公園內（目前因捷運系統施工暫拆保存中）
7	牌坊	急功好義坊	第三級	台北新公園內
8	書院	學海書院	第三級	環河南路二段九十三號
9	民宅	老師府（陳悅記祖宅）	第三級	延平北路四段二三一號
10	祠廟	艋舺清水巖	第三級	康定路八十一號
11	祠廟	艋舺地藏庵	第三級	西昌街二四五號
12	祠廟	艋舺青山宮	第三級	貴陽街二段二一八號
13	祠廟	大稻埕霞海城隍廟	第三級	廸化街一段六十一號

14	祠廟	芝山岩惠濟宮	第三級	至誠路一段三二六巷二十六號
15	祠廟	景美集應廟	第三級	景美街三十七號
16	祠廟	士林慈誠宮	第三級	大南路八十四號
17	祠廟	陳德星堂	第三級	寧夏路二十七號
18	城郭	承恩門（北門）	第一級	忠孝西路、延平南、北路、博愛路、中華路交叉圓環。
19	遺址	圓山遺址	第一級	圓山（基隆河畔）
20	民宅	義芳居	第三級	基隆路三段一百五十五巷一二八號

莊永明作品

台灣金言玉語

台灣好言吉句

台灣警世良言

台灣醒世智言

台灣妙言覺語

台灣俗語眞言

台灣土話心語

台灣雅言巧語

台灣勸世嘉言

台灣紀事(上)(下)
——台灣歷史上的今天(上)(下)

諺語是最具草根性的箴言，蘊涵著民族的智慧、經驗、知識和特質。由於是種風土語言，所以所有諺語都必須以母語表達，才能顯現出它的生命力。方言的保存因此更刻不容緩。

潛研台灣文化的莊永明先生，將多年來研究台灣諺語的心得，編著成一系列「台灣諺語淺釋」，包括《台灣金言玉語》、《台灣警世良言》、《台灣好言吉句》、《台灣俗語眞言》、《台灣雅言巧語》、《台灣土話心語》、《台灣醒世智言》、《台灣妙言覺語》及《台灣勸世嘉言》九書。

細細品讀，不但可領會草根文化的智慧，還可以享受言語的韻趣。

生活叢書

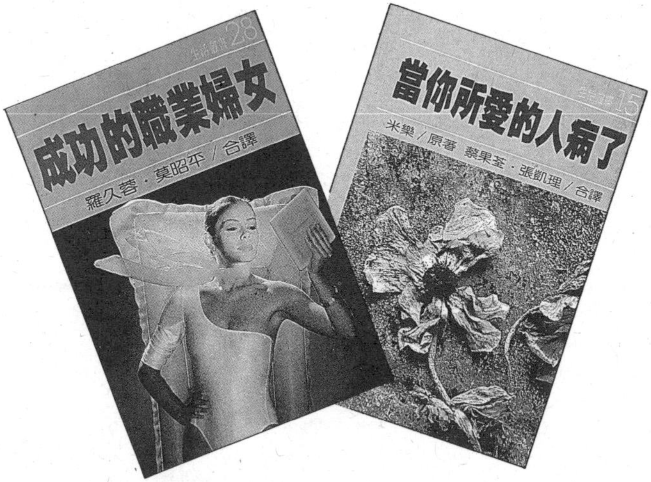

①父母經　中國時報〈家庭生活〉連載
②認識小兒科　謝貴雄醫師著
③怎樣照顧幼兒　道生博士著／林瑄譯
④了解我　吳慶宜著／劉華譯
⑤兒童心理會診　中國時報〈家庭生活〉連載
⑥家庭如何塑造人　薩提爾著／吳就君譯
⑦婦幼衞生（第一輯）　詹益宏醫師著
⑧婦幼衞生（第二輯）　詹益宏醫師著
⑨皮膚與美容　張武夫著
⑩口腔衞生漫談　榮總牙科著
⑪透視乳房　洛森保博士著／石壁編譯
⑫食物補療大典　田敦理・程熙合譯
⑬跑步健康法　秦鳳棲編譯
⑭男人的更年期　莊有爲譯
⑮當你所愛的人病了　米樂著／蔡果荃・張凱理譯
⑯如何對抗癌症　李豐醫師著
⑰信心治百病　鄧萬絹著
⑱寧爲女人　洪小喬著
⑲愛與性　文榮光醫師著
⑳創造的愛　索羅金著／孫慶餘譯
㉗如何接觸　薩提爾著／吳就君譯
㉘成功的職業婦女　羅久蓉／莫昭平合譯
㉙人生錦囊　中國時報〈家庭生活〉專欄選輯
㉚成功人生　傅佩榮著
㉜女性的意見　李昂著
㊱婦幼衞生（第三輯）　詹益宏著

生活叢書

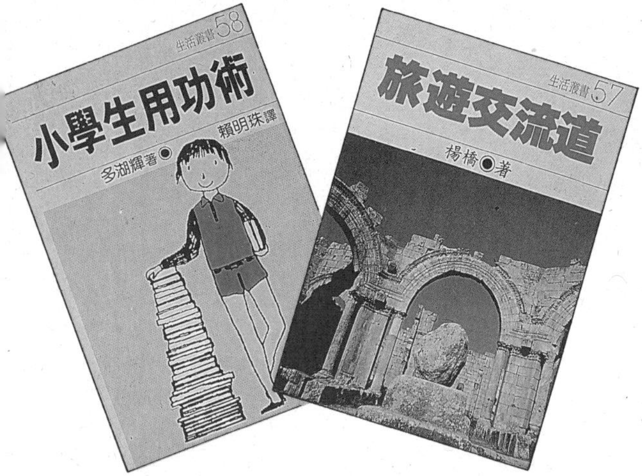

㊲醫師談性　凌岡泉著
㊳家庭醫藥保健　黃金鼎著
㊵人間小故事　庶克等著
㊶靈界的訊息
—附體靈魂賽斯的靈異資料　珍・羅伯茲著／王季慶譯
㊷靈魂永生
—附體靈魂賽斯的話　珍・羅伯茲著／王季慶譯
㊸認識泌尿系統
—性病・性困擾及泌尿問題講座　凌岡泉著
㊹心靈的本質
—附體靈魂賽斯談人的心智活動　王季慶譯
㊺享受婚姻的性歡悅　陳蒼多譯
㊻不要吃錯藥
—80年代服用藥品的100個新觀念　黃金鼎著

㊿房地產法律顧問　李永然律師著
52茶的品飲藝術　陳文懷著
54跑進哈佛
—蒲仲強讀書與跑步的故事　李廣淮著
55台灣金言玉語
—台灣諺語淺譯(一)　莊永明著
56台灣警世良言
——台灣諺語淺譯(二)　莊永明著
57旅遊交流道　楊橋著
58小學生用功術　多湖輝著/賴明珠譯
60房地產法律顧問(二)　李永然律師著
62鑽石投資
——寶石投資　戴震著

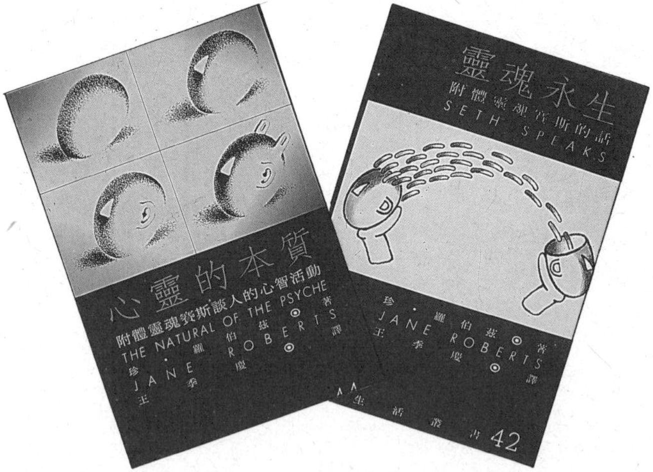

生活叢書

⑥③玉和彩色寶石投資
——寶石投資　戴震著
⑥⑥他山之石
——從美國看愛滋病　曾俊山／黃瑜滿合著
⑥⑦愛的八卦與向量　曾俊山／黃瑜滿合著
⑥⑧你的許多面貌　吳就君著
⑦①新編台語溯源　亦玄編著
⑦②台灣好言吉句
——台灣諺語淺釋(三)　莊永明著
⑦③台灣俗語眞言
——台灣諺語淺釋(四)　莊永明著
⑦④台灣紀事(上)(下)
——台灣歷史上的今天　莊永明著(上、下册)

⑦⑥馬術　張慧士編著
⑦⑦台灣雅言巧語
——台灣諺語淺釋(五)　莊永明著
⑦⑧台灣土話心語
——台灣諺語淺譯(六)　莊永明著
⑦⑨台北老街　莊永明著
⑧⓪生活法律顧問　李永然著
⑧①海峽海岸法律顧問　李永然著
⑧②高房價時代法律顧問　李永然著
⑧⑥氣　中時寰宇版專欄結集
⑧⑦簡易自我徒手療法　嚴明森醫師著
⑨⓪美化卅坪　廖有燦著

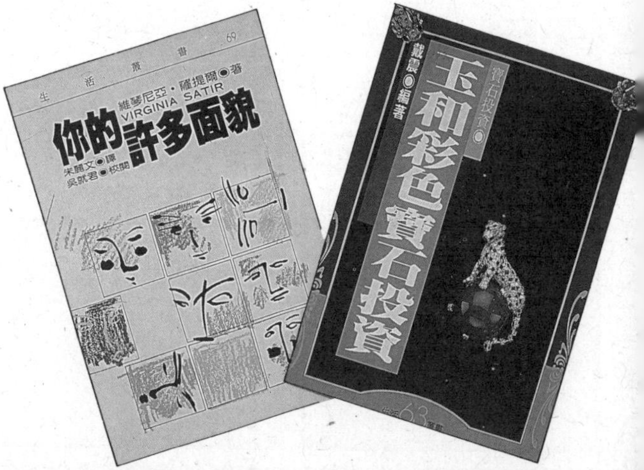

企業家父親寫給女兒的25封信

K・華德⊙著
廖爲智⊙譯

K・華德這位加拿大成功的企業家，同時也是「企業家父親寫給兒子30封信」暢銷書的作者，以深摯的關愛和豐富的體驗，寫給最深愛的女兒和所有的年輕朋友，最誠懇的生涯箴言。因此，這不只是獻給女性讀者，也是獻給所有青年讀者的書。

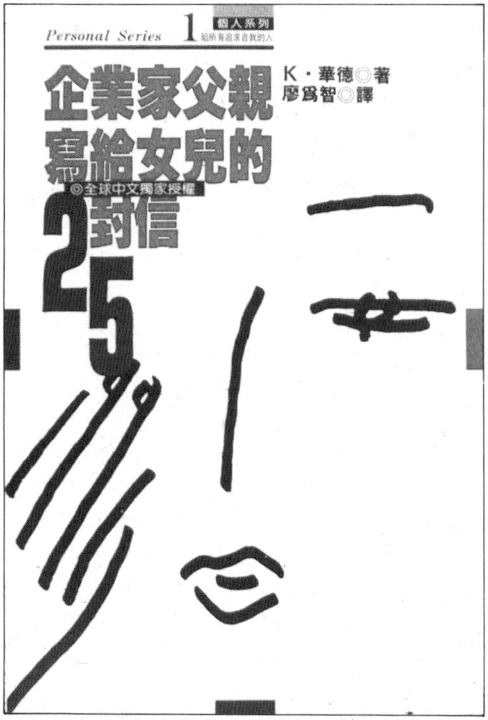

與愛同行

里奧・巴斯卡力⊙著
陳怡芬⊙譯

這是一本寫「愛」的書。

它既不寫些流行的東西，也不教你要怎麼做。

它只是記誦一個人；他的生活、他的感情、他的行爲，以及他直接或間接教給我們的——生命的愛與美。

青春告白
——成長路上性・望・愛

比爾・柯斯貝⊙著
張定綺等⊙譯

從前有個叫比爾・柯斯貝的男孩，他的肌肉發達、頭腦簡單，直到十四歲還分不清楚保險套和鯉魚有什麼分別。如今他不僅懂得了性的機械化技術，也領略到愛情的甜蜜痴狂，知道一種永遠沒有預防針可打的病毒，他說：「在這本書裏，我將和你分享我這一生研究女人和愛情的心得。」

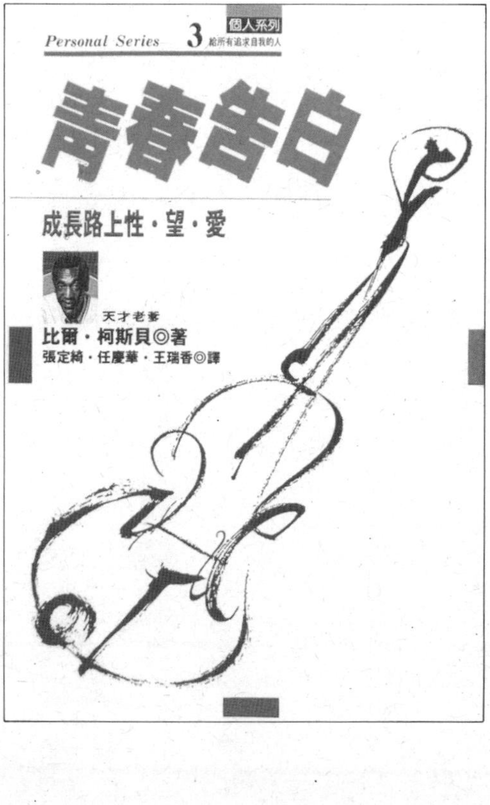

流行菁英
——成功的個人工作者群像

李振華⊙編集
姚舜等⊙採訪撰稿

「當我自己的老闆」，這不是句口號，而是整個社會的趨勢。愈來愈多在各行業具有專才的人，擺脫老闆，以個人工作室的形式接受工作訂單，而且成績斐然，您想知道他們是怎麼做到的嗎？

本書中介紹王行恭、梁弘志、劉興欽……等四十位知名個人工作者的經驗與心得。

我的點子

——34個創業發財的點子

陳生民◎編集

一個創意的點子，可能就是成功的開始。

不論您是否留意到，您身旁許多人的成功與致富，都是從一個點子開始的。

這是一本值得推薦的好書，它集結許多出色的點子和成功的實例，提供您做腦力激盪的素材，也邀請您創造出「我的點子」。

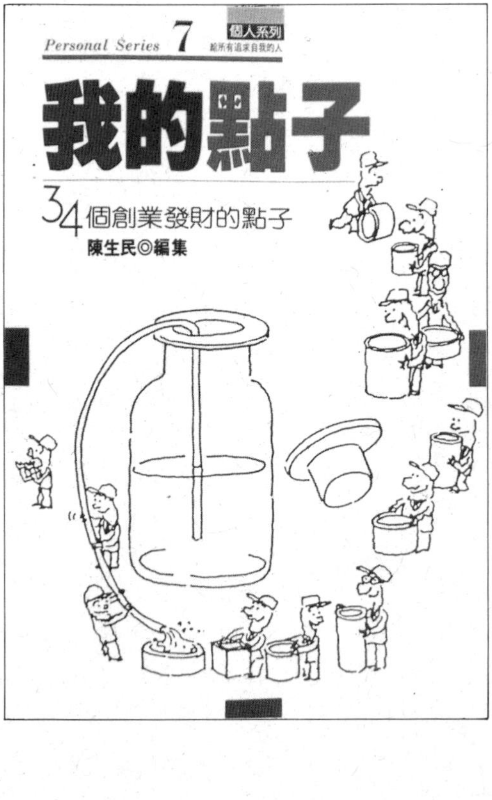

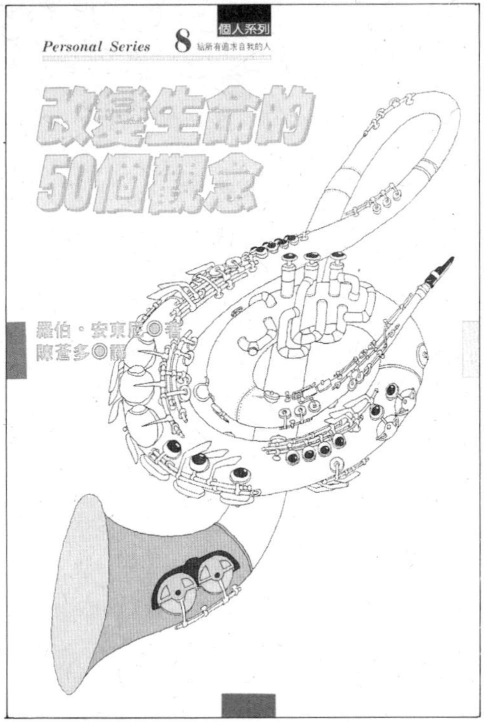

改變生命的50個觀念

羅伯・安東尼博士◎著

陳蒼多◎譯

想成功、想過更有創造性的生活，光有決心並不夠，

——安東尼博士如是說：

最重要的是方法！

他以知覺、相信、行動三項指標，提出50個足以改變你一生的方法，獻給不滿足於現況的讀者，這是近年難得一見的勵志佳作。

命理與人生

①紫微斗數新詮　慧心齋主著
②如何推算命運　慧心齋主著
③紫微斗數看婚姻　慧心齋主著
④紫微斗數看錢財　慧心齋主著
⑤紫微斗數看工商人　慧心齋主著
⑪明天他們將做什麼
——20位政壇名人的命與運　了無居士著
⑫斗數論命　紫雲著
⑬原版「斗數宣微」現代評註(上)　觀雲主人原著／了無居士評註
⑭原版「斗數宣微」現代評註(下)　觀雲主人原著／了無居士評註
⑮斗數論求財　紫雲著
⑯「清朝木刻陳希夷紫微斗數全集」現代評註　了無居士著
⑰斗數新觀念　吳東樵著
⑱中國古代算命術　上海・洪丕謨／姜玉珍合著

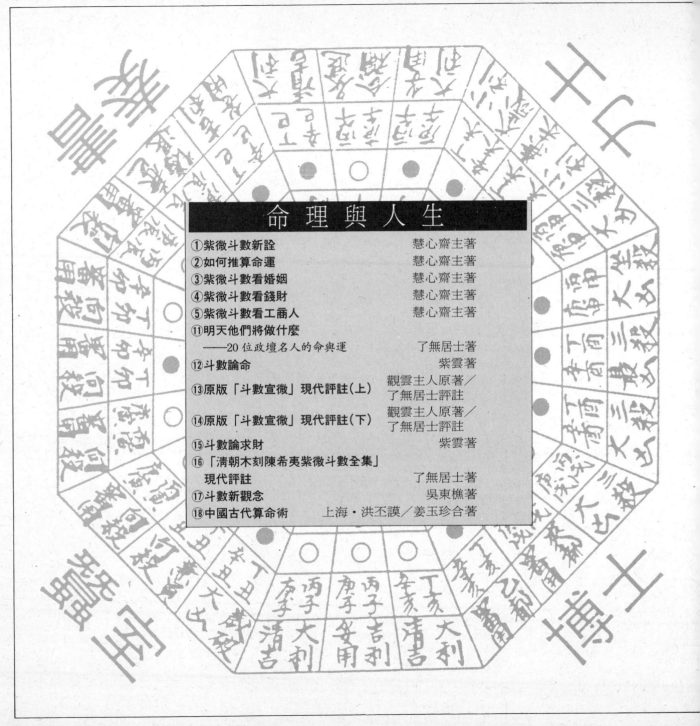

命理與人生

⑲紫微斗數講義㈠
——如何排命盤　　陸斌兆編著・王亭之補註
⑳紫微斗數講義㈡
——星曜的特性　　陸斌兆編著・王亭之補註
㉑認識自己改造命運　　飛雲山人著
㉒公共關係面相術　　飛雲山人著
㉓事業成功準則觀人術　　飛雲山人著
㉔現代女性相術　　飛雲山人著
㉕看相的故事　　飛雲山人著
㉖看相的故事續集　　飛雲山人著
㉗看相的故事第三集　　飛雲山人著
㉟臉的秘密
——世界名人面相　　瑞蘭・楊格著/李雲嘉譯
㊱爲你解風水　　宋韶光著
㊲風水照妖鏡　　勞大剛著
㊳李人奎談風水　　李人奎著

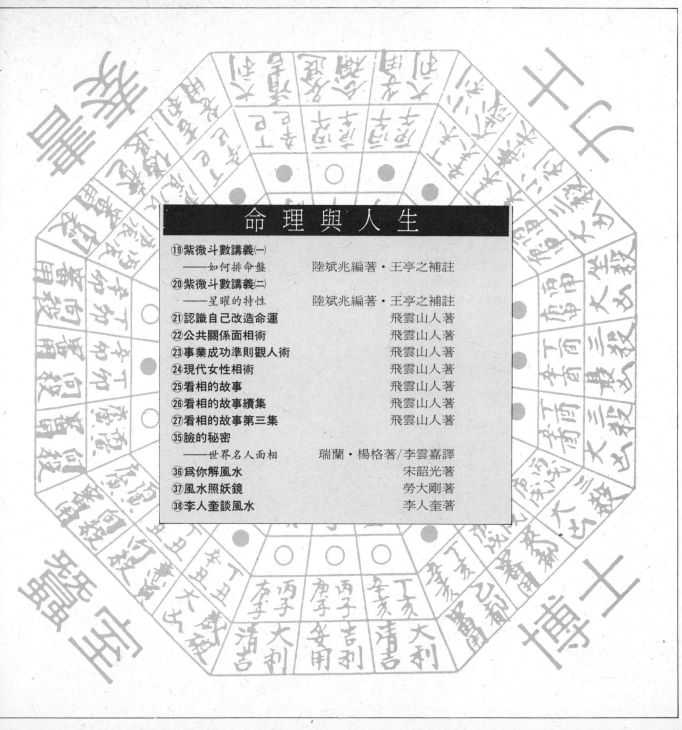

生活台灣①

台北老街

著　者——莊永明
發行人——孫思照
出版者——時報出版企業股份有限公司
台北市108和平西路三段二四〇號四F
發行專線——(〇二)三〇六六八四二
讀者免費服務專線——(〇八〇)二三一七〇五
(如果您對本書品質與服務有任何不滿意的地方，請打這支電話。)
郵撥——〇一〇三八五四～〇時報出版公司
信箱——台北郵政七九～九九信箱

主編——周惠玲
編輯——郁冰
美術編輯——張士勇
校對——錢珏琄、莊永明
排版——正豐電腦排版公司
製版——成宏照相製版有限公司
印刷——協昇印刷股份有限公司

初版一刷——一九九一年七月一日
二版七刷——一九九六年三月十五日
定價——三五〇元

◎行政院新聞局局版台業字第〇二一一四號
版權所有　翻印必究
(缺頁或破損的書，請寄回更換)

ISBN 957-13-0254-6

國立中央圖書館出版品預行編目資料

臺北老街 / 莊永明著. -- 初版. -- 臺北市 :
時報文化, 民80
面 ; 公分. -- (生活叢書 ; 79)
ISBN 957-13-0254-6(平裝)

1. 臺北市 - 描述與遊記 2. 臺北市 - 歷史

673.29/101.6 81000005